土木工程经济与管理（第二版）

郭子坚　王文渊　姜　影　编著

中国建筑工业出版社

图书在版编目（CIP）数据

土木工程经济与管理/郭子坚，王文渊，姜影编著．—2版．—北京：中国建筑工业出版社，2022.3
ISBN 978-7-112-27198-6

Ⅰ.①土… Ⅱ.①郭…②王…③姜… Ⅲ.①土木工程—工程经济—经济管理—高等学校—教材 Ⅳ.①F407.9

中国版本图书馆CIP数据核字（2022）第044411号

责任编辑：刘文昕
责任校对：张惠雯
书籍设计：锋尚设计

土木工程经济与管理（第二版）
郭子坚　王文渊　姜　影　编著
*
中国建筑工业出版社出版、发行（北京海淀三里河路9号）
各地新华书店、建筑书店经销
北京锋尚制版有限公司制版
河北鹏润印刷有限公司印刷
*
开本：787毫米×1092毫米　1/16　印张：17¼　字数：423千字
2022年3月第二版　2022年3月第一次印刷
定价：55.00元
ISBN 978-7-112-27198-6
（38973）

版权所有　翻印必究
如有印装质量问题，可寄本社图书出版中心退换
（邮政编码　100037）

前 言

《土木工程经济与管理》第一版出版于2008年。随着社会发展和城市化建设的完善，我国土木建设经历了较为辉煌的黄金十年，土木工程的发展开始向信息化和高新技术转型。全球经济一体化、产业国际化、市场全球化进程的同时，也给我国建筑业的发展也带来了更多的机遇，对我国建筑业提出了更高的要求。为了适应现代土木工程建设和发展的需要，重新修订了该书并作为第二版出版。

作为专业课教材，本书第一版已在大连理工大学进行多年使用，新版依据土木、水利工程专业的培养要求，结合作者二十几年高校教学与科研实践中对工程经济与管理的体验与积累，进一步借鉴并融合国内外高等学校同类以及相关课程的优秀成果而修订完成。作为高校土木工程专业规划教材，新版教材更加注重理论联系实际，对整本书的例题和课后题进行了更新；添加了专业词汇的外文翻译的同时，还对国内外最新评价方法的特征以及新旧方法之间的内在联系等内容进行了补充。

本书由大连理工大学港口发展研究中心团队合作完成，其中郭子坚、王文渊、姜影担任主编；彭云、周鹏飞参与了本教材的编写，具体分工如下：第1章、第2章、第3章、第7章和第8章由郭子坚、王文渊、姜影修订编写；第4章、第5章和第6章由彭云修订编写；第9章由周鹏飞修订编写；同时在本书的编写中，港口发展研究中心的研究生团队协助完成本书插图和附图的誊绘。

在编写本书的过程中，我们参考并引用了部分国内外专著和教材的内容，在此谨向这些文献的作者致以诚挚的谢意。

编者
2021年12月

目 录

前 言

第1章 工程项目的经济学基础

1.1 经济学的相关知识 　　002
  1.1.1 需求理论 　　003
  1.1.2 供给理论 　　004

1.2 均衡分析和边际分析 　　006
  1.2.1 均衡分析 　　006
  1.2.2 边际分析 　　007
  1.2.3 支付意愿和受偿意愿 　　008

1.3 需求弹性和供给弹性 　　009
  1.3.1 弹性的含义 　　009
  1.3.2 需求弹性 　　010
  1.3.3 供给弹性 　　011

1.4 成本和收益 　　012
  1.4.1 成本 　　012
  1.4.2 收益 　　014

1.5 市场结构 　　015

思 考 题 　　017

第2章 资金的时间价值

2.1 基本概念 　　020
  2.1.1 现金流量与现金流量图 　　020
  2.1.2 资金的时间价值 　　022
  2.1.3 利息与利率 　　023
  2.1.4 单利与复利 　　024
  2.1.5 名义利率与实际利率 　　024

2.2 资金等值计算 　　026

2.2.1　等值的概念　　　　　　　　　　　　026
　　　2.2.2　资金等值计算　　　　　　　　　　　027
　　　2.2.3　不同计息周期下的资金等值计算　　033
　思　考　题　　　　　　　　　　　　　　　　　035

第3章　工程项目的经济效果评价指标与方法

　3.1　现金流量要素　　　　　　　　　　　　　038
　　　3.1.1　投资　　　　　　　　　　　　　　038
　　　3.1.2　成本　　　　　　　　　　　　　　039
　　　3.1.3　收入、利润及税金　　　　　　　　041
　3.2　经济效果评价指标　　　　　　　　　　　**044**
　　　3.2.1　静态评价指标　　　　　　　　　　045
　　　3.2.2　动态评价指标　　　　　　　　　　048
　3.3　经济效果评价指标的关系及选择　　　　　054
　　　3.3.1　经济效果评价指标间的关系　　　　054
　　　3.3.2　经济效果评价指标间的选择　　　　055
　3.4　方案比选与项目排序　　　　　　　　　　055
　　　3.4.1　独立方案的经济效果评价方法　　　056
　　　3.4.2　互斥方案的经济效果评价　　　　　057
　　　3.4.3　相关方案的经济效果评价　　　　　062
　思　考　题　　　　　　　　　　　　　　　　　065

第4章　工程项目的财务分析

　4.1　财务效益与费用的概述　　　　　　　　　068
　　　4.1.1　财务效益与费用的识别　　　　　　068
　　　4.1.2　财务效益与费用的估算　　　　　　068
　4.2　财务分析　　　　　　　　　　　　　　　**082**
　　　4.2.1　财务分析的概念及步骤　　　　　　082
　　　4.2.2　融资前分析　　　　　　　　　　　082
　　　4.2.3　融资后分析　　　　　　　　　　　083
　　　4.2.4　财务分析报表　　　　　　　　　　084
　4.3　财务分析案例　　　　　　　　　　　　　090
　思　考　题　　　　　　　　　　　　　　　　　096

第5章 工程项目经济费用效益分析与社会评价

- 5.1 经济费用效益分析的目的和范围 … 102
  - 5.1.1 经济费用效益分析的含义 … 102
  - 5.1.2 经济费用效益分析的目的 … 102
  - 5.1.3 经济费用效益分析的范围和步骤 … 102
  - 5.1.4 经济费用效益分析与财务评价的相同与不同之处 … 105
- 5.2 经济费用效益分析的参数 … 107
  - 5.2.1 影子价格 … 107
  - 5.2.2 影子汇率 … 114
  - 5.2.3 影子工资 … 115
  - 5.2.4 社会折现率 … 115
  - 5.2.5 非边际性和税收的修正 … 116
- 5.3 经济费用效益分析的指标与方法 … 118
  - 5.3.1 经济费用效益分析的指标 … 118
  - 5.3.2 经济费用效益分析的方法 … 119
- 5.4 建设项目的社会评价 … 122
  - 5.4.1 社会评价概述 … 122
  - 5.4.2 社会评价的内容 … 123
  - 5.4.3 社会评价的步骤与主要方法 … 125
  - 5.4.4 建设项目不同阶段的社会评价 … 127
- 思 考 题 … 132

第6章 工程项目的风险分析

- 6.1 风险分析概述 … 136
  - 6.1.1 风险分析的定义 … 136
  - 6.1.2 风险识别 … 136
  - 6.1.3 风险估计 … 136
  - 6.1.4 风险评价 … 137
  - 6.1.5 风险应对 … 138
- 6.2 项目风险的分析方法 … 139
  - 6.2.1 盈亏平衡分析法 … 139
  - 6.2.2 敏感性分析法 … 142
  - 6.2.3 概率分析法 … 147

    6.2.4 专家调查法   150
    6.2.5 层次分析法   151
    6.2.6 蒙特卡罗模拟法   157
  思 考 题   161

第7章 工程项目的融资

  7.1 融资的基础知识   164
    7.1.1 基本概念   164
    7.1.2 融资的分类   164
    7.1.3 融资项目分析常用名词   166
    7.1.4 融资的基本要求及基本原则   167
  7.2 融资的渠道与方式   168
    7.2.1 融资渠道   168
    7.2.2 融资方式   169
  7.3 资金需求量的预测   176
    7.3.1 资金需求量预测的方法   177
    7.3.2 资金需求量预测的内容   177
  7.4 资金成本与资金结构   180
    7.4.1 资金成本及其计算   180
    7.4.2 资金成本的应用   189
    7.4.3 资金结构   193
  7.5 项目融资简介   195
    7.5.1 项目融资的基本概念   195
    7.5.2 项目融资的参与者   196
    7.5.3 项目融资的阶段   197
  思 考 题   198

第8章 工程项目的可行性研究

  8.1 可行性研究的概念   202
  8.2 可行性研究的步骤   202
    8.2.1 可行性研究的程序   202
    8.2.2 可行性研究的依据   204
    8.2.3 可行性研究报告的框架   204

    8.2.4 可行性研究报告的内容 205

    8.2.5 工程项目可行性研究的具体步骤 207

  8.3 现代工程项目可行性研究的要求及对策 209

  思 考 题 212

第9章 工程项目管理

  9.1 概述 214

    9.1.1 工程项目管理概述 214

    9.1.2 工程项目管理的主体 216

    9.1.3 工程项目管理的客体与环境 217

  9.2 工程项目管理的模式 218

    9.2.1 工程项目业主方管理模式 218

    9.2.2 工程项目承发包管理模式 219

  9.3 工程项目管理组织 224

    9.3.1 工程项目管理组织体系 224

    9.3.2 工程项目管理组织确定步骤 225

    9.3.3 工程项目管理组织结构形式 226

  9.4 参与方对工程项目的管理 233

    9.4.1 业主对工程项目的管理 233

    9.4.2 承包商对工程项目的管理 235

    9.4.3 政府对工程项目的管理 236

    9.4.4 银行对工程项目的管理 238

  思 考 题 241

中英词汇对照表 242

附录 复利系数表 249

参考文献 268

| 第1章 |

工程项目的经济学基础

1.1 经济学的相关知识

工程经济学（Engineering economy）是利用工程项目的效用和费用等指标和相关方法，定量研究经济学原理和经济学规律在实际工程项目决策过程中应用的学科。随着社会经济的不断深入发展，人类对物质生活的要求不断增长，但可以利用的资源不是无限的。我们所生活的星球可以提供给人类消费的资源是有限的。如何利用有限资源，有意识地生产和消费，就构成了我们的经济生活。因此，从政府到企业，从集体到个人，都需要运用经济学的思维方法来指导生产和生活，很多经济学知识已经成为人们日常生活中的常识。无论是港口、公路、高铁，还是普通民用建筑都是生产行为的产物。这些产物同一般商品一样需要符合一定的经济规律。工程建设市场既存在微观经济学中的生产与消费的基本关系，同时也存在宏观经济学中的供给与需求的关系。只有掌握了一定的经济学基础知识，才有可能对工程项目从本质上进行全面地了解和分析。

从本质上讲，经济学是研究在可选择的、竞争性目标之间有效配置有限资源的学科，即研究如何有效利用有限资源生产商品并将其分配给个人的问题。这里所说的有效配置是这样的一种配置方案，即设法在不损害他人福祉的情况下能够使该配置方案福祉得到改善。

资源（Resource）一般包括自然资源（Natural resources）和社会资源（Social resources）。社会资源通常又可以分为人力资源、资本资源和信息资源。自然资源是人类赖以生存和发展的物质基础，自然资源的匮乏短缺常常成为国际争端的根源。社会资源在国际竞争中的作用也变得日趋明显。在雄厚的资本资源支持下，高质量的人力资源与信息资源相结合，构成了国家的国际竞争力。

人类对于生存空间和资源的需求是不断增长的，但资源本身是有限的，资源不仅与国家经济安全息息相关，而且直接关系到国家的政治、军事安全。资源的有限性、垄断性以及资源分布和消费的不均衡性等引发了国际上的一些突发事件。资源的稀缺性使得人类社会对资源必须有效地加以利用。比如，城市土地是一种有限的资源，假设仅可以利用它建设一个城市公园和居民住宅，那么极端的情形是全部建成公园或者全部建成住宅。在两种极端情形之间，还有很多其他方案可供选择。如在一部分土地上建公园，在另一部分土地上建住宅。无论如何选择，若要获得更大的城市公园必须放弃一部分住宅。这种不可兼得的选择问题构成了经济学中最重要的资源配置问题。

土木工程（Civil engineering）是为人类生活发展提供基础场所保障的学科，任何土木工程项目的建设都伴随着对资源的消耗。在工程项目的构思、设计、施工、使用以及维护的过程中，企业之间的竞争本质上是企业所拥有的资源的竞争。有限资源的概念清楚地表明了任何资源都有稀缺性，而人们的欲望是无限的。这一现实决定了资源必须最有效地加以利用，这正是经济学本身存在的根据。工程经济学正是研究工程活动中技术经济效果的学科，以工程项目为主体，以技术经济系统为核心，研究如何最有效地利用资源，提高经济效果，实现技术先进性与经济合理性的统一。

1.1.1 需求理论

1．需求的定义

需求（Demand）是指在一定时期内，在各种可能的价格水平下，消费者愿意并且有能力购买的某种商品的数量。也就是说，需求必须是消费者既有购买欲望又有购买能力的有效需求。需求通常与时间密切相关，且不同价格对应不同的需求数量。

2．需求函数

需求函数对需求及其影响因素之间相互关系的一种数学表达，一般为多元函数，表达式为：

$$Q = F(P, D, A, O, P_r, D_r, A_r, O_r, P_E, G, N, I, T, W, \cdots\cdots) \tag{1-1}$$

式中：Q 表示对某种商品的市场需求数量；P、D、A、O 分别表示该种商品的价格（Price）、设计与质量（Design and Quality）、广告宣传（Advertising）和推销渠道与方式（Outlet of Distribution）；P_r、D_r、A_r、O_r 分别表示相关商品的价格、设计与质量、广告宣传和推销渠道与方式；P_E 表示期望价格（Expected price）；G 表示政府政策（Government Policies）；N 表示消费者数量（Number of consumers）；I 表示消费者的收入水平（Income level）；T 表示消费者的爱好与口味（Taste）；W 表示天气（Weather）等自然状况。

如果除价格外其他因素保持不变，需求函数可记为：

$$Q = f(P) \tag{1-2}$$

3．需求曲线与需求法则

需求曲线（Demand curve）：假定需求函数中除该种商品的自身价格以外所有其他影响因素均保持某种水平不变时，商品需求量、与价格 P 之间相互关系的几何曲线，如图1-1所示。

需求法则（Principle of demand）：需求曲线斜率通常为负，即在其他条件不变的情况下，需求量随价格的上升而减少，随价格的下降而增加。其主要原因是当某一商品价格上升时，消费者倾向于利用其他廉价代替品满足需求。同时，价格变化对消费者的实际收入造成影响，进而影响消费者对该商品的需求数量。

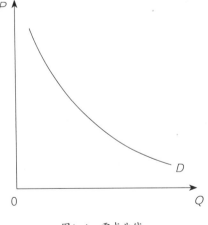

图1-1 需求曲线

4．需求量的变化与需求的变化

需求量（Quantity demanded）的变化是指在其他影响因素不变的情况下，由商品自身价格的改变所引起的需求数量的变化，因此需求量的变化表现为需求曲线上的点沿曲线的变动，如图1-2所示。当价格由 P_1 下降为 P_2 时，需

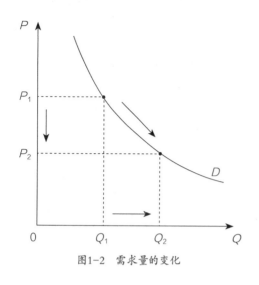
图1-2 需求量的变化

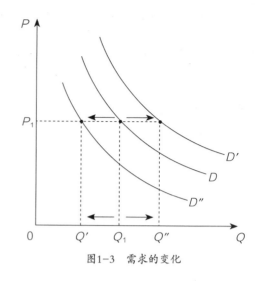
图1-3 需求的变化

求量由Q_1增加至Q_2。

需求的变化是由除商品自身价格以外的一个或几个影响因素的变化所引起的，因此需求的变化表现为整条需求曲线的平移或转动，如图1-3所示。需求曲线右移意味着需求的增加，在相同价格水平下对商品需求数量增加；左移则相反。影响需求变化的因素有很多，主要包括消费者的收入、商品的价格、消费者偏好、消费者的数量、消费者对未来的预期和商品宣传的信息影响等。

在一定价格条件下，消费者对某种或者所有商品或服务的需求构成了市场需求，一般由市场的刚性需求和弹性需求构成。刚性需求受价格影响较小，常指对必需品的需求；弹性需求则多受生活条件和水平限制，需求量因价格变化而受到较大的影响。通常，人们都以自身利益最大化为目标进行理性的决策和行动，利己心是经济活动的原动力。企业追求利润必须考虑价格和需求量的关系，价格机制就像一只看不见的手，调节着社会资源合理而有效率地分配到各种商品的生产中。从宏观视角分析，供给均会创造出需求，即有供给必有需求，且供求保持相等。总需求的水平决定了社会的生产和就业水平，并通过价格、工资和利息率等自动调节使总需求趋于充分就业的水平。也就是说，有效需求决定了社会就业；而有效需求的大小则主要决定于消费倾向、资产预期收益和货币的流动性偏好。正因如此，在经济低迷时期，扩大政府干预经济、增加公共开支、降低利率、刺激消费可以提高有效需求。

1.1.2 供给理论

1. 供给的定义

供给（Supply）是指在一定时期内，在各种可能的价格下，商品生产者愿意并且有能力向市场提供的某种商品的数量。

2. 供给函数

供给函数是对供给及其影响因素之间相互关系的一种数学表达，一般为多元函数，表达式为：

$$Q = H(P, P_r, P_E, G, C, T, \cdots\cdots) \tag{1-3}$$

式中：Q表示某种商品的供给数量；P、P_r、P_E、G等变量分别表示该种商品的自身价格、相关商品的价格、生产者对商品的期望价格和政府的相关政策等，C表示商品生产的成本（Cost）；T表示技术状况（Technology）等。

如果除价格外其他因素保持不变，供给函数可记为：

$$Q = h(P) \tag{1-4}$$

3. 供给曲线与供给法则

供给曲线（Supply curve）：是指假定供给函数中除该种商品的自身价格以外所有其他影响因素均保持某种水平不变时，商品供给量Q与价格P之间相互关系的几何曲线，如图1-4所示。

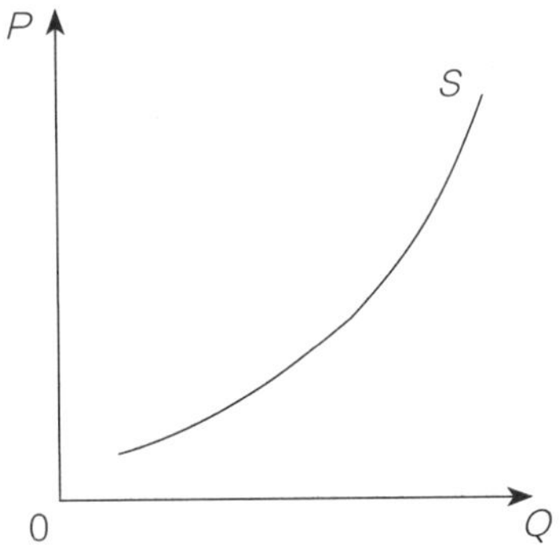

供给法则（Principle of supply）：供给曲线向上倾斜，斜率为正，即在其他条件不变的情况下，供给量随价格的上升而增加，随价格的下降而减少。

图1-4 供给曲线

4. 供给量的变化与供给的变化

供给量（Quantity supplied）的变化是指在其他影响因素不变的情况下，由商品自身价格的改变所引起供给数量的变化，因此供给量的变化表现为供给曲线上的点沿曲线的变动，如图1-5所示。

供给的变化是由除商品自身价格以外的一个或几个影响因素的变化所引起的，因此供给的变化表现为整条供给曲线的平移或转动，如图1-6所示。

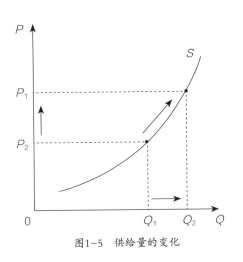

图1-5 供给量的变化

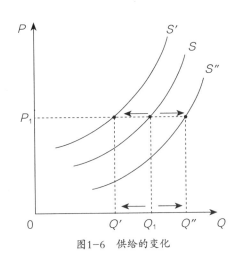

图1-6 供给的变化

供给是实际需求得以维持的源泉。在完全市场条件下，供给与需求相互作用决定了商品价格，达到均衡价格时，供给量与需求量相等，实现全部商品交易。但实际市场价格往往不是均衡价格，而是围绕均衡价格上下波动。当处于卖方市场的时候，市场价格会高于均衡价格，因而出现供过于求，从而产生库存。在此情形下，降价销售，增加需求，会逐渐使价格接近均衡价格，销量增加，库存减少。

商品的生产、分配和交换都只是手段而已，这些活动的终极目的是消费。生产者的目标是达到消费目的，而在商品流通过程中，生产者的生产活动也带来了对其他生产者的生产需求，使整个经济体系得到循环，即一定数量的供给带动了对相当数量商品的需求。影响供给变化的因素主要包括价格、技术进步、生产者数量、价格预期、税收与补贴等。

1.2 均衡分析和边际分析

1.2.1 均衡分析

均衡（Equilibrium）是指经济事物中有关变量在一定条件的相互作用下达到的一种相对静止的状态。在经济学中，均衡状态具有非一般的涵义，因为所有经济问题和管理问题的最佳解决方案，都是由某种均衡状态所确定的。也就是说，确定了一件事物的均衡状态就可以找到其问题的最佳解，而这也正是均衡分析的重要性所在。生产者均衡（Producer equilibrium）是在生产要素均衡时找到某种组合，使之在既定产量下达到总成本（Total cost，TC）最小，或者既定总成本下达到产量最大。市场价格是在竞争条件下买卖双方对商品的评价彼此均衡的结果。市场均衡是市场价格达到使供应量与需求量相等时的状态。

例如，某开发项目中计划使用500件混凝土预制构件，能够生产该构件的企业有A和B，那么如何分配两个企业的生产份额呢？由于两个企业的工人技术水平和生产条件的不同，其生产同样的产品，水平就会不同。我们知道产品生产的边际成本（Marginal cost，MC）是指成本对产量无限小变化的变动部分，即产量增加或减少1个单位所引起的成本变动。这里边际成本是递增的。因此，500件产品生产份额确定后，若计算出的A企业的边际成本大于B企业的边际成本，为了降低总成本，应该把A企业的最后一件产品转到B企业生产。经这样调整后，A企业的边际成本会降低，B企业的边际成本会升高。继续把产品生产份额从边际成本高的企业调整到边际成本低的企业，直到两个企业的边际成本相等。这时也就达到平衡状态，企业的产品生产份额的分配方案才是最佳的。

又如，该开发项目的500件预制构件分别销售给C和D两个工程承包商使用，那么如何分配两个承包商的使用份额呢？由于C和D承包商所承包项目的需求不同，所以产品销售所得的收益也不同。通常在技术水平不变、其他生产要素不变的情况下，追加一种生产要素，该生产要素所形成的产出要经历一个边际增长-边际不变-边际递减的过程，总产出随之逐渐上升加快–趋缓–不变甚至下降，即产品销售的边际收益（Marginal revenue，MR）是递减的，这就是边际收益递减规律。因此，500件构件销售份额确定后，若计算出的C承包商的边际收益小于D承包商的边际收益，为了提高总收益，应该把C承包商的最后一件构件销售给D承包商。经这样调整后，C承包商的边际收益会提高，D承包商的边际收益会降低。继续把产品销售份额从边际收益低的承包商调整到边际收益高的承包商，直到两个承包商的边际收益相等。这时也就达到平衡状态，构件销售份额的分配方案才是最佳的。

从上面两个实例可以看出，当事物处在非平衡状态时，我们可以进行一些调整，将其潜力挖掘出来，进而提高效益。当事物处在平衡状态时，其潜力已经都被挖掘出来了，各方的利益都得到了恰如其分的体现。市场很难长期处于稳定的静态均衡状态，供需任何一方的变化都会使市场均衡发生变动。意大利经济学家帕累托根据这种均衡即最佳的观点提出了帕累托最优状态的概念，并对社会制度的优劣进行说明，即不可能通过资源的重新配置使得经济社会在不影响其他成员境况的条件下改善某些人的境况。

如何才能确定均衡状态，进而找到问题的最优解呢？这就要用边际分析了。

1.2.2 边际分析

确定事物的最佳状态时，要知道边际成本、边际收益和边际效用等边际量的大小，即进行相关的边际分析。所谓的边际分析（Marginal analysis），是指分析一件事物、一个变量在其原有状态或水平上（边际上）发生一个微小变动时，某一相关事物或变量随之变动的情况。

通常，随着生产要素投入的增加而带来效益的增加，当效益增加超过一定限度时会逐渐减小，即边际效益递减规律；随着产量的增加而带来成本的增加，当产量增加超过一定限度时增加单位产量的成本逐渐增大，即边际成本递增规律。当成本增加的速度将大于效益增加的速度，也就是生产增加到一定程度后，生产增加的额外效益将低于额外成本，当边际成本与边际效益相等时，生产达到最优规模。超出最优规模时，成本将比效益上升得快。

如某个产品生产厂家要确定年最佳产销量，即使厂家利润最大化的产销量。假设厂家在原有的产量Q的水平上增加一个单位，这时厂家的总收益（Total revenue，TR）会增加，但同时厂家的总成本也会增加。求出这时的边际收益（MR）和边际成本（MC）。如果边际收益大于边际成本，说明增加产量Q对厂家是有利的；如果边际收益小于边际成本，说明减少产量Q对厂家是有利的。显然，当边际收益等于边际成本时，无论Q增加还是减少，厂家的利润都不会再增加，由此我们确定了厂家的年最佳产销量，这时也达到一种均衡。这说明边际分析是实现均衡的一种方法。在经济学中，均衡分析和边际分析是密不可分、相得益彰的。与劳动价值论不同，边际效用价值论认为商品的价值既不是由劳动决定也不是由生产费用决定的，而是由消费者的主观评价决定的，是衡量商品价值的尺度。消费者之所以需要商品，是因为商品都有满足人们消费欲望的效用。人们对商品效用的评价，随着这种商品消费量的增多而降低，边际效用就是商品一系列递减的效用中最后一个单位所具有的效用,即最小效用。某种商品的价格高低是由这种商品给消费者带来的边际效用决定的。一般,消费随着收入的增加而增加,但在增加的收入中,消费部分所占比例越来越小,即所谓的边际消费倾向递减规律。另一方面,由于投资的增加使得生产设备的运转压力增大,生产成本提高,且可能会出现市场供过于求的现象,因此预期的利润率会下降,预期的资本边际效率偏低,从而使投资需求下降。

1.2.3 支付意愿和受偿意愿

边际价值论认为商品或服务的价值是由其边际效用确定的,商品的经济价值是边际效用与实际价格的差额。基于效用理论的商品或服务价值可以通过支付意愿(Willingness to pay,WTP)或受偿意愿(Willingness to accept,WTA)反映出来。支付意愿是指消费者为获得一种商品或服务所愿意支付的金额;受偿意愿是指生产者提供商品或服务所愿意接受的最低金额,如图1-7所示。

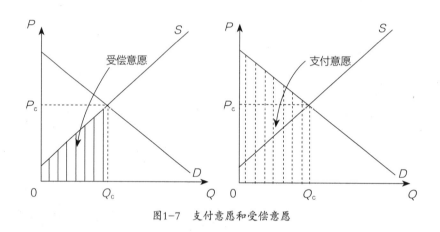

图1-7 支付意愿和受偿意愿

在支付意愿和受偿意愿理论基础上,形成了消费者剩余(Consumer surplus)理论和生产者剩余(Producer surplus)理论。消费者剩余是指消费者愿付金额(WTP)扣除实付金额后的余额;生产者剩余则是指其实售金额扣除最低愿意接受金额(WTA)之后的差额,是人力资源创造的增值部分。消费者剩余与生产者剩余之和即为社会剩余,如图1-8所示。

在这里需要说明的是,对消费者来说,消费者愿意支付的价格取决于消费者对该商品效用的评价。而由于边际效用是递减的,那么消费者愿意付出的价格随商品数量的增加而递减。但市场价格则是由整个市场的供求关系决定的,决定商品价格

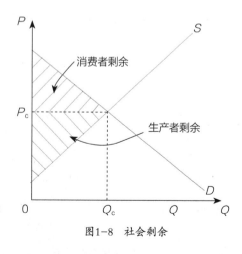

图1-8 社会剩余

的是全体消费者和供给者，而不会因某一消费者的愿望而发生转移。即对某一消费者来说市场价格是相对固定的，由此，随着消费者购买某种商品数量的增加，其愿付出的价格在不断下降，而市场价格不变，那么，消费者从每单位商品购买中所获得的消费者剩余逐渐在减少。

如果某项目的实施是社会所得（效益）补偿了社会所失（费用），那么该项目的实施是对社会的改进。社会的效益和费用是社会成员的效益和费用的总和。个人的效益以个别人对商品的支付意愿来衡量。支付意愿可以用来度量公共工程的效益。

支付意愿和消费者剩余的计算涉及对需求曲线的估计。这实际上是很难做到的。而我们在现实生活中通常不必精确地计算支付意愿的具体数值，而只要对其变动做出一些估计。选择恰当的数据，或在这些实际数据上做一些处理使其尽可能地满足要求。通常，项目提供的商品或服务本来就已经存在，项目的实施只是增加同类的商品或服务。因此，其效益只是新增的支付意愿。当实际观察到的价格正好是原来的边际效益时，那么可以用价格作为计算效益的基础。

以图1-9为例，某项目投产前，原有的产品供应量是Q_0，项目投产后，新增产量为ΔQ，使总供应量为$Q_1 = Q_0 + \Delta Q$，新增效益就是面积$E_0Q_0Q_1E_1$。当ΔQ不大时，可以认为需求曲线E_0E_1近似为直线，新增效益ΔB可以表示为：

$$\Delta B = \frac{1}{2}(P_0 + P_1) \times \Delta Q \quad (1-5)$$

式中，P_0与P_1表示项目投产前商品价格和投产后商品价格。

根据消费者剩余的定义，区域$P_0E_0E_2P_1$与$E_0E_1E_2$的面积之和即为新增消费者剩余价值。区域$P_0E_0E_2P_1$代表因为价格下降使消费者节约的支出，等于价格之间的差额乘以原价格下的销售量。但增加的消费者剩余（区域$P_0E_0E_2P_1$）同时是生产者损失的收益，两项抵消，消费者节约的支出并没有给社会带来净效益，因此，社会获得的效益仅是$E_0Q_0Q_1E_1$，即新增的支付意愿。

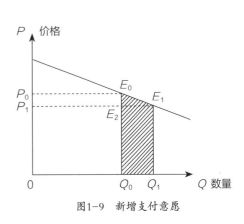

图1-9 新增支付意愿

1.3 需求弹性和供给弹性

1.3.1 弹性的含义

经济学中的弹性（Elasticity）是指当两个经济变量存在函数关系时，自变量的相对变动引起因变量相对变动的程度，或者因变量对自变量相对变动的反应程度，例如，弹性可以表示当一种商品的价格上升1%时，相应的需求量变化的百分比具体是多少。弹性的大小用弹性系数表示：

$$弹性系数 = \frac{因变量变化的百分比}{自变量变化的百分比} \tag{1-6}$$

设两个经济变量之间的函数关系为 $Y = f(X)$，具体的弹性公式为：

$$E = \frac{\Delta y / y}{\Delta x / x} = \frac{\Delta y}{\Delta x} \cdot \frac{x}{y} \tag{1-7}$$

引入弹性概念的意义在于：分析某一经济变量的变化对另一经济变量产生的影响，以便于对经济活动进行分析与决策。

1.3.2　需求弹性

需求弹性（Elasticity of demand）是需求的价格弹性（Price elasticity of demand）的简称，表示一定时期内需求量对价格变动的反应程度，或者说，价格变动的百分比引起需求量变动的百分比。其计算公式为：

$$E_d = \frac{需求量变动百分比}{价格变动百分比} = \frac{\Delta Q / Q}{\Delta P / P} = \frac{\Delta Q}{\Delta P} \cdot \frac{P}{Q} \tag{1-8}$$

由于商品的需求量和价格是呈反方向变动的，为了便于比较取其绝对值。可以设想，商品的价格变动1%时，需求量的变化率可能大于1%，也可能小于1%，因此，根据需求的价格弹性绝对值的大小，一般把需求的价格弹性分为以下五种类型。

（1）$|E_d| > 1$，表明需求量的变动率快于价格的变动率，即需求量对价格变化反应强烈，称为富有弹性（Relatively elastic）。这类商品一般为非生活必需品，一般指消费类电子产品及时尚服装等。

（2）$|E_d| = 1$，表明需求量的变动率等于价格的变动率，即需求和价格以相同幅度变动，称为单位弹性（Unitary elastic）。这是一种特例。

（3）$0 < |E_d| < 1$，表明需求量的变动率小于价格的变动率，即需求量变化对价格变化反应缓和，称为缺乏弹性（Relatively inelastic）。需求曲线斜率为负，其绝对值大于1。这类商品为生活必需品。消费者用于购买食品的支出占全部消费支出的比例称为恩格尔系数，其大于59%为绝对贫困、40%~50%为小康、20%~40%为富裕。

（4）$E_d = 0$，表明需求量为一常量，表明需求量不随价格变化而变化，称为完全无弹性（Perfectly inelastic），需求曲线和纵轴平行，其斜率为无穷大。如自来水费等近似于无弹性。

（5）$E_d = \infty$，表明价格为一定的情况下，需求量无限大，称为无穷大弹性（Perfectly elastic），需求曲线斜率为零。如战争时期的常规军用物资。

影响需求弹性的因素有很多，商品需求的价格弹性大小是各种因素综合作用的结果，主要有以下几种。

（1）商品的性质。一般来说，生活必需品需求的价格弹性较小，非必需品需求的价格弹性较大。

（2）商品的可替代性。商品的可替代性是指两种不同的商品在使用价值上可以互相替代来满足需要的关系。商品的可替代品越多，相近程度越高，则该商品需求的价格弹性往往就越大。市场上，一种商品的价格上升时，消费者就会减少对该商品的需求量，增加对相近的替代品的购买，说明该商品的需求弹性较大；而对于某一商品，很难找到合适的替代品，所以需求的价格弹性是较小的。

（3）商品用途的广泛性。一般，某种商品具有多种用途，当其价格较高时，消费者只购买较少的数量用于最重要的用途。所以，商品的用途越是广泛，其需求的价格弹性就可能越大；用途越是狭窄，需求的价格弹性就越小。

（4）商品占支出预算的比重。消费者在某商品上的消费支出在预算总支出中所占的比重越大，该商品需求的价格弹性可能越大，反之则越小。

1.3.3 供给弹性

供给弹性（Elasticity of supply）是供给价格弹性（Price elasticity of supply）的简称，表示供给量对价格变化的反应程度，即某种商品价格上升或下降1%时，该商品供给量增加或减少的百分比程度。其计算公式为：

$$E_s = \frac{需求量变动百分比}{价格变动百分比} = \frac{\Delta Q / Q}{\Delta P / P} = \frac{\Delta Q}{\Delta P} \cdot \frac{P}{Q} \quad (1-9)$$

一般而言，商品的供给量与商品的价格是呈同方向变动的，所以E_s值大于零。根据供给的价格弹性大小，一般也把供给的价格弹性分为五种类型。

（1）$E_s = 0$，表明供给量是一个常量，不随价格变化而变化。供给曲线和纵轴平行，其斜率为无穷大，称为供给完全无弹性。

（2）$E_s < 1$，表明供给的变动率慢于价格的变动率，即供给量对价格的变化反应缓和。供给曲线斜率为正，其值大于1，称为供给缺乏弹性。

（3）$E_s = 1$，表明供给量的变动率等于价格的变动率，即供给和价格以相同的幅度变动，称为供给单位弹性。供给曲线斜率为正。其值为1。

（4）$E_s > 1$，表明供给量的变动率快于价格的变动率，即供给量对价格的变化反应强烈，称为供给富有弹性。供给曲线的斜率为正，其值小于1。

（5）$E_s = \infty$，表明在同一价格条件下，供给量无穷大，供给曲线和横轴平行，其斜率为零，称为供给完全弹性。

影响供给的价格弹性因素主要有时间因素、生产成本和生产周期。时间因素是很重要的因素，当商品的价格发生变化时，厂商对产量的调整需要一定的时间，短期内厂商很难根据商品价格的变动及时增加或者压缩产量，相应的供给弹性比较小，但是长期内生产规模的扩大缩小都是可以实现的，供应量可以对价格变动做出充分反应，供给的价格弹性也就比较大；对于生产成本而言，如果产量增加只引起边际成本轻微的提高，供给曲线比较平坦，供给的价格弹性可能比较大，相反则较小；对于生产周期，若生产周期较短，厂商可以根据市场价格的变化及时调整产量，供给的价格弹性相应也就比较大，反之则较小。

除了需求价格弹性与供给弹性之外，经济学家还运用了其他弹性。最重要的是，他们用需求收入弹性来衡量消费者收入变动时需求量如何变动。需求收入弹性是一种商品需求量对消费者收入变动反应程度的衡量，用需求量变动百分比除以收入变动百分比来计算。这就是：

$$需求收入弹性 = \frac{需求量变动百分比}{收入变动百分比}$$

正如我们前面所讨论的，大多数物品是正常商品，收入提高增加了需求量。由于需求量与收入呈同方向变动，正常商品的收入弹性为正数。少数商品是低档物品，例如，搭乘公共汽车：收入提高减少了需求量。由于需求量与收入呈反方向变动，低档商品的收入弹性为负数。

1.4 成本和收益

1.4.1 成本

通常来说，成本（Cost）是指厂商为了得到一定数量的商品所付出的代价。换言之，成本是厂商生产一定数量的商品所耗费的生产要素的价值。它等于投入的每种生产要素的数量与每种要素单位价格之乘积的总和。成本的概念比较复杂，从不同的角度和内容看，有不同性质的概念。

1. 机会成本

机会成本（Opportunity cost，OC）是指如果一种生产要素被用于某一特定用途，它便放弃了在其他用途上可能获取的收益，这笔收益就是这一特定用途的机会成本。机会成本的存在需要两个重要前提条件：第一，生产要素是稀缺的；第二，生产要素是具有多种用途的。在建设项目投资过程中，经常面临多方案决策的问题，在确定决策方案后，被舍弃方案中的最大价值是该决策的机会成本。

2. 固定成本和变动成本

为了进行不确定性分析，要将总成本费用分解为固定成本和可变成本。

固定成本（Fixed cost，FC）是指不随产量和销量的变化而变化的成本，即不随产品产量及销售量的增减发生变化的各项成本费用，如工资及福利费（计件工资除外）、折旧费、摊销费、修理费等。可变成本（Variable cost，VC），又称变动成本，是指随着产量和销售量的增减而呈正比例变化的成本，如原材料、燃料、动力费、包装费等。

3. 总成本、平均成本、边际成本

总成本（Total cost，TC）是指生产过程中所有使用的投入要素的成本之和，等于固定总成本（Total fixed cost，TFC）与变动总成本（Total variable cost，TVC）之和，即

$$TC = TFC + TVC \tag{1-10}$$

平均成本（Average cost，AC）可分为平均总成本（Average total cost，ATC）、平均变动成本（Average variable cost，AVC）和平均固定成本（Average fixed cost，AFC）。用Q表示产量，它们的函数表达式应该是

$$ATC = \frac{TC}{Q} \tag{1-11}$$

$$ATC = \frac{TVC}{Q} \tag{1-12}$$

$$ATC = \frac{TFC}{Q} \tag{1-13}$$

边际成本（Marginal cost，MC）描述的是总成本相对于产量的变化率，即

$$MC = \frac{\Delta TFC}{\Delta Q} \tag{1-14}$$

生产者为追求最大经济利益，通过扩大生产规模增加产出。一般，在一定的产量范围内，对同一种商品扩大生产规模，增加产量，平均成本会不断降低，从而带来额外的经济效益，这就是规模经济。

4. 沉没成本

沉没成本（Sunk cost）是项目决策及评估过程中的概念，而在财务成本核算中多做投资损益或者成本分摊。沉没成本是指已经发生的，且不能由于现在或将来的任何决策而发生改变的成本。工程项目的前期调研以及论证等成本，如果项目没有实施，则这些前期费用都是沉没成本。例如，建筑企业花费100万元购置的施工机械，经过一段时期的使用，现在账面净值为40万元，如果出售，只能卖出15万元。账面净值与可卖出价格之差25万元就可以被认为是沉没成本。如果新购买该设备需要35万元，在是否更新该设备的方案必选时，不更新该设备的方案中，设备的价值是15万元。因此，更新方案需额外支付20万元的费用，这里的15万元就是更新方案的机会成本。

[例1-1] 根据某航空公司的数据，运营航程为1200英里和2500英里，乘客为250人、300人和350人的航线每位乘客每英里的成本（以美分计）见表1-1：

航线成本（单位：美分/每人每英里） 表1-1

乘客人数	航线英里数	
	1200	2500
250	4.0	3.1
300	3.5	2.8
350	3.2	2.4

（1）如果乘客人数在250与300人之间，运营1200英里航线每增加1位乘客的边际成本是多少？

（2）如果乘客人数是300人，航程在1200与2500英里之间，每增加一英里飞行的边际成本是多少？

（3）2500英里航程经济舱机票为156.60美元，如果人数为300人，运营该种航班是否可以收回全部成本？

[解]：

（1）如果乘客人数为250人，则运营成本为1200×250×4.0美分＝12000美元。如果乘客人数为300人，则运营成本为1200×300×3.5美分＝12600美元。因此，增加50名乘客总成本增加了12600－12000＝600美元，则每增加1位乘客的成本增量约为600÷50＝12.0美元。

（2）1200英里航线的总成本为1200×300×3.5美分＝12600美元。2500英里航线的总成本为2500×300×2.8美分＝21000美元。因为增加2500－1200＝1300英里航程总成本增加21000－12600＝8400美元，故每增加1英里飞行约增加成本8400÷1300＝6.46美元。

（3）可以补偿全部运营成本。因为运送每位乘客的运营成本为2500×2.8美分＝70美元，比机票价格156.60美元低。

1.4.2 收益

收益（Revenue）是指企业售出产品所收取到的收入，收益中包括成本和利润。

产品价格为P，总收益为TR，产量为Q，则

$$TR = P \cdot Q \tag{1-15}$$

平均收益（Average revenue，AR）：

$$AR = \frac{TR}{Q} \tag{1-16}$$

边际收益（Marginal revenue，MR）：

$$MR = \frac{\Delta TR}{\Delta Q} \tag{1-17}$$

1.5 市场结构

市场是某种商品或服务的买卖双方组成的集合场所，是经济活动的中心。市场经济是一种由个人和私人企业决定生产和消费的经济制度。以边际效用分析为手段、均衡价格为核心的经济学体系，反映的是完全竞争情况下的市场价格运行机制。不同的市场由于垄断程度的不同，均衡价格运行机制也完全不同。市场自动调节的机制充分发挥，并辅以政府对货币总量的控制可以稳定经济，实现充分就业。政策长期稳定下的市场机制对经济自行调节，可以最终使经济得以自然增长。

通常，决定市场类型划分的主要因素有：市场上厂商的数目；厂商所生产产品的差别程度；单个厂商对市场价格的控制程度；厂商进入或退出一个行业的难易程度。其中第一、二两个因素是最基本的决定因素，第三个因素是第一个因素的必然结果。市场是资源配置的基本机制，根据市场上竞争程度的强弱把现实中的市场分为四种类型，完全竞争（Perfect competition）市场、垄断竞争（Monopolistic competition）市场、寡头垄断（Oligopoly）市场和完全垄断（Monopoly）市场。实际上，很难有完全竞争市场，通常是不同程度的垄断和竞争交织在一起。

1. 完全竞争市场

完全竞争市场有三个主要特征：市场上有许多买者和卖者；企业生产的产品是同质的；市场信息畅通；企业可以自由进入或退出市场。理论上，从社会效益的角度看完全竞争的结果往往是好的。生产者得到社会平均利润，消费者得到充足的商品或服务，以及最低的价格。在这种情况下，社会总福利最高。

2. 完全垄断市场

完全垄断市场有三个主要特征：市场上只有一个生产者；产品没有替代品，新企业不能自由进入或退出市场；生产者是市场价格的制定者。垄断者能在市场上保持唯一的卖者的地位。且无论长期还是短期都可以获得超过正常利润的超额利润。完全垄断是规模经济、特许专利、自然垄断和原料要素垄断等原因造成的。完全垄断的一个重大代价是社会效益的低下。在一个完全垄断市场上，生产者提供的产品数量往往低于社会有效率的数量，价格却高于社会有效率的水平。

3. 垄断竞争市场

垄断竞争市场是既存在竞争又存在垄断，但竞争因素多于垄断因素的市场，是同时具有完全竞争和完全垄断特点的混合市场结构，其特征是：各生产者的产品彼此存在差别；

生产者数量较多,能自由进入或退出市场;生产者进入和退出市场均较容易。个别生产者的行为受到其他生产者的影响,当存在超额利润时,会有其他生产者进入从而减少超额利润,最终市场会处于无超额利润的正常状态。

4. 寡头垄断市场

寡头垄断市场是只有少数几个生产者,每个生产者都提供相同或相似的产品。寡头垄断市场是一种既有垄断因素又有竞争因素但垄断因素占主导地位的市场类型。从社会福利角度看,寡头与垄断引起的结果相近。其特点是市场内生产者数量极少,寡头生产者之间相互依存、新的生产者进出都不容易、寡头与产品差别无关。

四种类型市场比较见表1-2。

不同类型市场比较　　　　表1-2

市场类型	完全竞争市场	完全垄断市场	垄断竞争市场	寡头垄断市场
生产者数量	非常多	只有一个	较多	很少
产品差异程度	毫无差异	产品独特没有替代品	有一定差异	有一定差异或无差异
资源流动难易程度	充分自由毫无行业壁垒	进入或退出市场极端困难	相当通畅	流通不畅行业壁垒较高
市场信息流动通畅程度	掌握全部市场信息	被高度控制	相当通畅	流通不畅

厂商的利润取决于收益和成本,其中成本主要取决于厂商生产技术方面的因素,而厂商的收益则取决于市场对其产品的需求状况,不同类型的市场条件下,厂商所面临的对其产品的需求状况是不同的,所以在分析厂商的决策时必须要区分不同的市场类型。

思 考 题

1. 供给的变动引起（　　）。
   A. 均衡价格和均衡数量同方向变动
   B. 均衡价格反方向变动，均衡数量同方向变动
   C. 均衡价格同方向变动，均衡数量反方向变动
   D. 均衡价格和均衡数量反方向变动

2. 对于钢筋供给的减少，不可能是由于（　　）。
   A. 煤炭价格上涨
   B. 政策限制钢铁产量
   C. 铁矿石进口减少
   D. 钢筋价格下降

3. 假设某商品的需求曲线为$Q = 3 - 2P$，市场上该商品的均衡价格为4，那么，当需求曲线变为$Q = 5 - 2P$后，均衡价格将（　　）。
   A. 大于4
   B. 小于4
   C. 等于4
   D. 小于等于4

4. 如果某种商品供给曲线为正，在保持其余因素不变的情况下，该商品的价格上升，将导致（　　）。
   A. 供给量增加
   B. 供给量减少
   C. 供给量不变
   D. 需求量增加

5. 假如增加一单位产量所带来的边际成本大于产量增加前的平均可变成本，那么在产量增加后，平均可变成本会（　　）。
   A. 增加
   B. 减少
   C. 不变

6. 实现利润最大化的条件是什么？

7. 什么是供求定理？结合工程经济实例予以说明。

8. 假如世界卫生组织发布一份报告，某种建筑材料的使用会对人体造成一定损害，简要分析该种建筑材料需求曲线的移动情况。

9. 均衡价格是如何实现的，它对于制定价格政策有何意义？

10. 考虑到提高生产者的收入，那么对农产品和高档次电视机、录像机等产品应采取提价还是降价的方法，为什么？

11. 什么是生产者剩余？什么是消费者剩余？

12. 什么是机会成本？

13. 已知某一时期内某商品的需求函数为 $Q = 50 - 5P$，供给函数为 $Q = -10 + 5P$。求均衡价格 P 和均衡数量 Q，并做出几何图形。

14. 假设某个城市乘客对公共汽车票价需求的弹性为0.6，票价1元，日乘客量为55万人。市政当局计划将提价后净减少的日乘客量控制为10万人，新的票价应为多少？

15. 假设A公司与B公司的需求曲线分别为 $Q = 200 - 0.2P$，$Q = 400 - 0.25P$，这两家公司现在的销售量为100和250。
    （1）求两家公司当前的价格弹性。
    （2）假设B公司的目标是谋求销售收入最大，你认为它降价是否合理。

16. 已知某种水泥产量为9单位时，总成本为95万元，产量增加到10单位时，平均成本为10万元，求边际成本为多少？

17. 假设总成本函数是 $TC = Q^3 - 4Q^2 + 100Q + 70$，求其平均成本函数，平均可变成本函数与边际成本函数。

| 第2章 |

资金的
时间价值

土木工程项目的建设离不开资金活动，而资金有时间价值，即使金额相同，发生在不同时间点其价值就不相同。为了解决工程投资项目在不同时间点上发生的费用与效益的时间可比性问题，必须了解资金时间价值的客观存在性，并用资金等值概念进行资金时间价值的等值变换。

2.1 基本概念

2.1.1 现金流量与现金流量图

1．现金流量的概念

在工程经济中，通常将分析研究的对象作为一个独立的经济系统。对于一个特定的经济系统而言（如一个投资项目、一个企业、一个行业、一个地区或者一个国家），投入的资金，花费的成本，获取的收益，都可以看成是以货币形式（包括现金和其他货币支付形式）体现的资金流出或流入。技术经济分析中，把各个时间点上实际发生的或即将发生的这种资金流入或流出称为现金流量（Cash flow）。

在计算期内，流入系统的资金称为现金流入（Cash inflow，CI）；流出系统的资金称为现金流出（Cash outflow，CO）。在同一时间点t上，现金流入与现金流出之差称为净现金流量（Net cash flow，NCF），记作NCF或$(CI-CO)_t$，即

$$NCF = (CI - CO)_t = CI_t - CO_t \tag{2-1}$$

构成系统现金流量的要素主要包括投资、成本、销售收入、税金和利润等，其中构成现金流入的主要包括销售收入、回收固定资产残值和回收流动资金等，构成现金流出的要素主要是建设投资、流动资金投资、经营成本和税金等。

现金流量的考察和分析要注意两个问题。

（1）现金流入和现金流出的时间点问题。不同时间点的现金流入和现金流出不能直接相减求净现金流量。例如，如果给出2019年初的现金流入和2020年初的现金流出，是不能相减求出净现金流量的。但如果是2019年的年末，与2020年的年初，通常认为是同一时间点，可以直接相减求净现金流量。

（2）考察的角度和研究系统的范围问题。视角的差异导致不同的分析结果。以项目产生的税金为例，从企业的角度看税金是现金流出；而从国民经济的角度看，既不是现金流出也不是现金流入，而是在国家范围内资金分配权与使用权的一种转移，称为转移支付（Transfer payments）。同样，企业从银行借入一笔资金，从企业角度是现金流入，而从银行角度则是现金流出。

2．现金流量图

现金流量图（Cash flow diagram）由一平面坐标系构成，横轴表示时间，时间标在分度点上，表示某个周期的末尾和下一周期的起始。纵轴表示资金流向和大小，横轴上方表

示现金流入，横轴下方表示现金流出，线段长度表示大小，如图2-1所示。

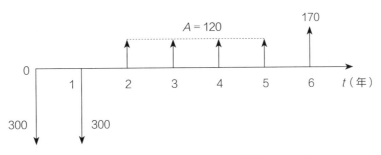

图2-1 某建设项目的现金流量图（单位：万元）

现金流量图上的时间点0表示第零年末，也即第1年初；1表示第1年末，第2年初，以此类推。

现金流量图采用的代号说明如下：

（1）现值（Present worth），用P表示。一个项目的现金流量，从时间轴上看，有起点、终点和一系列中间点。为了便于表述，把建设项目开始的第一年（期）初或在项目评估时指定的时间看作起点，称为"现在"（尽管它并不发生在现在），把"现在"发生的现金收支额称为"现值"，常表现为本金。

（2）终值（Future worth），用F表示。除上述"现在"以外的时间点均称为"未来"。把"未来"发生的现金收支额称为"终值"或"未来值"，常表现为本利和或复本利和。

（3）年金（Annuity），用A表示。当时间按年划分时，把中间点发生的资金收支额称为"年金"或"年值"。当各年的年金都相等时，则称为"等额序列"或"2等额年金"。

[例2-1] 某企业投资工程项目，第一年投资200万，第二年投资100万，第三年投资50万，以后年收益都为200万，每年经营费用50万，寿命期10年，残值收益100万，试绘制现金流量图。

[解]：

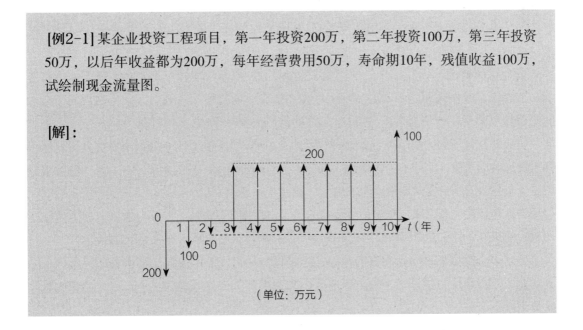

（单位：万元）

2.1.2 资金的时间价值

任何工程项目的建设与营运，任何技术方案的实施，都有一个时间上的延续过程。对于投资活动来说，资金的投入与收益的获得往往构成一个时间上有先有后的现金流量序列。要客观地评价工程项目或技术方案的经济效果，不仅要考虑现金流出与流入的数额，还必须要考虑每笔现金流量发生的时间。在不同的时间付出或得到同样数额的资金在价值上是不相等的，也就是说资金有时间价值，在不同的时间点同一金额的资金价值不相等，这个差额就是资金的时间价值（Time value of money）。

资金的时间价值是指资金在生产和流通过程中随着时间推移而产生的增值，这里的时间是指资金的运动时间。这是商品经济中的普遍现象，主要原因在于资金作为生产要素进入生产和流通领域后会产生利润，从而使资金增值。从投资者的角度来看，资金的增值特性使资金具有时间价值。资金一旦用于投资，就不能用于现期消费，牺牲现期消费的目的是能在将来得到更多的消费。因此，从消费者的角度来看，资金的时间价值体现为对放弃现期消费的损失所作的必要补偿。基于上述原因，我们可以从两个角度来理解资金时间价值的客观基础。

从生产者或资金使用者的角度来看，一笔可用于投资的资金，不论是用于购建厂房、设备等固定资产，还是用于购买原材料、燃料等变动要素，都构成必不可少的生产要素。生产出来的产品除了弥补生产过程中的物化劳动和活化劳动消耗之外，还会有剩余，这些剩余就是劳动者为社会创造的剩余价值。这从资金的运动过程来看，就表现为投资经过生产过程产生了增值。

从消费者或资金提供者的角度来看，无论是国家通过财政手段积累的资金，还是个人储蓄的货币，一旦用于投资，就不能用于现期消费。资金使用者应当付出一定的代价，作为对放弃现期消费的损失和对放弃货币占用的偏好损失的补偿，以及对资金提供者的鼓励。

资金时间价值的存在，决定了两笔发生在不同时期的等额资金在价值量上是不相等的，或者说其经济效用是不同的。发生在先的资金时间价值相对较高，发生在后的资金时间价值相对要低。通俗地来讲，现在1元钱的价值大于一年后1元钱的价值。

资金时间价值的大小取决于多方面的因素，主要有投资收益率、银行利率、通货膨胀率和投资风险因素等。实际上，银行利率也是资金时间价值的一种表现形式。利息、利润或收益是资金投入后在一定时期内产生的增值，或者视为使用资金的报酬，这是衡量资金的时间价值的绝对尺度。利息率、利润率或收益率是一定时期内的利息、利润或收益与投入资金的比率，反映资金时间变化的增值率或报酬率，这是衡量资金的时间价值的相对尺度。

因此，资金增值是企业生存的基础，也是投资项目成败的关键，在市场经济条件下尤其如此。对投资项目的评估，资金增值能力和速率理所当然地成为决定项目取舍和优选的重要因素。

2.1.3 利息与利率

1．利息

利息（Interest）是指占用资金所付出的代价，或放弃使用资金所得的补偿，利息体现着资金的盈利能力，是资金时间价值的体现。其广义的理解是，借款人因占用借入的资金而向贷款人所支付的报酬。利息属于利润的一部分，是剩余价值的一种转化形态，因此，利息是资金在运动过程中增值的一部分。投资项目建成投产以后，不仅用自己的收益收回投资，而且要补偿为贷款而支付的利息。如果银行将一笔资金贷给某企业，这笔资金就称为本金。经过一段时间后，借款的企业除偿还本金之外还要还一笔利息，这一过程可以表示为：

$$F_n = P + I_n \tag{2-2}$$

式中　F_n——本利和或终值；下标 n 表示计算利息的周期数。计息周期是指计算利息的时间单位，常用的有"年""月"等；

　　　P——本金或现值；

　　　I_n——利息，有单利和复利两种，与本金、利率和计息次数有关。

2．利率

利率（Interest rate），是指一个计息周期的利息额与本金额的比率，一般用百分数表示。利率实质上是资金预期达到的生产率的一种度量，利率越大表明资金增值的速度越快。其表达式为：

$$i = \frac{I_1}{P} \times 100\% \tag{2-3}$$

式中　i——利率；

　　　I_1——一个计息周期的利息。

由上式可知，利率是单位本金经过一个计息周期后的增值额。

利率按照不同的标准，可以划分为不同的种类，按利率的表示方法可划分为：年利率、月利率与日利率；按利率的决定方式可划分为：官方利率、公定利率与市场利率；按借贷期内利率是否浮动可划分为：固定利率与浮动利率；按利率的地位可划分为：基准利率与一般利率；按信用行为的期限长短可划分为：长期利率和短期利率；按利率的真实水平可划分为：名义利率与实际利率。

现代市场经济环境错综复杂，许多因素都与利率息息相关。影响利率变化的因素有经济因素、政策因素与制度因素。经济因素包括经济周期、通货膨胀和税收等；政策因素包括国家的货币政策、财政政策和汇率政策等。决定和影响我国利率的主要因素有：利润的平均水平、资金的供求状况、物价变动的幅度、国际经济环境和政策性因素等。影响利率高低的因素具体包括以下几个方面。

（1）利率的高低首先取决于社会平均利润率的高低，并随之变动。通常情况下，社会平均利润率是利率的最高界限，因为如果利率高于利润率，借款就会无利可图。

（2）在社会平均利润率不变的情况下，利率高低取决于金融市场上借贷资本的供求情况。借贷资本供过于求，利率便下降；反之，利率便上升。

（3）借出资本要承担风险，风险越大，利率就越高。

（4）通货膨胀对利率的波动有直接的影响，资金贬值就会使利息无形中成为负值。

（5）借出资本的期限长短。贷款期限长，不可预见因素多，风险大，利率就高；反之，利率就低。

各国政府经常用利率作为杠杆对经济进行宏观调控，以调节存款量，进而使资金流向其他领域。在经济过热时升高利率，控制消费；在经济过冷时降低利率，刺激消费。

2.1.4 单利与复利

利息是资金时间价值的基本体现，利息的计算有两种基本方法：单利法和复利法。

1．单利

单利（Simple interest）是仅以本金为基数计算利息的方法。按照这种方法，只有本金在计息期中获得利息，所生利息均不加入本金重复计算利息，利息和时间呈线性关系。银行储蓄利息的计算方法全是按照单利，其计算公式为：

$$I_n = P \times i \times n \tag{2-4}$$

式中　P——本金；
　　　i——利率；
　　　n——计息期数。

2．复利

复利（Compound interest）是以当期本金与利息之和为基数计算利息的一种方法。按照这种方法，每经过一个计息期，要将所生利息加入本金再计利息，逐期滚算，俗称"利滚利"。其计算公式为：

$$I_n = P(1+i)^n - P \tag{2-5}$$

式中　P——本金；
　　　i——利率；
　　　n——计息期数。

我国的基本建设贷款等是按复利计息的。采用复利计息比较符合资金在社会再生产过程中运动的实际情况，反映了资金运动的客观规律，对资金占用的数量和占用的时间具有较大的约束力，可以较好地体现资金的时间价值，在工程经济分析中采用复利计息，用复利来计算资金的时间价值。

2.1.5 名义利率与实际利率

在技术经济分析中，通常以年为计息周期进行复利计算。但在实际经济活动中计息周期有年、半年、季、月、周、日等多种，这样就出现了不同计息周期的利率换算问题。

名义利率（Nominal interest tate）是指计息周期利率乘以一个利率周期（通常为一年）内的计息周期数所得到的利率。实际利率（Effective interest rate）是考虑了计息周期利率的利息再生因素的利率。

例如，本金5000元，名义利率12%，若每年计息一次，一年后的本利和为：
$$F = 5000(1+0.12) = 5600（元）$$

按名义利率12%，每月计息一次，一年后的复本利和为：
$$F = 5000(1+0.12/12)^{12} = 5634.1（元）$$

实际利率i等于：
$$i = \frac{5634.1-5000}{5000} = 12.68\%$$

一般的，设名义利率为r，一年的计息次数为m，则计息周期利率为r/m，一年后的复本利和即为：
$$F = P(1+r/m)^m \tag{2-6}$$

利息额为$I = F - P = P(1+r/m)^m - P$

按照利息的定义，可得实际利率i为：
$$i = \frac{P(1+r/m)^m - P}{P} = (1+r/m)^m - 1$$

所以，实际利率i与名义利率r的换算公式为：
$$i = (1+r/m)^m - 1 \tag{2-7}$$

当$m = 1$时，实际利率等于名义利率；

当$m > 1$时，实际利率大于名义利率；

当$m \to \infty$时，即按照连续复利计算，这时的实际利率称为连续利率i'。所谓连续复利是指一年中计息次数是无限的，而当计息次数为有限次时，称为间断复利。连续利率与名义利率的关系如下式：
$$i' = \lim_{m \to \infty}[(1+r/m)^m - 1] = \lim_{m \to \infty}[(1+r/m)^{m/r}]^r - 1 = e^r - 1 \tag{2-8}$$

在上例中，若按连续复利计算，则实际利率为
$$i' = e^{0.12} - 1 = 12.75\%$$

由此可见，一年多次计息时，实际利率必定大于名义利率，一年的计息次数越多，即m越大，二者相差越大。为了方便比较各种利率，表2-1给出了当名义利率为12%时，对应于不同计息周期的实际利率计算结果。

不同计息周期下的实际利率值　　　表2-1

计息周期	一年内计息周期数（m）	名义利率（r）%	各期利率（r/m）%	实际利率（i）%
年	1	12.0	12.000	12.000
半年	2		6.000	12.360

（续表）

计息周期	一年内计息周期数（m）	名义利率（r）%	各期利率（r/m）%	实际利率（i）%
季	4	12.0	3.000	12.551
月	12		1.000	12.683
周	52		0.2308	12.736
日	365		0.03288	12.749
连续	∞		—	12.750

如上所述，复利计息有间断复利和连续复利之分。如果计息周期为一定的时间区间（如年、季、月），并按复利计息，称为间断复利；如果计息周期无限缩短，则称为连续复利。从理论上讲，资金是在不停运动，每时每刻都通过生产和流通增值，应该用连续复利计息。但在一般技术经济分析中通常都采用较为简单的间断复利计算，连续复利主要用于经济过程的建模优化计算等场合。

2.2 资金等值计算

2.2.1 等值的概念

由于资金具有时间价值，所以即使资金的金额相等，若其发生在不同时间，其价值不相等。反之，不同时间的不同金额，其资金的价值却可能相等。资金等值（Equivalence）包括三方面因素：资金额大小、资金发生的时间和利率大小。其中利率是关键因素。

等值的概念是时间价值计算的前提和根据，是指不同金额的资金在不同的时间点可以具有相等的价值量。例如，现在的100元，在每年资金增值率为12%的条件下，1年后价值为112元，2年后为125.44元，以此类推。等值的概念即是现在的100元与1年后的112元、2年后的125.44元具有相同的价值量，或者说各年的价值量相等。

等值的概念还表现为：当各时间点的价值量都等于某一时间点的价值量，各个时间点的价值量是相等的。因此在一定利率条件下，任何时间点用于偿还现时的一笔资金，其一次支付或等额年金支付序列都和现时金额相等。

资金等值在工程经济分析中是一个非常重要的概念。利用等值的概念，可以把在一个时间点发生的资金金额换算成另一时间点的等值金额。这一过程叫做资金的等值计算。把将来某一时间点的资金金额换算成现在时间点的等值金额称为"折现"或"贴现"，将来时间点上的资金折现后的资金金额称为"现值"。与现值等价的将来某一时间点上的资金金额称为"终值"或"将来值"。这里需要特别指出，"现值"并非一定指一笔资金当前的价值，它是一个相对的概念。一般说来，将第$n+k$个时间点上发生的资金折现到第n个时间点上，所得的等值金额就是相对于第$n+k$个时间点的资金的现值。

在工程经济分析中，为了考察投资项目的经济效果，必须对项目寿命期内不同时间发生的全部收益和全部费用进行计算和分析。在考虑资金时间价值的情况下，不同时间发生的收入或支出，其数值不能直接相加或相减，只能通过资金等值计算将它们换算到同一时间点上，使得项目方案的收入或支出满足时间可比的条件再进行分析。

由于利息是资金时间价值的表现形式，因此，资金等值计算公式与复利计算公式的形式完全相同。

2.2.2 资金等值计算

1．基本符号

资金等值计算中，常用的基本符号包括i，n，P，F和A等，各符号代表的含义如下：

i——利率（也称折现率）

n——计息期数

P——现值

F——终值

A——年值

2．资金等值计算的基本公式

（1）一次支付类型

一次支付又称整付（Single-payment），这种类型所分析的系统的现金流量，无论是流入或流出，均在一个时间点上一次发生，是最基本的现金流量情形，其典型的现金流量图如图2-2所示。

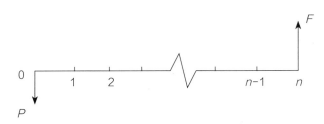

图2-2 一次支付现金流量图

①一次支付终值计算公式

一次支付终值计算公式是指在已知利率i，计息期数n，以及现值P的情况下，求n期末的终值F，计算公式为：

$$F = P(1+i)^n \tag{2-9}$$

式中$(1+i)^n$称为一次支付终值系数，可用符号$(F/P, i, n)$表示，上式可写成：

$$F = P(F/P, i, n) \tag{2-10}$$

[例2-2] 如果现在将100元存入银行，年利率为10%，求10年末的本利和为多少元？

[解]：利用一次支付终值计算公式

$$F = P(1+i)^n = 100(1+10\%)^{10} = 259（元）$$

②一次支付现值计算公式

一次支付现值公式是已知利率i，计息期数n，以及未来终值F，求现值P。主要是为了将发生于不同时期的项目效益和费用进行"折现"，方便以现值的大小对项目和方案进行评价和比较。计算公式为：

$$P = F\frac{1}{(1+i)^n}$$

式中$\frac{1}{(1+i)^n}$为一次支付现值系数，可用符号$(P/F,i,n)$表示。故上式又可写成：

$$P = F(P/F,i,n) \tag{2-11}$$

[例2-3] 如果银行利率为10%，为在5年后获得80000元款项，现在应存入银行多少？

[解]：利用一次支付现值计算公式

$$P = F\frac{1}{(1+i)^n} = 80000\frac{1}{(1+10\%)^5} = 49674（元）$$

（2）等额支付类型

等额支付（Uniform-series）是多次支付序列的特例，是指在n期内每期发生等额数值的现金流，在实践中经常使用。

①等额支付终值公式

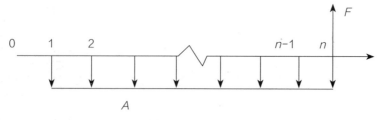

图2-3 等额支付终值现金流量图

设各年末等额投入年金为A,年利率为i,计息期数为n,见图2-3,则终值F求解过程如下:

第1年末的年金A折算到第n年末的值为:
$$A(1+i)^{n-1}$$

第2年末的年金A折算到第n年末的值为:
$$A(1+i)^{n-2}$$

……

第n年末的年金A折算到第n年的值为:
$$A(1+i)^0$$

$$F = \sum_{j=1}^{n} A(1+i)^{n-j} = A\left[\frac{(1+i)^n - 1}{i}\right] \tag{2-12}$$

因此,式中$\left[\frac{(1+i)^n - 1}{i}\right]$称为等额支付终值系数,可用符号$(F/A, i, n)$表示,故上式又可写成:

$$F = A(F/A, i, n) \tag{2-13}$$

[例2-4] 某大型工程项目总投资25亿元,5年建成,每年末投资5亿元,年利率为6%,求5年末的实际累计总投资额。

[解]:这是一个已知年金求终值的问题,其现金流量图如图2-4所示。

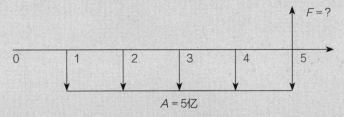

图2-4 现金流量图

根据公式:$F = A(F/A, i, n) = A(F/A, 6\%, 5) = 5 \times \left[\frac{(1+6\%)^5 - 1}{6\%}\right] = 28.185(亿元)$

其中,年金终值系数$(F/A, 6\%, 5)$可通过查复利系数表得出。

②等额支付偿债基金公式

已知终值求各年等额发生量的公式为:

$$A = F\left[\frac{i}{(1+i)^n - 1}\right] \tag{2-14}$$

式中 $\left[\dfrac{i}{(1+i)^n-1}\right]$ 是等额支付终值系数的倒数，称为等额支付偿债基金系数，可用符号 $(A/F,i,n)$ 表示，故上式又可写成：

$$A = F(A/F, i, n) \qquad (2-15)$$

[例2-5] 拟在5年后还清10000元债务，从现在起每年等额存入银行一笔款项。假设银行存款利率10%，每年需要存入多少？

[解]：这是一个已知终值求年金的问题，其现金流量图如图2-5所示。

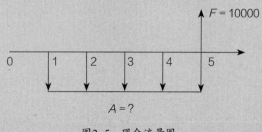

图2-5　现金流量图

根据等额支付偿债基金公式

$$A = F(A/F, i, n) = F\left[\dfrac{i}{(1+i)^n-1}\right] = 10000 \times \left[\dfrac{10\%}{(1+10\%)^5-1}\right] = 1638（元）$$

③等额支付现值公式

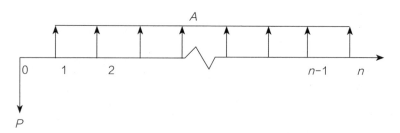

图2-6　等额支付现值现金流量图

设每年末取得等额款项A，计算期数为n，如图2-6，则现值P求解过程如下：

$$P = A(1+i)^{-1} + A(1+i)^{-2} + \cdots + A(1+i)^{-n}$$

等式两边同乘（$1+i$）

$$P(1+i) = A + A(1+i)^{-1} + \cdots + A(1+i)^{-n+1}$$

两式相减得

$$P(1+i) - P = A - A(1+i)^{-n}$$

所以

$$P = A\left[\frac{1-(1+i)^{-n}}{i}\right] \qquad (2-16)$$

式中 $\left[\dfrac{1-(1+i)^{-n}}{i}\right]$ 称为等额支付现值系数，可用符号 $(P/A, i, n)$ 表示，故上式可写成：

$$P = A(P/A, i, n) \qquad (2-17)$$

[例2-6] 设立一项基金，计划从现在开始的10年内，每年年末从基金中提取50万元，若已知年利率为10%，问现在应存入基金多少钱？

[解]：这是一个已知年金求现值的问题，其现金流量图如图2-7所示。

根据公式 $P=A(P/A, i, n)=A(P/A, 10\%, 10)=50 \times 6.1446=307.23$（万元）

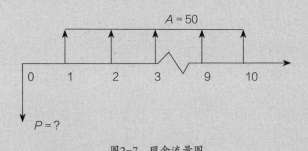

图2-7 现金流量图

④等额支付投资回收公式

由上式可知，倘若已知一次期初现值投入，求各年末等额发生量的计算公式为：

$$A = P\left[\frac{i}{1-(1+i)^{-n}}\right] \qquad (2-18)$$

式中 $\left[\dfrac{i}{1-(1+i)^{-n}}\right]$ 为等额支付现值系数的倒数，称为等额支付投资回收系数，可用

符号 $(A/P,i,n)$ 表示，故上式可写成：

$$A = P(A/P,i,n) \tag{2-19}$$

[例2-7] 某项目投资1000万元，计划在8年内全部收回投资，若已知年利率为8%，问该项目每年平均净收益至少应为多少？

[解]：这是一个已知现值求年金的问题，其现金流量图如图2-8所示。

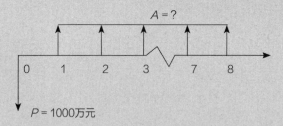

图2-8 现金流量图

根据公式$A=P(A/P,i,n)=1000(A/1000,8\%,8)=1000 \times 0.174=174$（万元）
即每年的平均净收益至少应达到174万元，才可以保证在8年内将投资全部收回。

以上介绍了资金等值的几个主要计算公式，汇总起来见表2-2。

资金等值主要计算公式汇总表　　　　表2-2

发生特征	所求名称	已知	求	公式
一次支付	本利和	P	F	$F = P(1+i)^n = P(F/P,i,n)$
	现值	F	P	$P = F \dfrac{1}{(1+i)^n} = F(P/F,i,n)$
等额支付	本利和	A	F	$F = A\left[\dfrac{(1+i)^n - 1}{i}\right] = A(F/A,i,n)$
	偿债基金	F	A	$A = F\left[\dfrac{i}{(1+i)^n - 1}\right] = F(A/F,i,n)$
	现值	A	P	$P = A\left[\dfrac{1-(1+i)^{-n}}{i}\right] = A(P/A,i,n)$
	投资回收基金	P	A	$A = P\left[\dfrac{i}{1-(1+i)^{-n}}\right] = P(A/P,i,n)$

2.2.3 不同计息周期下的资金等值计算

前面所讲的各种计算等值的方法均是以年为单位计算的，但在实际生活中，人们存取资金时，往往并不一定是以年为单位存取的，这时如何计算？是否仍可用前面所讲的公式？下面我们通过实例来学习不同计息周期下资金等值的计算。

1．计息周期等于支付周期的计算

[例2-8] 某单位打算将100万元用来投资，10年后取出，名义利率6%，按季度复利计算。那么10年末的终值是多少？

[解]：

方法一：因按季度复利，所以一年计算4次利息，
10年计息期数就是 $4 \times 10 = 40$（次）。季度利率是 $6\%/4 = 1.5\%$。
代入一次支付求终值的公式计算可得
$F = P(F/P, 1.5\%, 40) = 100 \times 1.015^{40} = 181.40$（万元）

方法二：先把名义利率6%换算为年实际利率
根据公式 $i = (1+r/m)^m - 1 = (1+6\%/4)^4 - 1 = 6.14\%$
然后代入公式得 $F = P(F/P, 6.14\%, 10) = 100 \times 1.0614^{10} = 181.46$（万元）

2．计息周期小于支付周期的计算

[例2-9] 假设某企业向银行贷款，从现在起连续3年的年末需要向银行等额支付50万元人民币，银行年利率为10%，每半年计息一次，求其应向银行贷款多少？

[解]：

方法一：因为是每半年计息一次，所以一年计算2次利息，3年计息期数就是6次，各期利率是 $10\%/2 = 5\%$。把等额支付的每一次支付看作一次支付，利用一次现值公式计算：
$P = 50 \times (1+5\%)^{-2} + 50 \times (1+5\%)^{-4} + 50 \times (1+5\%)^{-6} = 123.8$（万元）

方法二：先求出支付期的实际年利率，支付期为1年，则实际年利率为
$i = (1+r/m)^m - 1 = (1+10\%/2)^2 - 1 = 10.25\%$
则 $P = A(P/A, 10.25\%, 3) = 50 \times \left[\dfrac{1-(1+10.25\%)^{-3}}{10.25\%}\right] = 123.8$（万元）

3. 利率随时间变化

[例2-10] 假设某单位在5年里每年向金融机构存入2万人民币,年利率为4%。但在第六年末由于经济过热,国家宏观调控实施稳健的货币政策,年利率调整到6%,但该单位没有提出本息而是继续存到第十年末,那么第十年末该单位可以提出的本利和应该是多少?

[解]:如图2-9所示,

$$F = 2(F/A, 4\%, 5)(F/P, 4\%, 1)(F/P, 6\%, 4) = 14.22(万元)$$

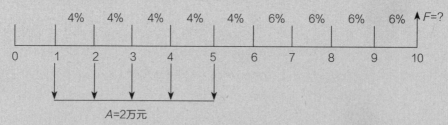

图2-9 现金流量图

思 考 题

1. 某企业计划年初投资300万元采购新设备以提高生产量,已知设备可使用8年,每年增加产品销售收入70万元,增加经营成本20万元,设备报废时净残值为10万元。对此项投资活动绘制现金流量图,则第八年末的净现金流量如何表示?

2. 某施工单位拟投资一项目,在不改变投资总额和年收益的情况下,四个备选方案各年投资比例见表2-3(投资时点均相同),则对该单位较为有利的方案是哪种?

方案各年投资比例　　　　　　　　　表2-3

备选方案	第一年	第二年	第三年	第四年
方案一	50%	40%	10%	100%
方案二	40%	40%	20%	100%
方案三	30%	40%	30%	100%
方案四	10%	40%	50%	100%

3. 某施工单位以单利计息的方式年初借款800万元,年利率5%,每年末支付利息,第六年末偿还全部本金,则第三年末应支付的利息为多少?

4. 某施工企业拟从银行借款400万元,期限为4年,年利率7%,现有4种还款方式:
(1)每年年末偿还当期利息,第四年年末一次还清本金;
(2)第四年年末一次还本付息;
(3)每年年末等额本金还款,另付当期利息;
(4)每年年末等额本息还款。
上述还款方式中,施工企业支付本利和最多的还款方式是哪种?

5. 简述名义利率和实际利率的区别?

6. 某工程单位面对金融机构提出的四种存款条件,相关数据见表2-4,最有利的选择是什么?

存款条件相关数据　　　　　　　　　表2-4

存款条件	年计息次数	年名义利率
条件一	1	6%
条件二	2	5%
条件三	4	4%
条件四	12	3%

7．某施工企业希望从银行借款400万元，借款期限3年，期满一次还本。经咨询有甲、乙、丙、丁四家银行愿意提供贷款，年利率均为8%。其中，甲银行要求按月计算并支付利息，乙银行要求按季度计算并支付利息，丙银行要求按半年计算并支付利息，丁银行要求按年计算并支付利息。对该企业来说，借款实际利率最低的银行是哪家？

8．简述什么是资金等值，影响资金等值的因素以及资金等值在实际工程中的应用。

9．某施工企业每年年末存入银行150万元，用于4年后的技术改造，已知银行存款年利率为6%，按年复利计息。则到第四年末可用于技术改造的资金总额为多少？

10．某工程单位第一年年初和第二年年末分别向银行借款40万元，年利率均为8%，复利计息，第三至六年年末等额本息偿还全部借款。则每年年末应偿还金额为多少？

11．某企业拟于5年后一次性偿还所欠债务200万元，假定银行年利率为8%，复利计息，则应从现在开始每年年末等额存入银行多少钱？

12．某施工企业投资300万元购入一台施工机械，计划从购买日起的未来5年等额收回投资并获取收益。若基准收益率为8%，复利计息，则每年年末应获得的净现金流入为多少？

13．若某施工企业拟购买一大型施工设备，预计该设备的使用年限为6年，在寿命期内每年能产生净收益60万元，若该企业要求的最低收益率为20%，问该企业能接受的设备价格为多少？

14．某企业拟投资某一工程项目，预计项目的建设期为3年，其中第一年年初投资150万元，第二年年初投资350万元，第三年年初投资300万元，第四年起开始获得收益且每年所获净收益相同，项目收益年限为8年，若该企业要求的最低收益率为15%，则该企业每年应至少收益多少？

15．某建设单位5年内每年年末投资800万元用于某工程项目，贷款利率10%。若每年计息4次，则该投资在第五年年末的本利和为多少？

| 第3章 |

工程项目的经济效果评价指标与方法

经济效果评价是工程项目评价（Project evaluation）的核心，要根据不同的评价目标、评价深度、方案特点和可获得的数据资料等情况选用不同的评价标准。

3.1 现金流量要素

3.1.1 投资

1．项目总投资的构成

投资（Investment）是投资者为实现预期目标而预先垫支的资金。

项目总投资是指项目建设和投入运营所需要的全部投资，为建设投资、建设期利息和全部流动资金之和。

（1）建设投资

建设投资（Construction investment）是保证项目建设的必要投入资金，由工程费用、工程建设其他费用和预备费三部分构成。工程费用是指建设期内直接用于工程建造、设备购置及其他安装的建设投资，由建筑工程费、设备购置费（含工器具及生产家具购置费）、安装工程费及其他费用构成。工程建设其他费用是指建设期内为项目建设或运营必须发生但不包括在工程费用中的费用，如土地使用费、建设单位管理费、勘察设计费、研究试验费、建设单位临时设施费、工程建设监理费、工程保险费等。预备费是建设期内包括基本预备费和涨价预备费在内的费用。基本预备费是指在项目实施中可能发生的难以预料的支出，需要事先预留的费用，又称不可预见费。涨价预备费是对建设工期比较长的项目，由于在建设期内可能发生材料、设备、分工等价格上涨引起投资增加，需要事先预留的费用。

（2）建设期利息

建设期利息（Interest during construction）是指项目借款在建设期内发生应计入固定资产原值的利息。

（3）流动资金

流动资金（Circulating capital）是指营运期内长期占用并周转使用的营运资金，即为维持正常生产经营用于购买原材料、燃料、支付工资及其他生产经营费用等所必不可少的周转资金，是项目总投资的重要组成部分，为项目投产时所用，在数量上它等于流动资产与流动负债的差额。

2．总投资形成的资产

投资方案建设完成后，按照有关规定，将分别形成固定资产、无形资产、其他资产和流动资产。形成固定资产的原值用于计算折旧费，项目寿命结束时，固定资产产值作为可回收的现金流入。形成的无形资产和其他资产原值可用于计算摊销费。流动资金在项目投产初期投入，在项目寿命期结束时全部回收。

（1）固定资产

固定资产（Fixed assets）是指使用期限超过一年，单位价值在规定标准以上（或单位价值虽然低于规定标准，但属于企业的主要设备等），并且在使用过程中保持原有物质形态的资产，包括房屋及建筑物、机器设备、运输设备、工具器具等。经济分析中将建筑工程费、设备及工器具购置费、安装工程费、建设期利息、预备费以及工程建设其他费用中除应计入无形资产和其他资产以外的全部费用计入固定资产原值。固定资产在生产过程中虽然始终保持原有物质形态，其价值却由于不断磨损而变化。投产时核定的固定资产价值应在其使用期内分期提取折旧。

（2）无形资产

无形资产（Intangible assets）是指企业能长期使用但是没有实物形态的资产，包括专利权、商标权、土地使用权、非专利技术、商誉等。项目经济评价中可将工程建设其他费用中的土地使用权及技术转让费等计入无形资产。在财务处理上，购入或按法律程序取得的无形资产支出，一般予以资本金化，在其受益期内分期摊销。

（3）其他资产

形成其他资产原值的费用主要包括生产准备费、开办费、出国人员费、来华人员费、图纸资料翻译复制费、样品样机购置费和农业开荒费等。其中开办费是企业在筹建期间发生的费用，包括筹建期间人员工资、办公费、培训费、差旅费、印刷费、注册登记费等。

（4）流动资产

流动资产（Current assets）是指可以在一年内或超过一年的一个营业期内变现或运用的资产，包括现金、应收账款、存货等。流动负债是指可以在一年内或超过一年的一个营业周期内偿还的债务，包括短期借款、应付账款等。总投资中的流动资金与流动负债共同形成流动资产。

3.1.2 成本

1．总成本费用

总成本费用是指项目在投资方案运营内，生产和销售产品所花费的全部成本和费用。总成本费用由产品制造成本（生产成本）和期间费用组成。

（1）产品制造成本

产品制造成本（Manufacturing cost）也称生产成本（Production cost），包括直接材料、直接人工和制造费用等。

直接材料费（Direct material cost）是指直接用于产品生产、构成产品实体的原料及主要材料、外购半成品、辅助材料及其他材料的费用。

直接人工费（Direct labour cost）是指直接参加产品生产的工人工资、奖金、津贴及福利费等。

制造费用（Manufacturing overhead）是指发生在生产单位（车间）的各项间接费用，

包括生产单位管理人员的工资、奖金、津贴、福利费；生产单位房屋、建筑物等固定资产折旧费；维修费；低值易耗品；取暖费、水电费、差旅费、保险费、劳动保护费等。它不包括企业行政管理部门为组织和管理生产经营活动而发生的管理费用。

（2）期间费用

期间费用（Period charge）是指不直接归属于某个特定产品成本的费用。它容易确定发生的期间，而难以判别所应归属的产品，包括与生产经营没有直接关系或者关系不密切的管理费用、财务费用和营业费用。

管理费用（Administration expenses）是指企业行政管理部门为组织和管理生产经营活动而发生的各项费用，包括企业管理人员的工资、福利；固定资产折旧费；无形资产及递延资产摊销费；办公费、差旅费、技术转让费；土地使用税、车船使用税、房产税、印花税等。

财务费用（Financial expenses）是指企业为筹集生产经营所需要的资金而发生的费用，包括利息支出、汇兑损失、金融机构手续费等。

营业费用（Operating expenses）是指企业在销售商品过程中发生的各项费用以及专设销售机构的各项经费，包括销售人员工资及福利费、专设销售机构费、广告费、折旧费等。

2．经营成本

经营成本（Operating cost）是工程经济分析的专用术语，是从总成本费用中分离出来的一部分费用，是一定时期内（通常为一年）由于生产和销售产品以及提供服务等而实际发生的现金支出。其计算公式为：

$$经营成本 = 总成本费用 - 折旧费 - 摊销费 - 利息费用 \tag{3-1}$$

在编制项目计算期内的现金流量表和方案比较中，经营成本的现金流量计算与成本核算不同，应按照现金流量的定义，只计算现金收支，不计算非现金收支。固定资产折旧费、无形及其他资产摊销费只是项目系统内部的现金转移，而非现金支出。因此，经营成本中不包括折旧费和摊销费。另外，按财务制度规定，项目生产经营期内发生的借款利息计入产品总成本费用中的财务费用。由于融资前的现金流量分析需要剔除利息的影响，因此经营成本中不包括借款利息。

3．可变成本与固定成本

总成本费用按其与产量变化的关系分为可变成本、固定成本和半固定半可变成本。半固定半可变成本界于可变成本与固定成本之间，可用适当的方法（如线性回归法）折为可变成本与固定成本，且在总成本中所占比例很小。因此，产品总成本费用最终可划分为可变成本和固定成本。

可变成本（Variable cost）是指随产量变化而成正比例变化的成本，如直接材料费、燃料和动力费、包装费、计件工资等。

固定成本（Fixed cost）是指其发生额与产量的增减无直接关系的费用，如折旧费、摊销费、修理费、工资及福利费（计件工资除外）和其他费用等。

3.1.3 收入、利润及税金

1. 销售收入

销售收入（Sales revenue）是工程经济分析中现金流入的重要成分。

销售收入是企业向社会出售商品或提供劳务的货币收入，其计算公式为：

$$销售收入 = 销售量 \times 销售单价 \tag{3-2}$$

销售收入是产品经过生产流通领域后给企业带来的真正收益。

2. 利润

利润（Profit）是企业在一定时期内的纯收入。利润的实现表明企业生产耗费得到了补偿，并实现了盈利。

利润可分为销售利润（Selling profit）和税后利润（After-tax profit）。

$$销售利润 = 销售收入 - 总成本费用 - 营业税金及附加 \tag{3-3}$$

$$税后利润 = 销售利润 - 所得税 \tag{3-4}$$

企业利润既是国家财政收入的基本来源，又是企业扩大再生产的重要资金来源。

3. 税金

税金（Taxes）是国家依据税法对有纳税义务的单位和个人征收的财政资金，是国家财政收入的基本来源。工程经济分析需考虑增值税、所得税、城市维护建设税和教育费附加。对于建设项目的其他所占财产和行为，还涉及房产税、土地使用税、土地增值税、契税以及进出口关税等。

（1）增值税

增值税（Value added-tax）是对商品生产和流通各环节的增值额征收的一种税。它的特点是对商品的增值额计税，以避免商品每经过一个流通环节就征一次税而产生重复征税的问题。纳税人分为一般纳税人和小规模纳税人两种。税率可根据经济发展情况调整，2019年我国税务部门将增值税调整为13%、9%、6%三档。

增值税采用间接计算方法，即从事货物销售以及提供应税劳务的纳税人，要根据货物或应税劳务销售额，按照规定税率计算税款，然后从中扣除上一道环节已纳税款，其差额即为纳税人应缴纳的增值税额。其基本计算公式为：

$$应纳税额 = 销项税额 - 进项税额 \tag{3-5}$$

$$销项税额 = 销售额 \times 税率 \tag{3-6}$$

$$进项税额 = 买价 \times 税率 \tag{3-7}$$

小规模纳税人按照销售额和征收率计算应纳税额，征收率一般为3%，计算公式为：

$$应纳税额 = 销售额 \times 征收率 \tag{3-8}$$

（2）所得税

所得税（Income tax）是国家对境内企业生产、经营所得和其他所得依法征收的一种税。它是国家参与企业利润分配的重要手段。计算公式为：

$$应纳税额 = 应纳税所得额 \times 所得税税率 - 减免和抵减的税额 \tag{3-9}$$

应纳税所得额是企业每一个纳税年度的收入总额，减除不征税收入、免税收入、各项扣除及允许弥补的以前年度亏损后的余额。各项扣除中包括了企业实际发生的与取得收入有关的合理支出，所得税实际上是从利润中扣除的税金。企业所得税实行25%的比例税率，非居民企业为20%。

（3）城市维护建设税

城市维护建设税（Urban maintenance and Construction tax）是国家为加强城市的维护建设而对单位和个人就其实际缴纳增值税和消费税的税额为计税依据征收的一种税。城市维护建设税按所在地不同，设置了三档差别比例税率，即：

纳税人所在地为市区的，税率为7%；

纳税人所在地为县城、镇的，税率为5%；

其他地区税率为1%。

其计算公式为：

$$应纳税额 = 纳税人实际缴纳增值税和消费税税额之和 \times 适用税率 \quad (3-10)$$

[例3-1] 某大型国有企业位于市区，2020年10月应缴纳增值税23万元，实际缴纳增值税20万元；应缴纳消费税10万元，实际缴纳消费税8万元。计算该公司10月份应缴纳的城市维护建设税税额。

[解]：

应缴纳城市维护建设税税额 = $(20 + 8) \times 7\% = 1.96$（万元）

（4）教育费附加

教育费附加（Education surtax）是为了加快教育事业的发展，扩大教育经费来源而征收的一种附加，其税率为3%。计算公式同式（3-10）。

（5）房产税

房产税（House property tax）是以房产为纳税对象，对房产产权所有人征收的税种。从价计征的房产税，其计税依据是按照房产原值一次减除10%~30%的扣除比例后的余值，税率为1.2%。从租计征的房产税，其计税依据为房产租金收入，税率为12%。个人出租的居民住房，暂按4%税率征收房产税。

[例3-2] 某企业2020年1月的房产原值为5000万元，4月1日起，将其中价值2000万元的房产出租给商业公司用于经营销售，月租金10万元。当地政府允许按照房产原值

减除20%的余值计税。计算该企业2020年应缴纳的房产税额。

[解]：

企业自身用房，按照从价计征计算；出租部分用房在1～3月按照从价计征，4～12月按照从租计征。

企业自用房产应缴纳房产税
= (5000−2000) × (1−20%) × 1.2% + 2000 × (1−20%) × 1.2% ÷ 12 × 3
= 33.6（万元）

企业出租部分房产应缴纳房产税 = 10 × 9 × 12% = 10.8（万元）

企业应缴纳房产税 = 33.6 + 10.8 = 44.4（万元）

（6）城镇土地使用税

城镇土地使用税（Urban and township land use tax）是对使用土地的单位和个人，以其实际占用的土地面积（m^2）为计税依据，按照规定的税额计算征收的一种税，采用定额税率。每平方米土地使用税每年应纳税额标准为：

大城市：1.5～30元；

中等城市：1.2～24元；

小城市：0.9～18元；

县城、建制镇、工矿区：0.6～12元。

（7）土地增值税

土地增值税（Land appreciation tax）是对转让国有土地使用权及地上的建筑物等所取得收入的增值额征收的税金。计税依据为转让房产收入减除税法规定的扣除项后的余额。四级累计进税率见表3-1。其速算扣除计算公式为：

$$土地增值税税额 = 增值额 × 税率 − 扣除项目金额 × 速算扣除系数 \quad (3-11)$$

土地增值税税率表　　　　表3-1

增值额占扣除项目金额比例	税率（%）	速算扣除系数（%）
50%以下（含50%）	30	0
超过50%～100%（含100%）	40	5
超过100%～200%（含200%）	50	15
200%以上	60	35

[例3-3] 某企业出售新建大楼取得9000万元的收入，扣除项目税金3000万元，试确定该企业应缴纳的土地增值税金额。

[解]：

增值额为 $9000 - 3000 = 6000$（万元），则：

增值额占扣除项目金额比例为 $6000/3000 \times 100\% = 200\%$

方法一：累计税额计算法

各级距土地增值额分别为：

30%税率部分：$3000 \times 50\% = 1500$（万元）

40%税率部分：$3000 \times 100\% - 3000 \times 50\% = 1500$（万元）

50%税率部分：$3000 \times 200\% - 3000 \times 100\% = 3000$（万元）

企业应缴纳的土地增值税金额：

$$1500 \times 30\% + 1500 \times 40\% + 3000 \times 50\% = 2550（万元）$$

方法二：速算扣除系数计算法

企业应缴纳的土地增值税金额：

$$6000 \times 50\% - 3000 \times 15\% = 2550（万元）$$

（8）契税

契税（Deed tax）是不动产（土地、房屋）权属转移时向其承受者征收的一种税收。计税依据不动产的价格，税率在3%～5%。

（9）进口关税

进口关税（Import tariff）是海关对进口货物和物品征收的税种，计税依据是进口货物的完税价格（由海关以成交价及运费、保险等费用为基础审查确定的价格）。

3.2 经济效果评价指标

经济效果评价是对计算期内各评价方案的技术经济要素以及方案的财务与经济数据进行分析预测，在此基础上计算和评价方案的经济效果，从而确定最佳方案的过程。经济效果评价是工程项目评价最重要的内容，在工程项目投资决策过程中，需要通过经济效果评价来保证其正确性和科学性。

经济效果评价的主要内容包括盈利能力分析、偿债能力分析、财务生存能力分析和抗风险能力分析。盈利能力分析（Profitability analysis）主要分析和测算投资方案的盈利能力和盈利水平。偿债能力分析（Solvency analysis）主要分析和测算投资方案的偿还借款能力。财务生存能力分析（Financial viability analysis）主要分析和测算投资方案的各期现金流量，研究方案是否可持续运行，是非经营性项目财务分析的主要内容。抗风险能力分析（Risk-resistance ability analysis）主要分析和测算建设期和运营期各种不确定要素对项目的影响程度。

经济效果评价指标是多种多样的，它们从不同的角度反映项目的经济特性。按是否考虑资金的时间价值，经济效果评价指标分为静态评价指标与动态评价指标。

不考虑资金时间价值的称为静态评价指标（Static evaluation index），主要用于技术经济数据不完备和不精确的项目初选阶段，或对寿命期比较短的项目及逐年收益大致相等的项目进行评价。静态评价指标包括投资收益率（总投资收益率、资本金净利润率）、静态投资回收期、偿债能力（资产负债率、利息备付率、偿债备付率、流动比率、速动比率）等。

考虑资金时间价值的称为动态评价指标（Dynamic evaluation index），用于项目最后决策前的可行性研究阶段，或对寿命期较长的项目及逐年收益不等的项目进行评价。动态评价指标主要包括内部收益率、动态投资回收期、净现值、净现值率和净年值。

3.2.1 静态评价指标

1. 静态投资回收期

静态投资回收期（Static payback period，P_t）是在不考虑资金时间价值条件下，以项目净收益收回项目全部投资所需要的时间。通常以年为单位，一般从项目建设开始年算起，也可以从投产年开始起算，但此时要注明。静态投资回收期一般是越短越好，其表达式为：

$$\sum_{t=0}^{P_t}(CI-CO)_t = 0 \qquad (3-12)$$

式中　CI——现金流入量；
　　　CO——现金流出量；
　$(CI-CO)_t$——第t年的净现金流量；
　　　P_t——静态投资回收期。

由上式可知，累积净现金流量为零处的时间就是该项目的静态投资回收期。静态投资回收期计算公式更为实用的表达式为：

$$P_t = T-1 + \frac{\text{第}(T-1)\text{年的累计净现金流量的绝对值}}{\text{第}T\text{年的净现金流量}} \qquad (3-13)$$

式中　T——累计净现金流量开始出现正值的年份。

按上式计算所得的项目投资回收期（P_t）还要与行业的基准投资回收期（P_c）比较，判别准则为：

若 $P_t \leqslant P_c$,可以考虑接受项目;若 $P_t > P_c$,可以考虑拒绝该项目。

[例3-4] 某项目各年净现金流量以及累计净现金流量见表3-2,则该项目的静态投资回收期为几年?

项目净现金流量表(单位:万元) 表3-2

年份	1	2	3	4	5	6	7~20	21
净现金流量	-400	-600	-500	900	400	600	600	400
累计净现金流量	-400	-1000	-1500	-600	-200	400	……	

[解]:

该项目的静态投资回收期:

$$P_t = (6-1) + \frac{200}{600} = 5.33 \text{(年)}$$

静态投资回收期指标(Static investment payback period index)的主要优点是概念清晰,简单易算,可反映项目投资的风险大小,一定程度上显示了资本的周转速度。项目投资面临着未来不确定性因素的挑战,这种不确定性所带来的风险随时间的延长而增加。为了减少这种风险,投资者就必然希望投资回收期越短越好。

静态投资回收期指标的不足之处是不能反映项目在回收投资以后的收益情况,无法反映项目的盈利水平,难免有一定的片面性;没有考虑资金的时间价值;同时很多部门或者行业的基准投资回收期没有确定。所以静态投资回收期不是全面衡量项目的理想指标,只能用于粗略评价或者作为辅助指标与其他指标结合起来使用。

2. 总投资收益率

总投资收益率(Return on investment,ROI)表示总投资的盈利水平,指项目达到设计能力后正常年份的年息税前利润或运营期内年平均息税前利润(EBIT)与项目总投资(TI)的比率,计算公式为:

$$ROI = \frac{EBIT}{TI} \times 100\% \tag{3-14}$$

式中 EBIT——项目正常年份的年息税前利润或运营期内年平均息税前利润,息税前利润=利润总额+计入总成本费用的利息费用;

TI——项目总投资。

总投资收益率高于同行业的收益率参考值,表明用总投资收益率表示的盈利能力满足要求。

投资收益率的指标经济意义明确,在一定程度上反映了投资效果,但未考虑投资效益的时间因素,且正常年份的选择带有不确定性和人为因素。

3. 项目资本金净利润率

项目资本金净利润率(Return on equity,ROE)表示项目资本金的盈利水平,指达到设计能力后正常年份的年净利润或运营期内年平均净利润(NP)与项目资本金(EC)的比率,计算公式为:

$$ROE = \frac{NP}{EC} \times 100\% \qquad (3-15)$$

式中 NP——项目正常年份的年净利润或运营期内年平均净利润;

EC——项目资本金。

项目资本金净利润率高于同行业的净利润率参考值,表明用项目资本金净利润率表示的盈利能力满足要求。

4. 利息备付率

利息备付率(Interest coverage ratio,ICR)是指项目在借款偿还期内,可用于支付利息的息税前利润(EBIT)与当期应付利息(PI)的比值,它从付息资金来源的充裕性角度反映项目偿付债务利息的保障程度,计算公式为:

$$ICR = \frac{EBIT}{PI} \qquad (3-16)$$

式中 PI——记入总成本费用的应付利息。

利息备付率应分年计算。利息备付率高,表明利息偿付的保障程度高。

利息备付率应大于1,并结合债权人的要求确定,否则表示企业的付息能力保障程度不够,没有足够资金支付利息,偿债风险很大。根据我国企业历史数据统计分析,利息备付率不宜低于2。

5. 偿债备付率

偿债备付率(Debt service coverage ratio,DSCR)是指项目在借款偿还期内,当年可用于还本付息的资金($EBITDA - T_{AX}$)与当年应付还本付息金额(PD)的比值,它表示可用于还本付息的资金偿还借款本息的保障程度,计算公式为:

$$DSCR = \frac{EBITDA - T_{AX}}{PD} \qquad (3-17)$$

式中 $EBITDA$——息税前利润加折旧加摊销(Earnings before Interest, Taxes, Depreciation and Amortization);

T_{AX}——企业所得税;

PD——应还本付息金额,包括还本金额和记入总成本费用的全部利息。

偿债备付率应分年计算。如果项目在运营期内有维持运营的投资,可用于还本付息的资金应扣除维持运营的资金。

偿债备付率高，表明可用于还本付息的资金保障程度高。偿债备付率应大于1，并结合债权人的要求确定。根据我国企业历史数据统计分析，偿债备付率不宜低于1.3。

6．资产负债率

资产负债率（Loan of asset ratio，LOAR）是反映项目各年所面临的财务风险程度及偿债能力的指标，是指投资方案各期末负债总额（Total liabilities，TL）与资产总额（TA）之比率，反映了项目全部资产中负债所占比重的大小，说明项目举债经营程度和承担经营风险的大小。其计算公式为：

$$LOAR = \frac{TL}{TA} \qquad (3-18)$$

判别准则：资产负债率的高低对债权人和投资人有不同的影响。从债权人角度，希望资产负债率越低越好，因为项目资产负债率低，风险就越小，偿债能力就越强。从投资人角度，在可承受风险范围内资产负债率越高越好，因为投资人投入的资金最终要以投资收益相回报，而当项目全部资产投资报酬率高于长期负债所承担的利息率时，投资人的自有资金收益率的高低与资产负债率是同方向变动的，即资产负债率越高，自有资金收益率也越高。所以将资产负债率称为财务杠杆，与财务风险成正比。一般情况下，适度的资产负债率反映项目经营安全稳健，具有较强的筹资能力，表明项目及债权人的风险较小。资产负债率为50%比较合适，有利于风险与收益的平衡。

7．流动比率

流动比率（Current ratio）是反映项目各年偿付流动负债能力的指标。其计算公式为：

$$流动比率 = \frac{流动资产}{流动负债} \times 100\% \qquad (3-19)$$

判别准则：流动比率高，支付流动负债能力强，但比率太高会影响盈利水平，一般说来，保持1.2~2的流动比率较为适当，但不同的公司有不同的水平、标准。

8．速动比率

速动比率（Quick ratio）是反映项目在短时间内偿付流动负债能力的指标。其计算公式为：

$$速动比率 = \frac{流动资产 - 存货}{流动负债总额} \times 100\% \qquad (3-20)$$

判别准则：速动比率一般在1.0~1.2范围内较合适，但不同的公司有不同的水平、标准。

3.2.2 动态评价指标

1．净现值

净现值（Net present value，NPV）是指按设定的折现率或基准收益率，将项目寿命期内每年发生的现金流量折现到投资起点的现值之和。它是对项目进行动态评价的最重要指

标之一。其计算公式为:

$$NPV = \sum_{t=0}^{n}(CI-CO)_t(1+i_c)^{-t} \quad (3-21)$$

式中 NPV——净现值;
CI——现金流入量;
CO——现金流出量;
i_c——基准折现率或基准收益率。

判别准则:对单一项目方案,若$NPV=0$,说明项目达到了行业基准收益标准,而不是达到项目投资盈亏平衡;若$NPV \geq 0$,说明该项目的盈利能力超过或达到了所期望的最低财务盈利水平,也就是方案现金流入的现值和大于现金流出的现金和,项目应予接受;若$NPV<0$,方案收益的现值不能抵偿支出的现值,说明经济上不可行,可以拒绝。

多方案比选时,净现值越大的方案相对越优。

净现值的主要优点是:考虑了资金的时间价值并全面考虑了项目在整个寿命期内的经济状况;直接以货币额表示项目的超额收益,经济意义明确直观。净现值的主要问题是必须事先确定一个比较符合经济现实的基准收益率(Benchmark yield),而基准收益率的确定是一个比较复杂的问题,基准收益率定得太高,会失掉一些经济效益好的项目;若定得太低,则可能会接受过多的项目,其中的一些经济效益并不好。

基准收益率一般以行业平均收益率为基础,综合考虑资金成本、投资风险、通货膨胀等因素确定。政府投资项目的基准收益率由政府组织确定,非政府投资项目由投资者自行确定。

在多方案比较时,如果几个方案的NPV值都大于零但投资规模相差较大,可以进一步用净现值指数(Net present value index,$NPVI$)作为净现值的辅助指标。净现值指数是项目净现值与项目投资总额现值之比,其经济含义是单位投资所能带来的净现值。其计算公式为:

$$NPVI = \frac{NPV}{K_p} = \frac{\sum_{t=0}^{n}(CI-CO)(1+i_c)^{-t}}{\sum_{t=0}^{n}K_t(1+i_c)^{-t}} \quad (3-22)$$

式中 K_p——项目总投资现值。

对于单一项目而言,净现值指数判别准则与净现值一样;对多方案评价,净现值指数越大越好。

[例3-5] 某企业投资的建设项目,第一年投资2000万元,第二年投资5000万元,两年建成后投产使用,每年的经营成本见表3-3。建成后,该企业可经营期限为10年,

之后无偿由政府收回。基准收益率为7%，求企业开发该项目的净现值，并判断是否可行。

某建设项目的收入和成本（单位：万元）　　　　　表3-3

年份	0	1	2	3	4	5	6	7	8	9	10	11
投资额	-2000	-5000										
年收入			800	900	1000	1000	1000	1000	1000	1000	1000	1000
年经营成本			300	300	300	200	200	200	200	200	200	200
净现金流量	-2000	-5000	500	600	800	800	800	800	800	800	800	800

[解]：

企业开发该项目净现值：

$$NPV = \sum_{t=0}^{n}(CI-CO)_t(1+i_c)^{-t} = \sum_{t=0}^{11}(CI-CO)_t(1+0.07)^{-t} = -1846.91 < 0$$

因此该项目不可行。

2. 净年值

净年值（Net annual value，NAV）是通过资金等值换算将项目净现值分摊到寿命期内各年的等额年值。其计算公式为：

$$NAV = NPV(A/P, i_c, n) = \sum_{t=0}^{n}(CI-CO)_t(1+i_c)^{-t}(A/P, i_c, n) \tag{3-23}$$

判别准则：若$NAV \geq 0$，则项目在经济效果上可行；若$NAV < 0$，则项目在经济效果上不可行。

就评价结论而言，净年值与净现值是等效评价指标。但这两个指标的经济意义是不相同的。净现值说明了整个计算期的盈亏情况；净年值则说明了计算期内每年的盈亏情况。净年值指标适用于分析期不同的方案评价。

3. 费用现值

在实际的方案比选中，常常遇到各方案的生产能力或收入基本相同，或收入难以用货币计量，这时计算净现值指标可以省略现金流量中的收入，只计算支出，这样计算的结果称为费用现值（Present cost，PC）。为方便起见支出取正号。其表达式为：

$$PC = \sum_{t=0}^{n}CO_t(P/F, i_c, n) \tag{3-24}$$

4. 费用年值

与费用现值相同，费用年值（Annual cost，AC）也适用于多方案比较时各方案收入相等的情况，其表达式为：

$$AC = PC(A/P, i_c, n) \quad (3-25)$$

费用年值与费用现值的判别准则：费用年值或费用现值最小的方案为优。

5. 内部收益率

内部收益率（Internal rate of return，IRR）就是使项目在计算期内净现值等于零的折现率，它反映了项目所占用资金的盈利率，其表达式为：

$$\sum_{t=0}^{n}(CI-CO)_t(1+IRR)^{-t}=0 \quad (3-26)$$

前面讲述的方法必须预先确定一个折现率或基准收益率，而且只知结论是否达到或超过给定的折现率或基准收益率，而并没有求出项目实际达到的收益水平。内部收益率分析法一方面回避了 i 值的预选，另一方面反映了项目实际达到的盈利水平，因此，在方案评选中得到了广泛的应用。内部收益率是项目到计算期末正好将未收回的资金全部收回来的折现率，能反映项目自身的盈利能力，能够表示项目对贷款利率的最大承担能力。内部收益率不是项目初投资的收益率，其经济含义是投资方案占用的尚未回收资金的获利能力。

判别准则：设基准收益率为 i_c，若 $IRR \geq i_c$，则项目可以接受；若 $IRR < i_c$，则项目应予拒绝。

求 IRR，一般用试算法。其计算步骤为：

（1）作出方案的现金流量图，列出净现值的计算公式。

（2）选择一个适当的收益率代入净现值的计算公式，试算出净现值。如果 $NAV>0$，说明这个试算的收益率偏小，应加大；如果 $NAV<0$，说明试算的收益率偏大，应减小。

（3）重复步骤（2）。

（4）若试算得出的两个净现值绝对值都较小，且它们的符号相反，同时这两个试算的收益率相差不超过2%~5%，这时就可以利用线性插值法求出内部收益率的近似解，如图3-1。

采用线性插值法时计算公式为：

$$IRR = i_1 + \frac{NPV_1}{NPV_1 + |NPV_2|}(i_2 - i_1) \quad (3-27)$$

式中　i_1——试算用的较低收益率；

　　　i_2——试算用的较高收益率；

　　　NPV_1——用 i_1 计算的净现值（正值）；

　　　NPV_2——用 i_2 计算的净现值（负值）。

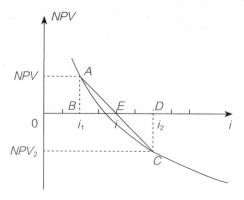

图3-1 线性插值法求解IRR原理图

[例3-6] 某工程的现金流量表见表3-4，基准收益率为11%，使用内部收益率法分析该方案是否可行。

现金流量表（单位：万元） 表3-4

年份	0	1	2	3	4	5
投资额	−100					
年收入		20	30	20	40	40

[解]：

根据内部收益率公式可得：

$NPV(i^+) = -100 + 20(1+i^+)^{-1} + 30(1+i^+)^{-2} + 20(1+i^+)^{-3} + 40(1+i^+)^{-4} + 40(1+i^+)^{-5}$
$= 0$

设 $i_1 = 10\%$，$i_2 = 15\%$，分别计算：

$NPV(i_1) = -100 + 20(1+10\%)^{-1} + 30(1+10\%)^{-2} + 20(1+10\%)^{-3} + 40(1+10\%)^{-4}$
$\quad + 40(1+10\%)^{-5}$
$= 10.16（万元）$

$NPV(i_2) = -100 + 20(1+15\%)^{-1} + 30(1+15\%)^{-2} + 20(1+15\%)^{-3} + 40(1+15\%)^{-4}$
$\quad + 40(1+15\%)^{-5}$
$= -4.02（万元）$

可见IRR在10%～15%之间。

$IRR = i^+ = i_1 + NPV_1(i_1 - i_2) / (NPV_1 + |NPV_2|)$
$\quad = 10\% + 10.16(15\% - 10\%) / (10.16 + 4.02)$
$\quad \approx 13.6\% > 11\%$

所以该项目是可以接受的。

[例3-7] 某城市规划在海边填海造地，需投资800万元，允许使用5年，取得土地后每年上税8.5万元。利用土地开发旅游业每年至少可收入15万元，5年后土地可卖1500万元。问可接受的最多贷款年利率是多少？

[解]：

$$NPV = \sum_{t=0}^{5}(CI-CO)_t(1+i)^{-t}$$
$$= [1500(P/F,i,5)+15(P/A,i,5)] - [800+8.5(P/A,i,5)]$$

试算：$i_1 = 12\%$，$NPV_1 = 74.57 > 0$

$i_2 = 15\%$，$NPV_2 = -32.44 < 0$

$$IRR = i_1 + \frac{NPV_1(i_2-i_1)}{NPV_1 + |NPV_2|} \approx 14\%$$

若贷款利率 $i < IRR = 14\%$，说明此项目可进一步研究。

内部收益率计算通常适用于常规投资项目，否则内部收益率会出现多个解，造成评价指标失效。常规投资项目是指项目寿命期内除了建设期或投产初期的净现金流量为负值外，其余年份的净现金流量均为正值，即寿命期内净现金流量的正负号只从负到正变化一次。

6. 差额投资内部收益率（ΔIRR）

净现值和内部收益率是项目评估中两个最重要的指标，在项目评估中，要求都做，但在项目的多方案评价中，若出现净现值大者，内部收益率小；而净现值小者，内部收益率却较大，该如何取舍呢？这就是方案比选中差额投资内部收益率法所要解决的问题。

差额投资内部收益率就是两个方案的差额净现值为零时的内部收益率。其表达式为：

$$\sum_{t=0}^{n}[(CI-CO)_2 - (CI-CO)_1]_t(1+\Delta IRR)^{-t} = 0 \quad (3-28)$$

式中 $(CI-CO)_2$——投资大的方案的净现金流量；

$(CI-CO)_1$——投资小的方案的净现金流量；

ΔIRR——差额投资内部收益率。

方案评选的准则：$\Delta IRR > i_c$，投资大的方案优越；$\Delta IRR < i_c$，投资小的方案优越。

7. 动态投资回收期（P_t'）

动态投资回收期（Dynamic investment pay-back period）是在计算回收期时考虑了资金的时间价值，把项目各年的净现金流量按基准收益率折成现值之后，再来推算投资回收期。其表达式为：

$$\sum_{t=0}^{P'_t}(CI-CO)_t(1+i_c)^{-t}=0 \qquad (3-29)$$

式中 P'_t——动态投资回收期。

$$P'_t = T' - 1 + \frac{第(T'-1)年的累计净现金流量现值的绝对值}{第T'年的净现金流量的现值} \qquad (3-30)$$

式中 T'——累计净现金流量限制出现正值的年份。

判别准则：设基准动态投资回收期为T'_c。若$P'_t < T'_c$，项目可以被接受，否则应予拒绝。

静态投资回收期计算结果较小，决策者认为项目可以接受，但若考虑时间因素，折现法计算出的动态投资回收期比传统方法计算出的静态投资回收期长，该项目就不一定能接受。

[例3-8] 某项目方案有关数据见表3-5，基准折现率为10%。

1. 分别计算其静态投资回收期和动态投资回收期。
2. 若基准动态回收期为8年，试评价其方案。

项目方案数据表　　　　　　　　表3-5

序号	目录＼年	0	1	2	3	4	5	6
1	投资支出	20	500	100				
2	其他支出				300	450	450	450
3	收入				450	700	700	700
4	净现值流量	-20	-500	-100	150	250	250	250
5	累计净现值流量	-20	-520	-620	-470	-220	30	280
6	净现值流量折现值	-20	-454.6	-82.6	112.7	170.8	155.2	141.1
7	累计折现值	-20	-474.6	-557.2	-444.5	-273.7	-118.5	22.6

[解]：

静态投资回收期 = 5-1 + 220/250 = 4.88

动态投资回收期P_t = 6-1 + 118.5/141.1 = 5.84 < 8

按动态投资回收期评价，该方案可行。

3.3 经济效果评价指标的关系及选择

3.3.1 经济效果评价指标间的关系

静态评价指标与动态评价指标之间的关系：两者区别主要是按计算中是否考虑资金

时间价值来区分的。动态评价指标反映评价方案投资收益大小的"真实"程度要比静态指标更合理，在项目投资方案的初选过程中往往采用静态评价指标，在更进一步的判断项目可行性时则需要采用动态评价指标。在多个方案的经济比较与选择中，静态投资回收期与动态投资回收期两个指标进行经济评价所得到的结论通常是一致的。但是用于单方案投资决策时，两个指标的结论未必一致。

净现值与净年值之间的关系：在反映项目投资经济效益上是一致的，他们之间仅仅相差一个复利因子。

投资回收期、净现值与内部收益率的关系：在项目投资决策时，采用投资回收期、净现值和内部收益率指标评价，结果是一致的，但用于多方案的经济比较和选优时，用净现值和内部收益率评选的结果未必一致。

静态投资回收期与动态投资回收期的关系：对于项目的单方案投资决策时，静态投资回收期和动态投资回收期两项指标的评价结论未必一致。但对于多方案的经济比较与选择，则评价结论是一致的。

3.3.2 经济效果评价指标间的选择

经济效果评价指标主要应用在两个方面：（1）用于单方案投资经济效益大小与好坏的衡量，决定方案取舍；（2）用于多方案经济性优劣的比较，进行方案选优。

项目投资方案经济效果评价指标的选择，应根据投资方案的具体情况、评价的主要目标、指标的用途和决策者最关心的因素等问题来进行。技术方案投资的经济效益是一个综合概念，必须从不同的角度去衡量才能清晰全面。因此，进行投资方案经济评价，应通过一个适当的评价指标体系，避免仅使用一两个指标来判断方案投资的经济性。

3.4 方案比选与项目排序

投资者所面临的投资选择往往是一组项目群，所追求的目标是项目群整体最优化。投资者在进行项目群选优时，首先必须分析各项目方案之间的相互关系，同时选择正确的评价指标，才能以简便的方法作出科学决策。

按照投资项目方案之间的经济关系，可将投资方案分为独立型、互斥型和相关型。所谓独立的投资方案，是指在一组方案中采纳了某一方案，并不影响再采纳其他的方案，只要资金充裕，可以同时兴建几个项目，它们之间并不互相排斥。所谓互斥的投资方案，是指方案之间的关系具有互不相容、互相排斥的性质，即在一组投资方案中只能选择一个方案，其余方案必须放弃。所谓相关的投资方案，是指在多个方案之间，如果接受（或拒绝）某一方案，会显著改变其他方案的现金流量；或者接受（或拒绝）某一方案会影响对其他方案的接受（或拒绝），则称这些方案是相关的。本节的目的是在划分方案类型的基础上，讨论如何运用前面的各种评价指标进行项目的评价与方案的选优。

3.4.1 独立方案的经济效果评价方法

独立方案的经济效果评价不需要进行方案比较，只需考察方案自身的经济效果，即只需考察它们自身的评价指标是否能够达到某一评价标准，如果方案通过了评价标准，就认为方案在经济上是可行的。因此，多个独立方案与单一方案的评价方法是相同的。

[例3-9] 三个独立方案A、B、C，其现金流量见表3-6。试判断其经济可行性，$i_c = 15\%$。

现金流量表（单位：万元）　　　　　表3-6

方案	初始投资（0年）	年收入	年支出	寿命
A	5000	2400	1000	10
B	8000	3100	1200	10
C	10000	4000	1500	10

[解]：

①先计算各方案的NPV值，计算结果如下：

$NPV_A = -5000 + (2400 - 1000)(P/A,15\%,10) = 2026$（万元）

$NPV_B = -8000 + (3100 - 1200)(P/A,15\%,10) = 1536$（万元）

$NPV_C = -10000 + (4000 - 1500)(P/A,15\%,10) = 2547$（万元）

由于NPV_A、NPV_B、NPV_C均大于零，故A、B、C方案均可予接受。

②各方案的NAV的计算结果如下：

$NAV_A = -5000(A/P,15\%,10) - 1000 + 2400 = 404$（万元）

$NAV_B = -8000(A/P,15\%,10) - 1200 + 3100 = 306$（万元）

$NAV_C = -10000(A/P,15\%,10) - 1500 + 4000 = 507$（万元）

由于NAV_A、NAV_B、NAV_C均大于零，故A、B、C方案均可接受。

③各方案的IRR的计算结果如下：

$-5000 + (2400 - 1000)(P/A, IRR_A, 10) = 0$　　　解得：$IRR_A = 25\%$

$-8000 + (3100 - 1200)(P/A, IRR_B, 10) = 0$　　　解得：$IRR_B = 20\%$

$-10000 + (4000 - 1500)(P/A, IRR_C, 10) = 0$　　解得：$IRR_C = 21\%$

由于$IRR_A > i_c$，$IRR_B > i_c$，$IRR_C > i_c$，故A、B、C三方案均可接受。

由此例可见，对于独立方案而言，不论采用净现值、净年值和内部收益率法中何种评价指标，评价结论都是一致的。故实践中只需采用上述指标之一进行检验即可。

3.4.2 互斥方案的经济效果评价

在互斥方案类型中，经济效果评价包含了两部分内容：一是考察各个方案自身的经济效果，称为绝对效果检验；二是考察哪个方案相对最优，称为相对效果检验。通常两种检验缺一不可。互斥方案经济效果评价的特点是要进行方案比选，因此不论使用何种评价指标，都必须使各方案在使用功能、定额标准、计费范围及价格等方面满足可比性。

互斥方案评价中使用的评价指标有净现值、净年值、费用现值、费用年值以及差额投资内部收益率等。下面我们分方案寿命期相等、方案寿命期不等两种情况讨论互斥方案的经济效果评价。

1. 寿命相等的互斥方案经济效果评价

（1）净现值与净年值法

对于寿命相等的互斥方案的经济效果评价，净现值与净年值法是等效的评价方法。

用净现值或净年值法评价互斥方案的步骤如下：

第一步，计算各方案的净现值或净年值，进行绝对效果检验，将净现值或净年值小于零的方案淘汰掉。

第二步，计算各方案之间的相对效果。对于净现值或净年值指标来说，可将各方案的净现值或净年值直接比较。

第三步，在净现值或净年值大于等于零的方案中，选出指标值最大的作为最优可行方案。

（2）费用现值与费用年值法

对于效益相同或效益基本相同但难以具体估算的方案进行比较时，可采用最小费用法，包括费用现值与费用年值法。在被比较方案的寿命期相等时，费用现值与费用年值法是等效的，故两者只需计算其中一种即可。采用费用现值或费用年值法评价寿命期相等的方案，只须进行相对效果检验，判别准则是费用现值或费用年值最小者为最优方案。

[例3-10] 经营房地产企业的行业基准收益率 $i_c = 15\%$。在有限的地皮上，某高层住宅有四种设计方案，预测其收入、支出见表3-7，住宅经济寿命至少40年。问从经营财务角度应选择何种方案？

项目投资、收入及支出情况表（单位：万元）　　　　表3-7

层数	12	14	16	18
建设初投资	1200	1500	1860	2310
年运行费	90	150	180	252
年收入	240	360	540	636

住宅的经济寿命很长，但动态分析的分析期不宜取得过长，很少超过20～30年，本例$n=20$年，假定残值为0。

[解]：

①采用净现值法，计算各方案NPV值如下：

$NPV_{12} = (240-90)(P/A, 0.15, 20) - 1200 = 150 \times 6.259 - 1200 = -261.15$（万元）$<0$

$NPV_{14} = (360-150)(P/A, 0.15, 20) - 1500 = 210 \times 6.259 - 1500 = -185.61$（万元）$<0$

$NPV_{16} = (540-180)(P/A, 0.15, 20) - 1860 = 360 \times 6.259 - 1860 = 393.24$（万元）$>0$

$NPV_{18} = (636-252)(P/A, 0.15, 20) - 2310 = 384 \times 6.259 - 2310 = 93.46$（万元）$>0$

由于$NPV_{16} > 0$且净现值最大，因此16层方案为最优可行方案。

②采用净年值法，计算各方案NPV值如下：

$NAV_{12} = 240 - 90 - 1200(A/P, 0.15, 20) = -41.71$（万元）$<0$

$NAV_{14} = 360 - 150 - 1500(A/P, 0.15, 20) = -29.64$（万元）$<0$

$NAV_{16} = 540 - 180 - 1860(A/P, 0.15, 20) = 62.84$（万元）$>0$

$NAV_{18} = 636 - 252 - 2310(A/P, 0.15, 20) = 14.95$（万元）$>0$

由于$NAV_{16} > 0$，且净年值最大，因此16层方案为最优可行方案。

[例3-11] 某预制场考虑购置起重机，类型A（固定式）初投资100000元，年运行费80000元，残值10000元。类型B（流动式）初投资80000元，年运行费90000元，残值为0。$i_c = 8\%$，$n = 4$年。两类型起重机完成任务基本相同。问选择何种方案为宜？

[解]：

两类型起重机完成任务相同，即可理解为收入是一样的。这时只需研究方案的支出或费用就可以了，费用最小的方案就是较优方案。

①采用费用现值法，计算结果如下：

$PC_A = 100000 + 80000(P/A, 0.08, 4) - 10000(P/F, 0.08, 4) = 357620$（元）

$PC_B = 80000 + 90000(P/A, 0.08, 4) = 378091$（元）

由于$PC_A < PC_B$，应选择费用现值小的A方案。

②采用费用年值法，计算结果如下：

$AC_A = 80000 - 10000(A/F, 0.08, 4) + 100000(A/P, 0.08, 4) = 107973$（元）

$AC_B = 90000 + 80000(A/P, 0.08, 4) = 114154$（元）

由于$AC_A < AC_B$，应选择费用年值最小的A方案。

（3）差额投资内部收益率法

内部收益率指标是一个重要且常用的动态评价指标。但是用内部收益率法进行互斥方案比较，有时会得出与用净现值法或净年值法不一致的结论。在对互斥方案进行比较时，净现值或净年值最大准则是正确的判别标准。故在方案比较时，一般不直接采用内部收益率法，而是采用差额投资内部收益率法。因为差额投资内部收益率法的比选结论在任何情况下都与采用净现值法所得的结论一致。

值得指出的是，差额投资内部收益率指标只能反映两方案之间的增量现金流的经济性，不能反映各方案自身的经济效果。因此，在进行方案比选时，还要用内部收益率指标进行各方案的绝对效果检验。

采用差额投资内部收益率法进行互斥方案的比选，其步骤如下：

第一步，计算各方案的内部收益率 IRR，进行绝对效果检验。

第二步，计算各方案两两之间的差额投资内部收益率 ΔIRR，进行相对效果检验。

第三步，优选方案。其判别准则为：$\Delta IRR > i_c$，投资大的方案较优；$\Delta IRR < i_c$，投资小的方案较优。

[例3-12] 方案甲和乙是互斥方案，其现金流量见表3-8，试用差额投资内部收益率法对两方案进行评价选优，$i_c = 10\%$。

现金流量表（单位：万元） 表3-8

方案	年末 0	1~10
甲	-200	39
乙	-100	20

[解]：

首先检验两方案自身的经济效果：

$-200 + 39(P/A, IRR_甲, 10) = 0$

$-100 + 20(P/A, IRR_乙, 10) = 0$

计算得：$IRR_甲 = 14.48\%$，$IRR_乙 = 15.11\%$。

因为 $IRR_甲 > i_c$，$IRR_乙 > i_c$，故两方案自身经济效果都可行。

其次计算两方案的差额投资内部收益率指标，进行相对效果检验。

$-100 + 19(P/A, \Delta IRR, 10) = 0$

计算得：$\Delta IRR = 13.84\% > i_c$。

根据 ΔIRR 的判别准则，应选择投资大的甲方案。

2. 寿命期不等的互斥方案比选

寿命期不等的互斥方案比较主要采用净现值法和净年值法。

（1）净现值法

当互斥方案寿命不等时，一般情况下，各方案在各自寿命期内的净现值不具有可比性。这时，必须设定一个共同的分析期。分析期的设定通常有以下两种方法：

① 最小公倍数法

此法取备选方案寿命期的最小公倍数作为共同的分析期，同时假定备选方案可以在其寿命结束后按原方案重复实施若干次。例如，有两个备选方案，A方案的寿命期为6年，B方案的寿命期为9年，则共同的寿命期为6和9的最小公倍数18，这时A方案重复三次，B方案重复两次。

② 分析期法

根据对未来市场状况和技术发展前景的预测，直接选取一个合适的分析期，假定寿命期短于此分析期的方案重复实施，并对各方案在分析期末的资产余值进行估价，到分析期结束时回收资产余值。在备选方案寿命期比较接近的情况下，一般取最短的方案寿命期作为分析期。

[例3-13] 试对表3-9中三项寿命不等的互斥投资方案作出取舍决策。基准收益率i_c=15%。

项目现金流量表　　　　　　　　　　表3-9

方案	A	B	C
初始投资（万元）	6000	7000	9000
残值（万元）	0	200	300
年度支出（万元）	1000	1000	1500
年度收入（万元）	3000	4000	4500
寿命（年）	3	4	6

[解]：

$$NPV_A = -6000 - 6000(P/F, 15\%, 3) - 6000(P/F, 15\%, 6)$$
$$-6000(P/F, 15\%, 9) + (3000-1000)(P/A, 15\%, 12)$$
$$= -3403(万元)$$

$$NPV_B = -7000 - 7000(P/F, 15\%, 4) - 7000(P/F, 15\%, 8)$$
$$+(4000-1000)(P/A, 15\%, 12) + 200(P/F, 15\%, 4)$$
$$+200(P/F, 15\%, 8) + 200(P/F, 15\%, 12)$$
$$= 3188(万元)$$

$$NPV_C = -9000 - 9000(P/F,15\%,6) + (4500-1500)(P/A,15\%,12)$$
$$= +300(P/F,15\%,6) + 300(P/F,15\%,12)$$
$$= 3557(万元)$$

由于 $NPV_C > NPV_B > NPV_A$，故选取C方案。

（2）净年值法

在对寿命不等的互斥方案进行比选时，净年值法是最为简便的方法。净年值法以年为时间单位比较各方案的经济效果，从而使寿命不等的互斥方案具有可比性。

[例3-14] 对上例中的三个方案用净年值法进行评价，$i_c = 15\%$。

[解]：
$$NAV_A = -6000(A/P,15\%,3) + 3000 - 1000 = -628(万元)$$
$$NAV_B = -7000(A/P,15\%,4) + 4000 - 1000 + 200(A/F,15\%,4) = 588(万元)$$
$$NAV_C = -9000(A/P,15\%,6) + 4500 - 1500 + 300(A/F,15\%,6) = 656(万元)$$

由于 $NAV_C > NAV_B > NAV_A$，故选取C方案与净现值法结论一致。

（3）费用现值法与费用年值法

对于仅有或仅需计算费用现金流量的寿命不等的互斥方案，可以比照净现值法和净年值法，用费用现值法或费用年值法进行比选。判别准则是：费用现值或费用年值最小的方案最优。

[例3-15] 某工厂拟购设备一套，有X、Y两种型号可供选择，两种型号设备的性能相同，但使用年限不同，其中X机器价格20000元，残值3000元，Y机器价格10000元，残值1000元，两设备维修及操作成本见表3-10。应选择哪种型号设备？（$i_c = 10\%$）

设备维修及操作成本（单位：元）　　　　　　　表3-10

设备	第1年	第2年	第3年	第4年	第5年	第6年	第6年	第8年
X	4000	4000	4000	4000	4000	4000	4000	4000
Y	3000	4000	5000	6000	7000	—	—	—

[解]：

$$AC_X = 20000(A/P, 10\%, 8) + 4000 - 3000(A/F, 10\%, 8) = 7486.5（元）$$
$$\begin{aligned}AC_Y &= [10000 + 3000(P/F, 10\%, 1) + 4000(P/F, 10\%, 2) + 5000(P/F, 10\%, 3) \\ &\quad + 6000(P/F, 10\%, 4) + 7000(P/F, 10\%, 5) - 1000(P/F, 10\%, 5)](A/P, 10\%, 5) \\ &= 7284.3（元）\end{aligned}$$

因为 $AC_X > AC_Y$，所以应该采用Y机器。

3.4.3 相关方案的经济效果评价

相关方案有几种不同的类型，其中最常见的两种类型为现金流量相关型与资金约束相关型。下面分别对这两种类型的相关方案选择方法进行介绍。

1．现金流量相关型的方案选择

如果若干方案中任一方案的取舍会导致其他方案现金流量的变化，我们说这些方案之间存在着现金流量相关性，不能简单按照独立方案或者互斥方案的评价方法来分析。例如，有两种在技术上都可行的方案：一个是在某大河上建一座收费公路桥（方案A）；另一个是在桥址附近建收费轮渡码头（方案B），A、B方案并不完全互相排斥，那么任一方案的实施或放弃都会影响另一方案的收入，从而影响方案经济效果评价的结论。

当各方案的现金流量之间具有相关性且方案之间不完全互斥时，应当用一种"互斥方案组合法"，将各方案组合成互斥方案，计算各互斥方案的现金流量，再按互斥方案的评价方法进行评价选择。

[例3-16] 甲、乙两城市之间可建一条公路一条铁路。只修一条公路或只修一条铁路的净现金流量见表3-11。若两个项目都上，由于客货运分流的影响，两项目都将减少净收入，其净现金流量见表3-12。当基准收益 $i_c = 10\%$ 时应如何决策？

单方案现金流量表（单位：百万元） 表3-11

方案	0	1	2	3~32
铁路A	-300	-300	-300	150
公路B	-150	-150	-150	90

双方案现金流量表（单位：百万元） 表3-12

方案	0	1	2	3~32
铁路A	-300	-300	-300	120
公路B	-150	-150	-150	52.5
A+B	-450	-450	-450	172.5

[解]：

先将两个相关方案组合成三个互斥方案，分别计算其净现值如下：

$NPV_A = 347.96$（百万元）

$NPV_B = 256.13$（百万元）

$NPV_{A+B} = 112.93$（百万元）

根据互斥方案净现值判别准则，A方案净现值大于零且最大，故A方案为最优可行方案。若用其他互斥方案的评价方法，也可以得出相同的结论。

2．资金约束相关型的方案选择

资金约束相关型是针对独立方案而言的，因为资金短缺可使相互独立的可行方案只能实施其中的某些，从而使独立方案变为相关方案。例如，一条江上有四个可行的大桥建设方案，由于受现有资金的约束，只能建其中的两座，因此问题变成了如何在保证不超过现有资金的前提下取得最大的经济效益。

受资金约束的方案选择使用的主要方法有"净现值指数排序法"和"互斥方案组合法"。下面将分别予以介绍。

（1）净现值指数排序法

按净现值指数排序原则选择方案，其基本思想是单位投资的净现值越大，在一定投资限制额内所能获得的净现值总额就越大。

[例3-17] 某公司投资预算金额为500万元，有6个独立方案可选择，各方案现金流量见表3-13，$i_0 = 12\%$，试用净现值指数排序法选择方案。

各方案现金流量表　　　表3-13

方案＼年份	0	1—18	NPV	NPVI	按NPVI排序
A	-100	34	146.49	1.46	2
B	-140	45	186.24	1.33	3
C	-80	30	137.49	1.72	1
D	-150	34	96.49	0.64	5
E	-180	47	160.73	0.89	4
F	-170	30	47.49	0.28	6

[解]：

根据NPVI排序可知，满足资金约束条件的方案为A、B、C、E，所用资金总额为500万元，净现值总值为630.95万元。

按净现值指数排序法来选择方案简便易算，但由于投资项目的不可分性，净现值指数排序法常会出现不能保证现有资金被充分利用的情况，不能达到净现值最大的目标。

（2）互斥方案组合法

互斥方案组合法能保证评选结果比净现值指数排序法更可靠。它是利用排列组合的方法，列出待选方案的全部组合方案，选出投资额不超过投资限额、净现值大于等于零且净现值最大的组合方案为最优可行方案。

[例3-18] 某公司有四个相互独立的技术改造方案。基准折现率为10%，其有关数据列于表3-14中，假定资金限额为500万元，应选择哪些方案？

改造方案数据表（单位：万元） 表3-14

独立方案	初始投资	NPV	NPVI
A	200	180	0.90
B	240	192	0.80
C	160	112	0.70
D	200	130	0.65

[解]：

由表3-14中可知，各方案净现值均大于零，按净现值指数排序法选择，应选A、B方案，净现值总额为372万元。

下面用组合互斥方案法来验证一下上述选择是否为最优选择，组合方案评价见表3-15。

组合方案表 表3-15

组合号	组合方案	投资	可行与否	NPV
1	1000	200	○	180
2	0100	240	○	192
3	0010	160	○	112
4	0001	200	○	130
5	1100	440	○	372
6	1010	360	○	292
7	1001	400	○	310
8	0110	400	○	304
9	0101	440	○	322
10	0011	360	○	242
11	1110	600	×	484
12	1101	640	×	502
13	1011	560	×	422
14	0111	600	×	434
15	1111	800	×	614

根据投资限额及净现值最大且大于或等于零的评价准则，选A、B两方案，其评价结果与净现值指数排序法一致。

思 考 题

1. 某工程建设项目实施过程中，若因规范变化而导致某分项目工程量增加，则增加的费用应从建设投资中的_____支出。

2. 下列成本费用项目中，属于经营成本的有（　　）。
   A．折旧费　　B．摊销费　　C．工资及福利费
   D．利息支出　　E．修理费

3. 工程经济分析中需要考虑的税种有哪些？

4. 建设项目经济效果评价指标，按照是否考虑资金时间价值，可分为：_____、_____。

5. 关于静态投资回收期特点的说法，正确的是（　　）。
   A．静态投资回收期只考虑了方案投资回收之前的效果
   B．静态投资回收期可以单独用来评价方案是否可行
   C．若静态投资回收期大于基准投资回收期，则表明方案可以接受
   D．静态投资回收期越长，表明资本周转速度越快

6. 某项目建设投资为9700万元（其中：建设期贷款利息700万元），全部流动资金为900万元，项目投产后正常年份的年息税前利润为950万元，则该项目的总投资收益率为_____。

7. 某项目各年净现金流量见表3-16。设基准收益率为10%，则该项目的净现值为_____万元，静态投资回收期为_____年。

现金流量表（单位：万元）　　表3-16

计算期	0	1	2	3	4	5
净现金流量	-160	50	50	50	50	50
累计净现金流量	-160	-110	-60	-10	40	90

8. 对于特定的投资方案，若基准收益率增大，则投资方案评价指标的变化规律是：净现值_____，内部收益率_____。

9. 请对以下名词进行解释：①内部收益率；②差额投资内部收益率。

10. 现有两个独立方案A、B，方案A：投资190万元，每年产品销售收入为320万元，年经

营成本为50万元；方案B：投资250万元，每年产品销售收入为480万元，年经营成本为65万元。预计两方案的试用期均为5年，$i_c = 10\%$。试用净现值法和净年值法判断其经济可行性。

11. 两个互斥方案A和B的现金流量见表3-17，试采用差额内部收益率法在两个方案中选择最佳方案，$i_c = 10\%$。

现金流量表（单位：万元） 表3-17

方案	A	B	增量费用现金流量
初始投资（万元）	150	225	75
年支出（万元）	18	10	-8
年收入（万元）	40	40	0
寿命（年）	15	15	—

12. 某公司投资预算为60万元，备选方案见表3-18，试用净现值指数排序法选择方案。

各方案现金流量表 表3-18

方案	投资额	净现值	净现值指数	排序
A	20	12	0.60	1
B	12	5.4	0.45	2
C	4	0.5	0.13	8
D	9	2.25	0.25	4
E	13	2.86	0.22	5
F	36	6.48	0.18	6
G	3	0.42	0.14	7
H	15	5.7	0.38	3

| 第4章 |

工程项目的
财务分析

4.1 财务效益与费用的概述

4.1.1 财务效益与费用的识别

财务效益和费用（Financial benefit & cost）是财务分析的重要基础，财务效益和费用估算的准确性及可靠性直接影响项目财务分析的结论。

1．财务效益

项目财务效益（Financial benefit）是指项目投产后，因销售产品（含提供劳务服务等）而获得的营业收入。

市场化运作的经营性项目，其目标是通过销售产品或提供服务实现盈利，其财务效益主要是指获得的营业收入。对于国家鼓励的经营性项目，可获得税金上的优惠，如先征后免的增值税应作为补贴收入，记入项目的财务效益进行核算。这时，财务分析不考虑税金"征"和"返"的时间差。

对于服务于社会或以环境保护为目标的非经营性项目，例如城市道路、公园绿地等社会基础设施的建设项目，没有直接的营业收入，这类项目需要政府提供补贴才能维持正常的运转。这种情况一般把补贴作为项目的财务收益，通过预算平衡计算所需要的补贴金额。

在土木工程的建设项目中，供水、供电等准公共产品，其运营方式采用经营方式，但价格受到政府的严格管制。营业收入可能基本满足或不能满足补偿成本的要求，需要在政府的补贴下才能具有财务生存能力。因此，这类项目的财务效益包括营业收入和补贴收入。

2．财务费用

项目财务费用（Financial cost）是指项目建设中及投产以后，为生产、销售产品或提供劳务等支付的费用，主要包括投资、成本费用和税金等。估算财务费用应与财务分析的步骤相协调。

4.1.2 财务效益与费用的估算

财务效益和费用估算的原则：

（1）财务效益与费用的估算应与会计以及税收制度相适应。财务效益与费用的估算是对尚未发生的项目投资及经营状况进行预测，允许做有别于财会制度的处理，但要求在总体上与会计准则和会计以及税收制度相适应。

（2）财务效益与费用识别应遵守"有无"对比原则。只有"有无对比"的差额部分才是由于项目的建设而增加的效益和费用。采用有无对比的方式是为了识别项目的增量效益，排除其他原因产生的效益；同时也找出与增量效益相对应的增量费用，只有这样才能真正体现项目投资的净效益。

（3）财务效益与费用估算范围应体现效益和费用对应一致的原则。在合理范围内，对等地对直接效益以及相应的直接费用进行估算，避免高估或低估项目的净收益。

（4）财务效益与费用估算应依据明确、价格合理、方法适宜、表述清晰。估算应根据项目性质、类别和行业特点，明确相关政策和其他依据，选取适宜的方法，编制相关表格，辅以必要的文字说明。

财务效益与费用的估算步骤与财务分析步骤相匹配，在进行融资前分析时，先估算独立于融资方案的建设投资和营业收入，然后是经营成本和流动资金。在进行融资后分析时，先确定初步融资方案，然后估算建设期利息，进而完成固定资产原值的估算，通过还本付息计算求得营运期各年利息，最终完成总成本费用的估算。

选取财务效益与费用价格时应正确处理价格总水平变动因素。盈利能力分析应考虑相对价格变化；偿债能力分析应同时考虑相对价格变化和价格总水平变动的影响。

在项目的建设期，既要考虑价格总水平变动，又要考虑相对价格变化。在建设投资估算中价格总水平变动是通过涨价预备费来体现。

在项目的运营期，盈利能力分析和偿债能力分析可以采用同一套价格，即预测的运营期价格。可根据项目的具体情况，选用固定价格（项目经营期内各年价格不变）或考虑相对价格变化的变动价格（项目运营期内某年价格不同，或某些年份价格不同）。当有要求或价格总水平变动较大时，项目偿债能力分析采用的价格应考虑价格总水平变动因素。

1．建设投资的估算

（1）分项详细估算法

①建筑工程费

建筑工程费（Construction cost）是指为建造永久性建筑物和构筑物所需要的费用。根据设计方案提供的工程内容，套用概算指标进行计算。计算公式为：

$$建筑工程费 = 单位工程概算指标 \times 单位工程的工程量 \times 修正系数 \quad (4-1)$$

建筑工程概算指标是指各单位工程结合项目特征，按照房屋以平方米为计量单位，或构筑物以座为计量单位，其他专业工程根据不同工程性质确定其计量单位，规定所需要的人工、材料、施工机械台班消耗的一种标准。采用概算指标时，应注意项目设计方案的特征是否完全符合指标要求，若不符合，要对指标进行适当修正，并注意人工、材料价差和机械台班费的调整。

②设备及工器具购置费

国内设备购置费为设备原价加设备运杂费。在生产性工程建设中，设备及工器具购置费用占工程造价比重的增大，意味着生产技术的进步和资本有机构成的提高。设备原价一般根据生产厂家或物资供应商的询价、报价、合同价等来确定，设备运杂费按各部委、省、市、自治区规定的运杂费率计算；国外进口设备购置费按到岸价加国内运杂费。工器具购置费一般以设备购置费为计算基数，按照部门或行业规定的工具、器具及生产家具费

率计算。一般计算公式为:

$$国内设备购置费 = 设备原价 + 设备运杂费 \quad (4-2)$$

$$国外设备购置费 = 设备到岸价(CIF) + 国内运杂费 \quad (4-3)$$

$$工器具购置费 = 设备购置费 \times 定额费率 \quad (4-4)$$

③安装工程费

安装工程费一般包括以下两项:生产、动力、起重等各种需要安装的机械设备的安装费用,与设备连接的工作台、梯子等装设费用,附属于被安装设备的管线敷设工程费用,以及被安装设备的绝缘、防腐、保温等工作的材料费和安装费。为测定安装工程质量,对单台设备进行单机运转、对系统设备进行系统联动无负荷运转工作的调试费。

一般采用占需安装设备价值的百分比指标(安装费率)或概算指标进行估算。管线安装工程费可按工程量和概算指标进行估算,或按单位造价指标估算,即:

$$安装工程费 = 设备原价 \times 安装费率(每吨安装费或者安装费用指标) \quad (4-5)$$

④工程建设其他费用

工程建设其他费用是指工程造价中除建筑工程费、设备及工器具购置费、安装工程费以外的其他费用。主要包括与土地使用有关的费用、与项目建设有关的费用和与企业未来生产有关的费用等。

这些费用按主管部委、省、市、自治区的取费标准或按建筑工程费的百分比计算。

⑤预备费

预备费(Reserve funds)是指在初步设计和概算中难以预料的工程费用,包括基本预备费和涨价预备费。

基本预备费是在项目实施中可能发生难以预料的支出,需要实现预留的费用,又称工程建设不可预见费,主要指设计变更及施工过程中可能增加工程量的费用、自然灾害处理费用、不可预见障碍物处理费用及超规超限运输费用等。一般按建筑工程费、设备及工器具购置费、安装工程费和工程建设其他费用之和为基数,乘以基本预备费率进行计算。

建设期涨价预备费是对建设工期较长的项目,由于建设期内可能发生材料、设备、人工等价格上涨引起投资增加、需要事先预留的费用,也称价格变动不可预见费。计算公式为:

$$PC = \sum_{t=1}^{n} I_t [(1+f)^t - 1] \quad (4-6)$$

式中 PC——建设期涨价预备费;

I_t——第t年的建筑安装工程费、设备及工器具购置等之和;

f——建设期价格上涨指数;

n——建设期。

建设期价格上涨指数按政府部门规定执行,没有规定的由可行性研究人员预测。

[例4-1] 某建设项目静态投资为23000万元，按项目实施进度计划，项目建设期为3年，每年的投资分配使用比例为：第一年30%，第二年40%，第三年30%，建设期内平均价格变动率预测为6%，试估算该项目建设期的涨价预备费。

[解]：

根据公式（4-6），该项目的涨价预备费为

$PC_1 = 23000 \times 30\% \times [(1+6\%)-1] = 414.00$（万元）

$PC_2 = 23000 \times 40\% \times [(1+6\%)^2 - 1] = 1137.12$（万元）

$PC_3 = 23000 \times 30\% \times [(1+6\%)^3 - 1] = 1318.01$（万元）

$PC = 414.00 + 1137.12 + 1318.01 = 2869.13$（万元）

涨价预备费是站在承包人的角度编制的，它没有考虑从编制估算到项目开工这段时间项目投资的时间价值，考虑的是从项目开工到项目竣工期间的涨价风险。价差预备费是站在发包人的角度，考虑从编制投资估算开始一直到项目竣工这段时间的涨价风险，增加了从编制估算年到项目开工建设的期间的涨价风险。因此，涨价预备费是价差预备费的一部分。

价差预备费一般根据国家规定的投资综合价格指数，按照估算年份价格水平的投资额为基数，采用复利方法计算。价差预备费的计算公式为：

$$PF = \sum_{t=1}^{n}[I_t(1+f)^m(1+f)^{0.5}(1+f)^{t-1} - 1] \quad (4-7)$$

式中　PF——价差预备费；

　　　n——建设期年数；

　　　m——建设前期年限（从编制估算年到项目开工建设的年数）；

　　　I_t——建设期第t年的静态投资计划额，包括工程费用、工程建设其他费用及基本预备费；

　　　f——年投资价格上涨指数。

式中的$(1+f)^m$表示从编制估算年到项目开工建设这段时间的涨价系数，$(1+f)^{0.5}$表示

[例4-2] 某建设项目静态投资为10000万元，项目建设前期年限为1年，建设期为2年，第一年完成投资的60%，第二年完成投资的40%。在年平均价格上涨率为6%的情况下，试计算该项目的价差预备费。

> [解]:
> 根据题意，公式（4-7）中，$m=1$，$f=6\%$，$I_t=10000$，该项目的价差预备费为
> $$PF = \sum_{t=1}^{n}[I_t(1+f)^m(1+f)^{0.5}(1+f)^{t-1}-1]$$
> $= 10000 \times 60\% \times [(1+6\%)^{1.5}-1] + 10000 \times 40\% \times [(1+6\%)^{2.5}-1]$
> $= 1175.3$（万元）

规定的固定系数。

（2）生产能力指数法

投资估算编制时，通常在项目建议书阶段，由于精度要求不高，可采用生产能力指数、系数估算、比例估算等方法，简单匡算项目的静态投资部分。在可行性研究阶段，由于精度要求较高，一般采用指标估算法。

生产能力指数法是利用已知同类工程项目投资数额粗略估算拟建项目的投资额。计算公式如下：

$$K_1 = K_2\left(\frac{Q_2}{Q_1}\right)^n f \qquad (4-8)$$

式中　K_1——已建项目的固定资产投资；

　　　K_2——拟建同类项目的固定资产投资；

　　　Q_1——已建项目生产能力；

　　　Q_2——拟建同类项目生产能力；

　　　n——生产能力指数，通常$0 \leq n \leq 1$；

　　　f——不同时期、不同地点的定额、单价、费用和其他差异的综合调整系数。

生产能力指数n一般不易确定。各国目前都采用n的平均值。当规模的扩大是以提高主要设备的效率、功率而达到时，则n取$0.6 \sim 0.7$；当规模扩大是以增加工程项目的机器设备

> **[例4-3]** 2019年某地拟建年产量400万吨的石油炼化项目。根据调查，该地区2015年年初建成的200万吨的同类项目，其静态投资为20亿元，试估算该拟建项目2019年年初的静态投资。（已知从2015年至2019年的工程造价平均每年递增5%，$n=0.9$，假设不考虑价格指数的变化）
>
> [解]:
> 根据公式（4-8），$K_1 = K_2\left(\dfrac{Q_2}{Q_1}\right)^n f = 20 \times \left(\dfrac{400}{200}\right)^{0.9} \times (1+5\%) = 39.19$（亿元）

的数量而达到时，则n取$0.8 \sim 0.9$。

（3）系数估算法

系数估算法（也称因子估算法）以拟建项目的主体工程费或主要设备购置费为基数，以其他辅助配套工程费与主体工程费或设备购置费的百分比为系数，求出相应的建筑安装及其他有关费用，其总和即为项目或装置的投资。在我国通常用设备系数或主体专业系数法，世界银行等项目则多用朗格系数法。

设备系数法的计算公式如下：

$$C = E(1 + f_1 p_1 + f_2 p_2 + f_3 p_3 + \cdots\cdots) + I \tag{4-9}$$

式中　C——拟建项目的静态投资额；

　　　E——拟建项目按当时当地价格计算的设备费（包括运杂费）总和；

p_1、p_2、p_3——分别为已建项目中建筑、安装及其他工程费用占设备费的百分比；

f_1、f_2、f_3——分别为由于时间因素引起的定额、价格、费用标准等变化的综合调整系数；

　　　I——拟建项目的其他费用。

主体专业系数法以投资比重较大的工艺设备投资为基数，可利用式（4-9）计算，只是此时的E为与生产能力直接相关的工艺设备投资；同样，p为已建项目中各专业工程费用与工艺设备投资的百分比。

朗格系数法以设备购置费为基数，乘以适当系数来推算项目的静态投资。分别计算建设项目总成本费用的直接成本和间接成本，再合为项目的静态投资。在国际工程中，由于设备规模、自然条件、设备材质等的差异，朗格系数法的精度不高。对于石油化工等设备费用占较高的项目，估算精度较高。另外，静态投资估算也可以采用比例估算法和混合法等。

2. 流动资金估算

流动资金（Working capital）是项目运营所需要的流动资产投资，是用于项目购买原材料、燃料、支付工资的所需的周转资金。其估算基础是经营成本和商业信用等，一般采用分项详细估算法，小型项目采用扩大指标估算法。

（1）分项详细估算法

流动资金的特点是在生产过程中不断周转，周转额的大小取决于周转速度和生产规模。分项详细估算法是国际上通用的流动资金估算法，是对流动资产和流动负债主要构成要素即存货、现金、应收账款、预付账款以及应付账款和预收账款等几项内容分项进行估算，计算公式为：

$$\text{流动资金} = \text{流动资产} - \text{流动负债} \tag{4-10}$$

$$\text{流动资产} = \text{应收账款} + \text{预付账款} + \text{存货} + \text{库存现金} \tag{4-11}$$

$$\text{流动负债} = \text{应付账款} + \text{预收账款} \tag{4-12}$$

$$\text{流动资金本年增加额} = \text{本年流动资金} - \text{上年流动资金} \tag{4-13}$$

流动资金估算的具体步骤是首先确定各类流动资产和流动负债的分项最低周转天数，

计算出周转次数，然后进行分项估算。

①周转次数

周转次数（Turnover）是流动资金在一年内（通常按360天计算）完成多少个生产过程。

$$周转次数 = 360天 / 最低周转天数 \qquad (4-14)$$

各类流动资产和流动负债的最低周转天数按照同类企业的平均周转天数并结合项目特点确定，或按部门（行业）规定，在确定最低周转天数时应考虑储存天数、在途天数，并考虑适当的保险系数。

②流动资产估算

a. 存货的估算。存货（Inventory）是指企业在日常生产和经营过程中储备的各种物资，包括各类原材料、商品、在产品、半成品和产成品等。为简化计算，项目评价中仅考虑外购原材料、燃料、其他材料、在产品和产成品，并分项进行计算。计算公式为：

$$存货 = 外购原材料、燃料 + 其他材料 + 在产品 + 产成品 \qquad (4-15)$$

$$外购原材料、燃料 = 年外购原材料、燃料费用 / 分项周转次数 \qquad (4-16)$$

$$其他材料 = 年其他材料费用 / 其他材料周转次数 \qquad (4-17)$$

$$在产品 = (年外购原材料、燃料动力费用 + 年工资及福利费 + 年修理费 + 年其他制造费用) / 在产品周转次数 \qquad (4-18)$$

$$产成品 = (年经营成本 - 年其他营业费用) / 产成品周转次 \qquad (4-19)$$

b. 应收账款估算。应收账款是指企业对外赊销商品、提供劳务而尚未收回的资金，计算公式为：

$$应收账款 = 年经营成本 / 应收账款周转次数 \qquad (4-20)$$

c. 预付账款估算。预付账款是指企业为购买各类材料、半成品或服务所预先支付的款项，计算公式为：

$$预付账款 = 外购商品或服务年费用金额 / 预付账款周转次数 \qquad (4-21)$$

d. 现金需要量估算。项目流动资金中的现金是指为维持正常生产运营必须预留的货币资金，包括库存现金和银行存款。计算公式为：

$$现金 = (年工资及福利费 + 年其他费用) / 现金周转次数 \qquad (4-22)$$

$$年其他费用 = 制造费用 + 管理费用 + 营业费用 - (以上三项费用中所含的工资及福利费、折旧费、摊销费、修理费) \qquad (4-23)$$

③流动负债估算

流动负债（Current liability）是指将在一年或者超过一年的一个营业周期内偿还的债务。包括短期借款、应付票据、应付账款、预收账款、应付工资、应付福利费、应付股利、应交税金、其他暂收应付款项、预提费用和一年内到期的长期借款等。在项目评价中，流动负债的估算可以只考虑应付账款和预收账款两项。计算公式为：

$$应付账款 = (外购原材料、燃料动力及其他材料年费用) / 应付账款周转次数 \qquad (4-24)$$

$$预收账款 = 预收的营业收入年金额 / 预收账款周转次数 \quad (4-25)$$

（2）扩大指标估算法

扩大指标估算法是根据现有同类企业的实际资料，按照流动资金占某种基数的比率来进行估算，一般常用的基数有销售收入、经营成本、总成本费用和固定资产投资等。所采用的比率根据经验确定，或依部门（行业）给定的参考值确定，也可参照同类工程项目流动资金占销售收入、经营成本、固定资产投资的比例，以及单位产量占用流动资金的比值来确定。扩大指标估算法简便易行，适用于项目建议书阶段。

具体方法包括：产值（或营业收入）资金率估算法、经营成本（总成本）资金率估算法、建设投资资金率估算法、单位产量资金率估算法。

3．建设期利息估算

建设期利息（Construction interest expense）是指项目借款在建设期内发生并计入总投资的利息，包括银行借款和其他债务资金的利息，以及其他融资费用（手续费、管理费、承诺费、信贷保险费等）。其估算是在完成建设投资估算和分年投资计划基础上，根据筹资方式金额及利率估算。

计算建设期利息时，根据资金用款计划，在总贷款分年均衡发放时，各年借款均在年中支用，借款当年按半年计息，计算公式如下：

$$q_j = \left(p_{j-1} + \frac{1}{2} A_j \right) \times i \quad (4-26)$$

式中　q_j——为建设期第 j 年应计利息；

　　　p_{j-1}——为建设期第（$j-1$）年末累计贷款本金与利息之和；

　　　A_j——为建设期第 j 年贷款金额；

　　　i——为年利率。

项目涉及国外贷款时，年利率要考虑贷款协议中向贷款方加收的各种费用，主要包括手续费、管理费、承诺费、国内代理机构向贷款方收取的转贷费、担保费和管理费等。

4．营业收入估算

营业收入（Revenue）是财务分析的重要数据，其估算的准确性直接影响着项目财务效益的估计。营业收入估算的基础数据，包括产品或服务的数量和价格，都与市场预测密切相关。

5．总成本费用估算

项目总成本费用估算可按生产成本加期间费用法进行估算，也可以采用生产要素估算法进行估算。项目评价中通常采用生产要素估算法估算总成本费用，其计算公式为：

总成本费用 = 外购原材料、燃料及动力费用 + 工资及福利费

　　　　　　+ 修理费 + 折旧费 + 摊销费 + 财务费用（利息支出）+ 其他费用　(4-27)

（1）外购原材料和燃料动力费估算。外购原材料和燃料动力费的估算需要相关专业所提出的外购原材料和燃料动力年耗用量，以及在选定价格体系下的预测价格，该价格按入库价格计，即到厂价格并考虑途库损耗。采用的价格时点和价格体系应与营业收入的估算一致。

（2）人工工资及福利费估算。人工工资及福利费按项目全部人员数量估算。根据不同项目的需要，财务分析中可视情况选择按项目全部人员年工资的平均数值计算或者按照人员类型和层次分别设定不同档次的工资进行计算。

（3）固定资产原值及折旧费的估算

①固定资产原值

固定资产原值（Fixed assets-cost）是指项目投产时，按规定由投资形成固定资产的部分。估算固定资产原值时计算折旧的前提。

②固定资产折旧费

固定资产在使用过程中随着时间流逝和使用消耗，其价值上的减少就是折旧（Depreciation）。损失通常是通过提取折旧的方式得以补偿，固定资产折旧从固定资产投入使用月份的次月起，按月计提。停止使用的固定资产从停用月份的次月起，停止计提折旧。

财务分析中，按生产要素法估算总成本费用时，固定资产折旧可直接列支于总成本费用。固定资产折旧年限、预计净残值率可在税法允许的范围内由企业自行确定，或按行业规定。项目评价中一般应按税法明确规定的分类折旧年限，也可按行业规定的综合折旧年限。在投资项目的现金流量表中，折旧费并不构成现金流出，但其却直接影响所得税的大小，从而影响财务分析结果。我国允许的固定资产折旧方法有以下几种。

a. 平均年限法

平均年限法又称使用年限法，是按照固定资产的预计使用年限平均分摊固定资产折旧额的一种方法。采用这种方法计算的每期折旧额均是等额的，折旧的累计额所绘制的图形为直线，也称直线折旧法。计算公式为：

$$年折旧率 = \frac{1 - 预计净残值率}{折旧年限} \quad (4-28)$$

$$年折旧额 = \frac{固定资产原值 - 残值}{折旧年限} \quad (4-29)$$

$$或 \quad 年折旧额 = 年折旧率 \times 固定资产原值 \quad (4-30)$$

固定资产的残值率由企业自行确定，一般在3%~5%，超过此范围的情形，报财政主

[例4-4] 某台设备的原始价值为50000元，估计使用年限为10年，10年后残值为10000元。试求年折旧额。

[解]：

年折旧额 =（50000-10000）/10 = 4000（元）

管部门备案。

b. 工作量法

工作量法是根据固定资产生产过程中所完成的工作量计提折旧额的一种方法。作为平均年限法派生出来的方法，多用于各种时期使用程度不同的专业设备，基本计算公式为：

$$单位工作量折旧额 = \frac{固定资产原值 \times (1-预计净残值率)}{总工作量} \quad (4-31)$$

[例4-5] 某企业的一辆货车，原值为300000元，预计净残值率为4%，预计行驶总里程为800000千米。该货车采用工作量法计提折旧。某月该货车行驶6000千米。试求该货车的单位工作量折旧额和该月折旧额。

[解]：

单位工作量折旧额 = [300000 × (1-4%)] / 800000 = 0.36（元/千米）

该月折旧额 = 0.36 × 6000 = 2160（元）

$$年折旧额 = 该项目固定资产年工作量 \times 单位工作量折旧额 \quad (4-32)$$

c. 双倍余额递减法

双倍余额递减法是指按照固定资产的账面净值和固定的折旧率计算折旧的方法。双倍余额递减法根据每期期初固定资产账面余额和双倍的直线法折旧率计算固定资产折旧。计算折旧率时不考虑残值率，以固定的折旧率计算，但计算基数逐年减少，是一种加速折旧的方法。

$$年折旧率 = \frac{2}{折旧年限} \quad (4-33)$$

$$年折旧额 = 固定资产净值 \times \frac{2}{折旧年限} \quad (4-34)$$

[例4-6] 某医院有一台机器设备原价为60万元，预计使用寿命为5年，预计净残值24000元。计算前三年的折旧额是多少？最后一年的折旧额是多少？

[解]：

年折旧率 = 2/5 = 40%

第一年应提的折旧额 = 600000 × 40% = 240000（元）

第二年应提的折旧额 = (600000-240000) × 40% = 144000（元）

第三年应提的折旧额 = (600000-240000-144000) × 40% = 86400（元）
第四、五年每年应提的折旧额 = (600000-240000-144000-86400-24000) / 2
= 52800（元）

$$最后两年每年折旧额 =（固定资产原值 - 累计折旧 - 净残值）/ 2 \quad (4-35)$$

d. 年数总和法

年数总和法又称年数总额法，是以固定资产原值减去预计净残值后的净额为基数，乘以一个逐年递减的折旧率，计算得到每年的折旧额。计算公式为：

$$年折旧率 = \frac{折旧年限 - 已使用年数}{折旧年限 \times (折旧年限+1) \div 2} \quad (4-36)$$

$$年折旧额 =（固定资产原值 - 预计净残值）\times 年折旧率 \quad (4-37)$$

折旧率计算时分子代表固定资产尚可使用的年数，分母代表使用年数的逐年数字总

[例4-7] 某建筑公司购置一台新设备，需投资50万元，预计使用寿命为5年，按直线折旧法计提折旧，第五年年末残值为20万元，销售收入扣除销售税金、经营成本后的税前净收入为每年19万元，投资额中有10万元为银行贷款，利率为10%。借款合同中规定，还款期限为5年，每年付清利息，并等额还本。折现率为12%，按年数总和法，每年折旧额为多少？与直线折旧法相比，哪种折旧方式对企业有利？

[解]：

①折旧计算

根据直线折旧法可得，年折旧额 =（50 - 20）/ 5 = 6（万元）

根据年数总和法各年折旧额计算见表4-1。

年数总和法各年折旧额计算（单位：万元）　　　表4-1

折旧年序＼项目	1	2	3	4	5
年折旧率	5/15	4/15	3/15	2/15	1/15
年折旧额	10	8	6	4	2

②利息计算

各年利息计算见表4-2。

各年利息计算（单位：万元） 表4-2

年份	1	2	3	4	5
年初欠款	10	8	6	4	2
当年利息支付	1	0.8	0.6	0.4	0.2
当年还本	2	2	2	2	2
年末尚欠	8	6	4	2	0

③采用直线折旧法的财务分析结果

根据直线折旧法计算所得税见表4-3。

直线折旧法所得税计算（单位：万元） 表4-3

年份	1	2	3	4	5	合计
税前净收入	19	19	19	19	19	95
利息	1	0.8	0.6	0.4	0.2	3
折旧	6	6	6	6	6	30
税前利润	12	12.2	12.4	12.6	12.8	62
所得税	3.96	4.03	4.09	4.16	4.22	20.46
所得税现值	3.54	3.21	2.91	2.64	2.40	14.70

根据直线折旧法计算税后现金流量见表4-4。

直线折旧法税后现金流量计算（单位：万元） 表4-4

年份	0	1	2	3	4	5
现金流入						
税前净收入	0	19	19	19	19	19
残值回收						20
借款	10					
现金流出						
设备投资	50					
所得税		3.96	4.03	4.09	4.16	4.22
本金偿还		2	2	2	2	2
利息支付		1	0.8	0.6	0.4	0.2
净现金流量	-40	12.04	12.17	12.31	12.44	32.58

根据上表计算的净现值为15.61万元。

④采用年数总和法的财务分析结果

根据年数总和法计算所得税见表4-5。

年数总和法所得税计算（单位：万元） 表4-5

年份	1	2	3	4	5	合计
税前净收入	19	19	19	19	19	95
利息	1	0.8	0.6	0.4	0.2	3
折旧	10	8	6	4	6	30
税前利润	8	10.2	12.4	14.6	12.8	62
所得税	2.64	3.37	4.09	4.82	5.54	20.46
所得税现值	2.36	2.68	2.91	3.06	3.15	14.16

根据年数总和法计算税后现金流量见表4-6。

年数总和法税后现金流量计算（单位：万元） 表4-6

年份	0	1	2	3	4	5
现金流入						
税前净收入	0	19	19	19	19	19
残值回收						20
借款	10					
现金流出						
设备投资	50					
所得税		2.64	3.37	4.09	4.82	5.54
本金偿还		2.00	2.00	2.00	2.00	2.00
利息支付		1.00	0.80	0.60	0.40	0.20
净现金流量	−40	13.36	12.83	12.31	11.78	31.26

由上表计算的净现值为16.14万元。

用直线折旧法和年数总和法进行折旧计算时，同一资产的纳税额，两种方法的缴纳税款相同，但纳税的现值不同，税后现金流量也不同。用年数总和法支付的税额总现值较小，与直线折旧法相比，其差额为0.54万元。根据年数总和法计算的税后净现值比直线折旧法大0.53万元。因此按照年数总和法折旧对企业有利。

和。年数总和法是加速折旧的方法。

（4）固定资产修理费估算

修理费是保持固定资产的正常运转和使用，充分发挥使用效能，对其进行必要修理所发生的费用。固定资产修理费一般按固定资产原值（扣除所含的建设期利息）的一定百分数估算。百分数的选取应考虑行业和项目特点。其计算公式为：

$$修理费 = 固定资产原值 \times 计提比率 \tag{4-38}$$

（5）无形资产和其他资产原值及摊销费的估算。无形资产原值是指项目投产时按规定由投资形成无形资产的部分。无形资产与其他资产的摊销费一般采用平均年限法进行估算，不计残值。

（6）其他费用估算。其他费用包括其他制造费用、其他管理费用和其他营业费用这三项费用，指由制造费用、管理费用和营业费用中分别扣除工资及福利费、折旧费、摊销费、修理费以后的其余部分。

其他制造费用是指由制造费用中扣除生产单位管理人员工资及福利费、折旧费、修理费后的其余部分。项目评价中常用的估算方法有：按固定资产原值（扣除所含的建设期利息）的百分数估算；按人员定额估算。

其他管理费用是指由管理费用中扣除管理人员工资及福利费、折旧费、无形资产和其他资产摊销费、修理费后的其余部分。项目评价中常见的估算方法是按人员定额或取工资及福利费总额的倍数估算。

其他营业费用是指由营业费用中扣除工资及福利费、折旧费、无形资产和其他资产摊销费、修理费后的其余部分。项目评价中常见的估算方法是按营业收入的百分数估算。

（7）利息支出

利息（Interest）支出的估算包括长期借款利息、流动资金借款利息和短期借款利息三部分。

长期借款利息（Long-term loan interest）是建设期借款余额（含未支付的建设期利息）应在生产期支付的利息，项目评价可采取等额还本付息方式或者等额还本利息照付方式来计算长期借款利息。

项目评价中的流动资金借款利息从本质上说应归类为长期借款，但目前企业往往有可能与银行达成共识，按期末偿还、期初再借的方式处理，并按一年期利率计息。

项目评价中的短期借款是指运营期间由于资金的临时需要而发生的短期借款。短期借款利息的计算同流动资金借款利息。

6．主要税金估算

项目的税金按照相关税法规定进行估算，相关内容见第3章。

4.2 财务分析

4.2.1 财务分析的概念及步骤

财务分析（Financial analysis）是在财务效益与费用的估算以及编制财务辅助报表的基础上，编制财务报表，计算财务分析指标，考察和分析项目的盈利能力、清偿能力以及财务生存能力，判别项目的财务可行性，明确项目对财务主体的价值以及对投资者的贡献，为投资决策、融资决策以及银行审批贷款提供依据。

财务分析大致可分为三个步骤：

第一步，进行财务基础资料预测，编制财务评价的辅助报表。通过项目的市场调查预测分析和技术与投资方案分析，确定产品方案和合理的生产规模，选择生产工艺方案、设备方案、工程技术方案、建设地点和投资方案，拟定项目实施进度计划等，据此进行财务预测，获得项目投资、生产成本、营业收入和利润等一系列财务基础资料。在对这些资料进行分析、审查、鉴定和评估的基础上，完成财务评价辅助报表的编制工作。

第二步，编制和评估财务评价的基础报表。将上述辅助报表中的基础资料进行汇总，编制出现金流量表、利润和利润分配表、财务计划现金流量表、资产负债表和借款还本付息计划表等五类主要财务基本报表，并对这些报表进行分析评估。一是要审查基本报表的格式是否符合规范要求，二是要审查所填列的资料是否准确。

第三步，计算财务评价的各项指标，分析项目的财务可行性。利用各基本报表可直接计算出一系列财务评价的指标，包括反映项目的盈利能力、偿债能力和财务生存能力的静态和动态指标，将这些指标值与国家有关部门规定的基准值进行对比，就可得出项目在财务上是否可行的评价结论。

财务分析分为融资前分析和融资后分析，一般宜先进行融资前分析，在融资前分析结论满足要求的前提下，初步设定融资方案，再进行融资后分析。在项目建议书阶段，可只进行融资前分析。

4.2.2 融资前分析

融资前分析（Pre-financing analysis）是指不考虑债务融资条件下进行的财务分析，从项目投资总获利能力角度，考察项目方案设计合理性。融资前分析计算的相关指标，应作为初步投资决策与融资方案研究的依据和基础，在项目建议书阶段可以只进行融资前分析。

融资前的盈利能力分析，以动态分析为主，静态分析为辅。动态分析以营业收入、建设投资、经营成本和流动资金的估算为基础，考察整个计算期内现金流入和现金流出，编制项目投资现金流量表，利用资金时间价值的原理进行折现，计算项目投资内部收益率和净现值等指标。

为了体现与融资方案无关的要求，各项现金流量的估算中都需要剔除利息的影响。例如采用不含利息的经营成本作为现金流出，而不是总成本费用；在流动资金估算、经营成本中的修理费和其他费用估算过程中应注意避免利息的影响等。

根据需要，可以从所得税前和所得税后两个角度进行考察，选择计算所得税前和所得税后指标。计算所得税前指标的融资前分析是从息税前角度进行的分析；计算所得税后指标的融资后分析是从息前税后角度进行的分析。

所得税前分析的现金流入主要是营业收入，还可能包括补贴收入，在计算期的最后一年，还包括回收固定资产余值和回收流动资金；现金流出主要包括建设投资、流动资金、经营成本、营业税金及附加等。根据上述现金流入与现金流出编制项目投资现金流量表，并根据该表计算项目投资息税前财务内部收益率和项目投资息税前财务净现值。按所得税前的净现金流量计算的相关指标，即所得税前指标，是投资盈利能力的完整体现，用以考察由项目方案设计本身所决定的财务盈利能力，它不受融资方案和所得税政策变化的影响，仅仅体现项目方案本身的合理性。

所得税后分析是所得税前分析的延伸。由于所得税作为现金流出，可用于在融资前的条件下判断项目投资对企业价值的贡献，是企业投资决策的依据。

4.2.3 融资后分析

融资后分析（Post-financing analysis）以融资前分析和初步的融资方案为基础，考察项目在拟定融资条件下的盈利能力、偿债能力和财务生存能力，判断项目方案在融资条件下的可行性。融资后分析用于比选融资方案，帮助投资者做出融资决策。

1. 融资后的盈利能力分析

融资后的盈利能力（Profitability）分析包括动态分析和静态分析两种。

（1）动态分析

动态分析方法不仅考虑了资金的时间价值，而且考虑了项目全生命周期内收入与支出的全部经济数据，因此该方法比静态分析更加全面和科学。融资后的动态分析分为以下两个层次：

①项目资本金现金流量分析。项目资本金现金流量分析是在拟定的融资方案下，从项目资本金出资者整体的角度，确定其现金流入和现金流出，编制项目资本金现金流量表，利用资金时间价值的原理进行折现，计算项目资本金财务内部收益率指标，考察项目资本金可获得的收益水平。项目资本金财务内部收益率指标可以用来对融资方案进行比较和取舍，是投资者整体做出最终融资决策的依据，也可进一步帮助投资者最终决策出资。项目资本金财务内部收益率的判别基准是项目投资者整体对投资获利的最低期望值，亦即最低可接受收益率。当计算的项目资本金内部收益率大于或等于该最低可接受收益率时，说明投资获利水平大于或达到了要求，是可以接受的。

②投资各方现金流量分析。投资各方现金流量分析是从投资各方实际收入和支出的角度，确定其现金流入和现金流出，分别编制投资各方现金流量表，计算投资各方的财务内部收益率指标，考察投资各方可能获得的收益水平。当投资各方不按股本比例进行分配或有其他不对等的收益时，可选择进行投资各方现金流量分析。

（2）静态分析

静态分析方法具有节省时间、能够较快得出评价结论的优点，但由于它未考虑资金时间价值带来的误差，所以不能准确地反映项目全生命周期的情况。静态分析主要依据利润与利润分配表计算项目资本金净利润率（ROE）和总投资收益率（ROI）指标。对静态分析指标的判断，可按不同指标选定相应的参考值。当静态分析指标分别符合其相应的参考值时，认为从该指标看赢利能力满足要求。

盈利能力分析是财务分析的主要内容，盈利能力分析的主要指标包括项目投资财务内部收益率和财务净现值、项目资本金财务内部收益率、投资回收期、总投资收益率、项目资本金净利润率等，可根据项目的特点及财务分析的目的、要求等选用。

2．偿债能力分析

偿债能力分析通过编制资产负债表与借款还本付息计划表，计算资产负债率、偿债备付率和利息备付率等指标，分析判断财务主体的偿债能力。根据国家现行财税制度的规定，偿还贷款的资金来源主要包括可用于归还借款的利润、固定资产折旧、无形资产及其他资产摊销费和其他还款资金来源。

偿债能力指标主要有：借款偿还期、利息备付率、偿债备付率、流动比率和速动比率等。

3．财务生存能力分析

在财务分析辅助表和利润与利润分配表的基础上编制财务计划现金流量表，通过考察项目计算期内的投资、融资和经营活动所产生的各项现金流入和流出，计算净现金流量和累计盈余资金，分析项目是否有足够的净现金流量维持正常运营，以实现财务可持续性。

财务可持续性应首先体现在有足够大的经营活动净现金流量，其次各年累计盈余资金不应出现负值。若出现负值，应进行短期借款，同时分析该短期借款的年份长短和数额大小，进一步判断项目的财务生存能力。短期借款应体现在财务计划现金流量表中，其利息应计入财务费用。为维持项目正常运营，还应分析短期借款的可靠性。

4.2.4 财务分析报表

财务分析报表包括财务现金流量表、利润与利润分配估算表、财务计划现金流量表、资产负债表和借款还本付息计划表。

1．基本报表1——财务现金流量表

财务现金流量表反映项目计算期内各年的现金收支（现金流出、流入和净现金流量），用以计算各项动态和静态评价指标，进行项目财务盈利能力分析。具体可分为三种类型：

（1）项目投资现金流量表（表4-7），用于计算项目投资内部收益率及净现值等财务

分析指标。

（2）项目资本金现金流量表（表4-8），用于计算项目资本金财务内部收益率。

（3）投资各方现金流量表（表4-9），用于计算投资各方内部收益率。

项目投资现金流量表（单位：万元）　　　　　　表4-7

序号	项目	合计	计算期					
			1	2	3	4	……	n
1	现金流入							
1.1	产品销售（营业）收入							
1.2	回收固定资产余值							
1.3	回收流动资金							
2	现金流出							
2.1	建设投资							
2.2	流动资金							
2.3	经营成本							
2.4	销售税金及附加							
2.5	所得税							
3	净现金流量（1-2）							

项目资本金现金流量表（单位：万元）　　　　　　表4-8

序号	项目	合计	计算期					
			1	2	3	4	……	n
1	现金流入							
1.1	产品销售（营业）收入							
1.2	回收固定资产余值							
1.3	回收流动资金							
2	现金流出							
2.1	项目资本金							
2.2	借款本金偿还							
2.3	借款利息支付							
2.4	经营成本							
2.5	营业税金及附加							
2.6	所得税							
2.7	维持运营投资							
3	净现金流量（1-2）							

投资各方财务现金流量表（单位：万元） 表4-9

序号	项目	合计	计算期					
			1	2	3	4	……	n
1	现金流入							
1.1	实分利润							
1.2	资产处置收益分配							
1.3	租赁费收入							
1.4	技术转让或使用收入							
1.5	其他现金流入							
2	现金流出							
2.1	实缴资本							
2.2	租赁资产指出							
2.3	其他现金流出							
3	净现金流量（1-2）							

2．基本报表2——利润与利润分配估算表

利润与利润分配表反映项目计算期内各年营业收入、总成本费用、利润总额等情况，以及所得税后利润的分配，用于计算总投资收益率、项目资本金净利润率等指标。（表4-10）

利润与利润分配估算表（单位：万元） 表4-10

序号	项目	合计	计算期					
			1	2	3	4	……	n
1	产品销售（营业）收入							
2	销售税金及附加							
3	总成本费用							
4	利润总额							
5	所得税							
6	税后利润							
7	盈余公积金							
8	应付利息							
9	未分配利润							
10	累计未分配利润							

注：1．产品销售（营业）收入、销售税金及附加和总成本费用的各年度数据分别取自相应的辅助报表。
　　2．利润总额等于产品销售（营业）收入减销售税金及附加减总成本费用。
　　3．所得税＝应缴税所得额×所得税额。
　　4．税后利润＝利润总额-所得税。
　　5．弥补损失主要指支付被没收的财务损失，以及支付各项税收的滞纳金和罚款，以弥补以前年度亏损。
　　6．税后利润按法定盈余公积金、公益金、应付利润和未分配利润等项进行分配。

3. 基本报表3——财务计划现金流量表

财务计划现金流量表反映项目计算期各年的投资、融资及经营活动的现金流入和流出，用于计算累计盈余资金，分析项目的财务生存能力。编制该表时，首先要计算项目计算期内各年的资金来源与资金运用，然后通过资金来源与资金运用的差额反映项目各年的资金盈余或短缺情况（表4-11）。项目资金来源包括利润、折旧、摊销、长期借款、短期借款、自有资金、其他资金、回收固定资产余值和回收流动资金等。项目的资金筹措方案和借款及偿还计划应能使表中各年度的累计盈余资金额始终大于或等于零，否则，项目将因资金短缺而不能按计划顺利运行。

财务计划现金流量表（单位：万元） 表4-11

序号	项目	合计	计算期					
			1	2	3	4	……	n
1	资金流入							
1.1	销售（营业）收入							
1.2	长期借款							
1.3	短期借款							
1.4	发行债券							
1.5	项目资本金							
1.6	其他							
2	应付利息							
2.1	未分配利润							
2.2	累计未分配利润							
2.3	增值税							
2.4	所得税							
2.5	建设投资（不含建设期）							
2.6	流动资金							
2.7	各种利息支出							
2.8	偿还债务本金							
2.9	分配股利或利润							
2.10	其他							
3	资金盈余							
4	累计资金盈余							

注：1. 长期借款、流动资金借款、其他短期借款、自有资金及"其他"项的数据均取自投资计划与资金筹措表。
2. 固定资产投资、建设期利息及流动资金数据取自投资计划与资金筹措表。
3. 所得税及应付利润数据取自损益表。
4. 盈余资金等于资金来源减去资金运用。
5. 累计盈余资金各年数额为当年及以前各年盈余资金之和。

4. 基本报表4——资产负债表

资产负债表综合反映项目计算期内各年年末资产、负债和所有者权益的增减变化及对应关系，以考察项目资产、负债、所有者权益的结构是否合理，用以计算资产负债率、流动比率及速动比率，进行清偿能力和资金流动性分析（表4-12）。

资产负债表（单位：万元） 表4-12

序号	项目	合计	计算期					
			1	2	3	4	……	n
1	资产							
1.1	流动资金总额							
1.1.1	应收账款							
1.1.2	存货							
1.1.3	现金							
1.1.4	累计盈余资金							
1.2	在建工程							
1.3	固定资产净值							
1.4	无形资产及递延资产净值							
2	负债及所有者权益							
2.1	流动负债总额							
2.1.1	应付账款							
2.1.2	短期借款							
2.2	长期借款							
	负债合计							
2.3	所有者权益							
2.3.1	资本金							
2.3.2	资本公积金							
2.3.3	累计盈余公积金							
2.3.4	累计公益金							
2.3.5	累计未分配利润							

5. 基本报表5——借款还本付息计划表

借款还本付息计划表反映项目计算期内各年借款本金偿还利息支付情况，用于计算偿债备付率和利息备付率指标（表4-13，表4-14）。

借款还本付息计划表（单位：万元）　　　表4-13

序号	项目	合计	计算期					
			1	2	3	4	……	n
1	借款1							
1.1	期初借款余额							
1.2	当期还本付息							
	其中：还本							
	付息							
1.3	期末借款余额							
2	借款2							
2.1	期初借款余额							
2.2	当期还本付息							
	其中：还本							
	付息							
2.3	期末借款余额							
3	债券							
3.1	期初借款余额							
3.2	当期还本付息							
	其中：还本							
	付息							
3.3	期末借款余额							
4	借款与债券合计							
4.1	期初余额							
4.2	当期还本付息							
	其中：还本							
	付息							
4.3	期末余额							
计算指标	利息备付率（%）							
	偿债备付率（%）							

借款偿还计划表（单位：万元）　　　表4-14

序号	项目	合计	计算期				
			1	2	3	……	n
1	借款						
1.1	年初本息余额						
1.2	本年借款						
1.3	本年应计利息						

(续表)

序号	项目	合计	计算期				
			1	2	3	……	n
1.4	本年还本付息						
	其中：还本						
	付息						
1.5	年末本息余额						
2	还本资金来源						
2.1	当年可用于还本的为分配利润						
2.2	当年可用于还本的折旧和摊销						
2.3	以前年度结余可用于还本资金						
2.4	用于还本的短期借款						
2.5	可用于还款的其他资金						

4.3　财务分析案例

某旅游公司拟开辟一条新的海上观光航线，计划投资建造2艘99客位观光客船、1艘198客位观光客船和2艘180~230客位高速观光客船，总投资估算包括建造观光客船的资金以及运营航线所需的相关费用。该项目总投资为13035.00万元，具体估算结果见表4-15。

项目投入总资金估算表（单位：万元）　　表4-15

序号	工程或费用名称	投资额		占项目投入总资金的比例（%）	估算说明
		合计	其中：外汇		
1	船舶造价	11850.00		90.90	
2	预备费	592.50		9.10	按船舶造价的5%计算
3	流动资金	592.50			按船舶造价的5%计算
4	项目投入总资金（1+2+3）	13035.00			

1. 投资使用计划与资金筹措

（1）投资使用计划。所有资金计划第一年全部投入。

（2）资金筹措。该项目投资总额13035.00万元，资金筹措均为企业自有资金。

2. 财务评价基础数据与参数选取

（1）计算期与生产负荷：项目计算期为11年，其中，建设期为1年、运营期为10年。

（2）财务基准收益率设定：采用海上运输行业基准收益率8%。

（3）其他参数设定：船舶折旧年限按10年计算；净残值率参照船舶净残值率通用取值，取为5%。

3. 运输收入估算

（1）单人收入估算。

单人收入包括船票收入和船上其他服务收入，可考虑项目运营区域周边已有海上运输航线定价及本项目市场环境评估与需求预测进行估算，具体见表4-16。

航线单程单人收入估算　　　　　　　　表4-16

船型	单人收入（元/人）
99客位观光客船（2艘）	310
198客位观光客船（1艘）	290
180~230客位高速观光客船（2艘）	400

（2）运输收入测算

根据市场调研，运营期前五年预计平均载客量为14.7万人，考虑未来旅游市场发展前景良好，未来游客仍将进一步增多，因此后五年预计平均载客量为16.8万人。同时综合考虑拟投入运营的船型特征和不同航线航行时间，确定游客选择99客位观光客船约占25%，198客位观光客船约占25%，180~230客位高速观光客船约占50%。结合不同船型预期单人收入，可计算运输收入（详见表4-17）。

（3）税金计算

增值税税率为9%，增值税＝销项税－进项税。城市维护建设费为增值税的7%，教育费附加为增值税的3%，车船税根据船舶吨位及税额标准，费用为5700元/年。营业收入及相关税金的估算，详见表4-18。

4. 成本费用估算

（1）燃油、润料及物料费

①燃油费

单船平均耗油量为182.70千克/小时，全年营运天数为150天，单船每年可运行航次数为260次。99客位和198客位观光客船单次航行时间约为2.5小时，高速观光客船单次航行时间约为1.5小时。由此可得观光客船单船平均年耗油量为118.76吨，总耗油量为356.27吨/年，高速观光客船单船平均年耗油量为71.26吨，总耗油量为142.52吨/年。柴油价格为3780元/吨计算。

据此可测算燃油费用为193.03万元/年。

表4-17 运输收入表（单位：万元）

年份	1	2	3	4	5	6	7	8	9	10	总计
99座观光客船（2艘合计）	1117.12	1117.12	1117.12	1117.12	1117.12	1276.70	1276.70	1276.70	1276.70	1276.70	11969.10
198座观光客船	1045.04	1045.04	1045.04	1045.04	1045.04	1194.34	1194.34	1194.34	1194.34	1194.34	11196.90
180~230座高速观光客船（2艘合计）	2984.80	2984.80	2984.80	2984.80	2984.80	3411.20	3411.20	3411.20	3411.20	3411.20	31980.00
合计	5146.96	5146.96	5146.96	5146.96	5146.96	5882.24	5882.24	5882.24	5882.24	5882.24	55146.00

表4-18 营业收入及税金结算（单位：万元）

序号	项目＼年份	0	1	2	3	4	5	6	7	8	9	10
1	营业收入	0.00	5146.96	5146.96	5146.96	5146.96	5146.96	5882.24	5882.24	5882.24	5882.24	5882.24
1.1	运输服务收入	0.00	5146.96	5146.96	5146.96	5146.96	5146.96	5882.24	5882.24	5882.24	5882.24	5882.24
2	增值税及附加	0.57	0.57	0.57	0.57	47.78	478.37	551.17	551.17	551.17	551.17	551.17
2.1	增值税	−1694.55	−1260.18	−825.81	−391.45	42.92	434.37	500.54	500.54	500.54	500.54	500.54
	销项税	0.00	463.23	463.23	463.23	463.23	463.23	529.40	529.40	529.40	529.40	529.40
	进项税	1694.55	28.86	28.86	28.86	28.86	28.86	28.86	28.86	28.86	28.86	28.86
2.2	城市维护建设税	0.00	0.00	0.00	0.00	3.00	30.41	35.04	35.04	35.04	35.04	35.04
2.3	教育费附加	0.00	0.00	0.00	0.00	1.29	13.03	15.02	15.02	15.02	15.02	15.02
2.4	车船税	0.57	0.57	0.57	0.57	0.57	0.57	0.57	0.57	0.57	0.57	0.57

②润料及物料费

润料及物料费按占燃料费的15%计算,结果为28.95万元/年。

(2)员工工资成本

按现行船员工资水平,根据船舶配载各类船员人数并考虑运营与非营运期间工资差别,可计算船员工资成本为289.00万元/年。

(3)修理费

由于船舶较新,预计平均单船年修理费用为30万元,随着船龄增加,单船平均每年增加10万元。

(4)折旧及摊销费

固定资产折旧与摊销费根据项目情况按年限计算。198客位观光客船单船造价1550万元、99客位观光客船单船造价1250万元,180~230客位高速观光客船单船造价为3900万元,总造价为11850万元。按10年期折旧,净残值率5%,每年需计提折旧1125.75万元。根据项目情况,无摊销费。

(5)船舶保险费

船舶保险费,按造价的1%确定,为118.50万/年。

(6)港口使费估算

根据相关收费标准,港口使费估算为245.00万元/年,包括船舶停靠、系解缆、垃圾处理等。

(7)其他费用

①管理费用,参照类似企业估算,按营业收入的4%计算。

②销售费用,参照类似企业估算,按营业收入的3%计算。

③普通旅客服务用品(塑料袋等)费用,预计为1元/人次。

④不可预计费用,包括支付船员服装、体检以及水电等费用。参照其他类似项目,假设单船不可预计费用平均为6万元/年。

总成本费用估算表见表4-19。

5.财务评价报表

企业所得税税率为25%。

(1)利润及利润分配情况。损益和利润分配状况见表4-20。

(2)财务现金流量。财务现金流量表见表4-21。

由该计算可知:

财务内部收益率 $FIRR = 9\%$

财务净现值 $FNPV = 330.29$(万元)($i_c = 8\%$)

投资回收期 $P_t = 7.89$(年)(含建设期)

$FIRR$,$FNPV$和P_t值均优于基准值要求,说明该项目财务分析结果是可行的。

6.财务评价结论

通过上述财务评价计算,该项目的财务内部收益率、财务净现值、投资回收期及投资利润均优于基准值要求,说明该项目财务分析结果是可行的。

总成本费用估算表（单位：万元） 表4-19

序号	项目 \ 年份	1	2	3	4	5	6	7	8	9	10
1	燃料费	193.03	193.03	193.03	193.03	193.03	193.03	193.03	193.03	193.03	193.03
2	润料及物料费	28.95	28.95	28.95	28.95	28.95	28.95	28.95	28.95	28.95	28.95
3	人工成本	289.00	289.00	289.00	289.00	289.00	289.00	289.00	289.00	289.00	289.00
4	修理费	150.00	160.00	170.00	180.00	190.00	200.00	210.00	220.00	230.00	240.00
5	船舶保险费	118.50	118.50	118.50	118.50	118.50	118.50	118.50	118.50	118.50	118.50
6	港口使费	245.00	245.00	245.00	245.00	245.00	245.00	245.00	245.00	245.00	245.00
7	管理费等费用	404.96	404.96	404.96	404.96	404.96	458.52	458.52	458.52	458.52	458.52
8	折旧费	1125.75	1125.75	1125.75	1125.75	1125.75	1125.75	1125.75	1125.75	1125.75	1125.75
9	摊销费	0.00	0.00	0.00	0.00	0.00	0.00	0.00	0.00	0.00	0.00
10	财务费用	0.00	0.00	0.00	0.00	0.00	0.00	0.00	0.00	0.00	0.00
11	总成本费用	2555.19	2565.19	2575.19	2585.19	2595.19	2658.76	2668.76	2678.76	2688.76	2698.76

损益和利润分配表（单位：万元） 表4-20

序号	项目 \ 年份	1	2	3	4	5	6	7	8	9	10
1	营业收入	5146.96	5146.96	5146.96	5146.96	5146.96	5882.24	5882.24	5882.24	5882.24	5882.24
2	增值税金及附加	0.57	0.57	0.57	47.78	478.37	551.17	551.17	551.17	551.17	551.17
3	总成本费用	2555.19	2565.19	2575.19	2585.19	2595.19	2658.76	2668.76	2678.76	2688.76	2698.76
4	利润总额	2591.20	2581.20	2571.20	2513.98	2073.39	2672.31	2662.31	2652.31	2642.31	2632.31
5	弥补亏损	0.00	0.00	0.00	0.00	0.00	0.00	0.00	0.00	0.00	0.00
6	应纳税利润额	2591.20	2581.20	2571.20	2513.98	2073.39	2672.31	2662.31	2652.31	2642.31	2632.31
7	所得税	647.80	645.30	642.80	628.50	518.35	668.08	665.58	663.08	660.58	658.08
8	税后利润	1943.40	1935.90	1928.40	1885.49	1555.04	2004.24	1996.74	1989.24	1981.74	1974.24
9	盈余公积金	194.34	193.59	192.84	188.55	155.50	200.42	199.67	198.92	198.17	197.42
10	未分配利润	1749.06	1742.31	1735.56	1696.94	1399.54	1803.81	1797.06	1790.31	1783.56	1776.81
11	累计盈余公积金	194.34	387.93	580.77	769.32	924.82	1125.25	1324.92	1523.84	1722.02	1919.44
12	累计未分配利润	1749.06	3491.37	5226.92	6923.86	8323.40	10127.21	11924.28	13714.59	15498.15	17274.96

财务现金流量表（单位：万元）

表4-21

序号	年份 项目	0	1	2	3	4	5	6	7	8	9	10
1	现金流入	0.00	5146.96	5146.96	5146.96	5146.96	5146.96	5882.24	5882.24	5882.24	5882.24	7067.24
	运营收入		5146.96	5146.96	5146.96	5146.96	5146.96	5882.24	5882.24	5882.24	5882.24	5882.24
1.2	回收固定资产余值											592.50
1.3	回收流动资金											592.50
2	现金流出	13035.00	2555.76	2565.76	2575.76	2632.98	3073.57	3209.93	3219.93	3229.93	3239.93	3249.93
2.1	建设投资	12442.50										
2.2	流动资金	592.50										
2.3	经营成本		2555.19	2565.19	2575.19	2585.19	2595.19	2658.76	2668.76	2678.76	2688.76	2698.76
2.4	增值税税金及附加	0.57	0.57	0.57	0.57	47.78	478.37	551.17	551.17	551.17	551.17	551.17
3	所得税前净现金流量	-13035.00	2591.20	2581.20	2571.20	2513.98	2073.39	2672.31	2662.31	2652.31	2642.31	3817.31
4	累计所得税前净现金流量	-13035.00	-10443.80	-7862.61	-5291.41	-2777.43	-704.03	1968.28	4630.59	7282.91	9925.22	13742.54
5	所得税	0.00	647.80	645.30	642.80	628.50	518.35	668.08	665.58	663.08	660.58	658.08
6	所得税后净现金流量	-13035.00	1943.40	1935.90	1928.40	1885.49	1555.04	2004.24	1996.74	1989.24	1981.74	3159.24
7	累计所得税后净现金流量	-13035.00	-11091.60	-9155.70	-7227.31	-5341.82	-3786.78	-1782.54	214.20	2203.43	4185.17	7344.40

思 考 题

1. 采用分项详细估算法进行流动资金估算时，以下应计入流动资产的有（ ），应计入流动负债的有（ ）。

   A．存货

   B．库存现金

   C．应收账款

   D．应付账款

   E．预付账款

   F．预收账款

2. 下列静态投资估算方法中，（ ）用于设计深度不足，拟建建设项目与类似建设项目的主要设备购置费比重较大，行业内相关系数等基础资料完备的情况。

   A．单位生产能力估算法

   B．主体专业系数法

   C．朗格系数法

   D．系数估算法

3. 根据现有同类企业的实际资料，求得各种流动资金率指标的方法属于（ ）。

   A．分项详细估算法

   B．扩大指标估算法

   C．概算法

   D．形成资产法

4. 某地2022年拟建一座年产40万吨某产品的化工厂。根据调查，该地区2020年已建年产30万吨相同产品项目的建筑工程费为5000万元，安装工程费为3000万元，设备购置费为8000万元。已知按2022年该地区价格计算的拟建项目设备购置费为10500万元，征地拆迁等其他费用为2000万元，且该地区2020~2022年建筑安装工程费平均每年递增5%，请对该拟建项目的静态投资进行估算。

5. 已知某项目的设备及工器具购置费为2000万元，建筑安装工程费为680万元；工程建设其他费用为340万元；基本预备费为250万元，涨价预备费为60万元；建设期贷款为650万元，建设期利息为90万元；项目正常生产年份流动资产平均占用额为450万元，流动负债平均占用额为380万元。请计算该项目的建设投资。

6. 某建设项目达到设计生产能力后，全厂定员1000人，工资和福利费按照每人每年6万元估算。每年的其他费用为1200万元，其中，其他制造费700万元，现金的周转次数为每年10次。流动资金估算中应收账款估算额为3000万元，应付账款估算额为2500万元，预收账款估算额为2000万元，预付账款估算额为900万元，存货估算额为7000万元。则该项目流动资金为多少万元？

7. 某建设项目建筑安装工程费为7000万元，设备购置费为2000万元，工程建设其他费用为3000万元，建设期利息为600万元。若设备基本预备费费率为5%，请计算该建设项目的基本预备费。

8. 某建设项目工程费用6000万元，工程建设其他费用2000万元。基本预备费率为8%，年均投资价格上涨率5%，建设期两年，计划第一年完成投资的40%，第二年完成投资的60%，则该项目建设期第二年涨价预备费应为多少？

9. 某项目建设期为2年，第一年贷款5000万元，第二年贷款3000万元，贷款年利率8%，贷款在年内均衡发放，建设期内只计息不付息。该项目第二年的建设期利息为多少？

10. 已知某项目估计的年销售收入为2000万元，年经营成本为500万元，应收账款的平均收账天数为40天，请对该项目流动资金中的应收账款进行估算。

11. 某企业投资新建生产一种市场需求较大的产品项目。项目的基础数据如下（表4-22）：

借款偿还计划表（单位：万元）　　　　表4-22

序号	项目 \ 年份	1	2	3	4	5	6~9
1	建设投资 其中：自有资金 　　　贷款本金	2000 800 1200					
2	流动资金 其中：自有资金 　　　贷款本金		200 100 100				
3	年产销量/万件		7	10	10	10	10
4	年经营成本 其中：可抵扣的进项税		210 14	300 20	300 20	300 20	330 25

（1）项目建设投资估算为2000万元（含可抵扣进项税112万元），建设期1年，运营期8年。建设投资（不含可抵扣进项税）全部形成固定资产，固定资产使用年限8年，残值率4%，按直线法折旧。

（2）项目流动资金估算为200万元，营运期第一年年初投入，在项目的营运期末全部回收。

（3）项目资金来源为自有资金和贷款，建设投资贷款利率为8%（按年计息），流动资金贷款利率为5%（按年计息）。建设投资贷款的还款方式为运营期前4年等额还本、利息照付方式。

（4）项目正常年份的设计产能为10万件，运营期第一年的产能为正常年份产能的70%。目前市场同类产品的不含税销售价格约为65~75元/件。

（5）项目资金投入、收益及成本等基础测算数据见表4-22。

（6）该项目产品使用的增值税税率为13%，增值税附加综合税税率为10%，所得税税率为25%。

请计算：

（1）列式计算项目的建设期贷款利息及年固定资产折旧额。

（2）若产品的不含税销售单价确定为65元/件，列式计算项目营运期第一年的增值税、税前利润、所得税、税后利润。

（3）若企业希望项目营运期第一年不借助其他资金来源能够满足建设投资贷款还款要求，产品的不含税销售单价至少应确定为多少？

（4）项目运营后期（建设期贷款偿还完成后），考虑到市场成熟后产品价格可能下降，产品单价拟在65元的基础上下调10%，列式计算运营后期正常年份的资本金净利润率。

12. 某企业拟新建一工业产品生产线，采用同等生产规模的标准化设计资料。项目可行性研究相关基础数据如下：

（1）按现行价格计算的该项目生产线设备购置费为720万元，当地已建同类同等生产规模生产线项目的建筑工程费用、生产线设备安装工程费用、其他辅助设备购置及安装费用占生产线设备购置费的比重为70%、20%、15%。根据市场调查，现行生产线设备购置费较已建项目有10%的下降，建筑工程费用、生产线设备安装工程费用较已建项目有20%的上涨，其他辅助设备购置及安装费用无变化。拟建项目的其他相关费用为500万元（含预备费）。

（2）项目建设期1年，运营期10年，建设投资（不含可抵扣进项税）全部形成固定资产。固定资产使用年限为10年，残值率为5%，直线法折旧。

（3）项目投产当年需要投入运营期流动资金200万元。

（4）项目运营期达产年份不含税销售收入为1200万元，适用的增值税税率为16%，增值税附加按增值税的10%计取。项目达产年份的经营成本为760万元（含进项税60

万元）。

（5）运营期第一年达到产能的80%，销售收入、经营成本（含进项税）均按达产年份的80%计。第二年及以后年份为达产年份。

（6）企业适用的所得税税率为25%，行业平均投资收益率为8%。

请计算：

（1）拟建项目的建设投资。

（2）若该项目的建设投资为2200万元（包含可抵扣进项税200万元），建设投资在建设期均衡投入。计算运营期第一年、第二年的应纳增值税额以及调整所得税。

（3）进行项目投资现金流量表（第1~4年）的编制，并填入表4-23中。

项目投资现金流量表（单位：万元） 表4-23

序号	项目	建设期	运营期		
		1	2	3	4
1	现金流入				
1.1	营业收入（含销项税额）				
1.2	回收固定资产余值				
1.3	回收流动资金				
2	现金流出				
2.1	建设投资				
2.2	流动资金投资				
2.3	经营成本（含进项税额）				
2.4	应纳增值税				
2.5	增值税附加				
2.6	调整所得税				
3	所得税后现金流量				
4	累计税后现金流量				

（4）假定计算期第四年（运营期第三年）为正常生产年份，计算项目的总投资收益率，并判断项目的可行性。

13. 某城市拟建设一条免费通行的道路工程，与项目相关的信息如下：

（1）根据项目的设计方案及投资估算，该项目建设投资为100000万元，建设期2年，建设投资全部形成固定资产。

（2）该项目拟采用PPP模式投资建设，政府与社会资本出资人合作成立了项目公司。

项目资本金为项目建设投资的30%，其中，社会资本出资人出资90%，占项目公司股权90%；政府出资10%，占项目公司股权10%。政府不承担项目公司亏损，不参与项目公司利润分配。

（3）除项目资本金外的项目建设投资由项目公司贷款，贷款年利率为6%（按年计息），贷款合同约定的还款方式为项目投入使用后10年内等额还本付息。项目资本金和贷款均在建设期内均衡投入。

（4）该项目投入使用（通车）后，前10年年均支出费用2500万元，后10年年均支出费用4000万元，用于项目公司经营、项目维护和修理。道路两侧的广告收益权归项目公司所有，预计广告业务收入每年为800万元。

（5）固定资产采用直线法折旧；项目公司适用的企业所得税税率为25%；为简化计算不考虑销售环节相关税费。

（6）PPP项目合同约定，项目投入使用（通车）后连续20年内，在达到项目运营绩效的前提下，政府每年给项目公司等额支付一定的金额作为项目公司的投资回报，项目通车20年后，项目公司需将该道路无偿移交给政府。

请计算：

（1）项目建设期贷款利息和固定资产投资额。

（2）项目投入使用第一年，项目公司应偿还银行的本金和利息。

（3）项目投入使用第一年的总成本费用。

（4）项目投入使用第一年，政府给予项目公司的款项至少达到多少万元时，项目公司才能除广告收益外不依赖其他资金来源，仍满足项目运营和还款要求？

（5）若社会资本出资人对社会资本的资本金净利润率的最低要求为：以贷款偿还完成后的正常年份的数据计算不低于12%，则社会出资人能接受的政府各年应支付给项目公司的资金额最少应为多少万元？

| 第5章 |

工程项目经济费用效益分析与社会评价

5.1 经济费用效益分析的目的和范围

5.1.1 经济费用效益分析的含义

项目的经济费用效益分析（Economic cost-benefit analysis）也称国民经济评价，它是按照资源合理配置的原则，从国家整体角度考察和确定项目的效益和费用，用影子价格、影子汇率和社会折现率等国民经济评价参数，分析计算项目对国民经济带来的净贡献，以评价项目经济上的合理性。

任何一个国家的资源都是有限的。无论是不同知识水平、技术水平和管理能力的人力资源，还是资金、物资、土地和其他自然资源，在分配到各种用途中时，应力求对国家的基本目标贡献最大。由于一种资源用于某一方面，那么其他方面就不得不减少这种资源的使用量，因而国家必须按照一定的准则对资源的配置做出合理的选择。对于投资项目的是否合理可行，也就不能仅仅根据财务评价的结果而得出结论。

经济费用效益分析是项目评价方法体系的重要组成部分，市场分析、技术方案分析、财务分析、环境影响分析、组织机构分析和社会评价都不能代替经济费用效益分析的功能和作用。

5.1.2 经济费用效益分析的目的

经济费用效益分析的主要目的包括以下几个方面：

（1）全面识别整个社会为项目付出的代价，以及项目为提高社会福利所做出的贡献，评价项目投资的经济合理性。

（2）分析项目的经济费用效益流量与财务现金流量存在的差别，以及造成这些差别的原因，提出相关的政策调整建议。

（3）对于市场化运作的基础设施等项目，通过经济费用效益分析来论证项目的经济价值，为制定财务方案提供依据。

（4）分析各利益相关者为项目付出的代价及获得的收益，通过对受损者及受益者的经济费用效益分析，为社会评价提供依据。

5.1.3 经济费用效益分析的范围和步骤

1. 经济费用效益分析的范围和内容

财务评价是从企业自身角度出发，考虑企业自身财务盈利状况的影响。而一个工程项目的影响则是多方面的，涉及整个社会、国家和地区的经济发展。它会对人民的就业、消费、文化教育、科学技术、资源利用、生态环境、公共安全和社会公平等各个方面造成正面或负面影响。那么，在这些影响当中，哪些是国民经济评价要考察的主要内容，哪些内容则不用考虑，即对国民经济评价的范围如何界定。针对这个问题，主要有以下两种不同的观点。

（1）狭义的范围

认为国民经济评价应与社会评价分开，国民经济评价仅仅分析项目对国民经济产生的影响，而将工程项目对生态环境和社会生活等其他方面的影响放到社会评价之中去。

（2）广义的范围

将工程对经济社会的各方面的影响用费用和效益化为统一的可计算量，用统一的货币计量单位表示，并进行比较分析。

在市场经济允许发达的条件下，依赖市场调节的行业项目，政府不必参与具体的项目决策，而由投资者通过财务评价自行决策，项目的生存与发展，完全由市场竞争机制所决定，因此这类项目不必进行经济费用效益分析。

一般来讲，需要进行经济费用效益分析的项目主要有：国家及地方政府参与投资的项目；国家给予财政补贴或者减免税费的项目；主要的基础设施项目，包括铁路、公路、航道整治疏浚等交通基础设施建设项目，较大的水利水电项目；国家控制的战略性资源开发项目；动用社会资源和自然资源较多的大型外商投资项目；主要产出物和投入物的市场价格严重扭曲，不能反映其真实价值的项目等。

经济费用效益分析的主要工作包括：识别国民经济的费用和效益、测算和选取影子价格、编制国民经济评价报表、计算国民经济评价指标并进行方案比选。

2．经济费用效益分析的步骤

经济费用效益分析包括国民经济盈利能力分析和外汇效果分析，此外，还应对难以量化的外部效果进行定性分析，经济费用效益分析一般按下列步骤进行：国民经济效益和费用的识别、影子价格及参数的确定、效益和费用的调整、项目国民经济盈利能力分析、项目外汇效果分析、不确定性分析、方案比选、综合评价与结论。

（1）国民经济效益与费用的识别

工程项目经济费用效益分析是从整个国民经济的角度出发，考察项目对国民经济发展和资源合理利用的影响。在经济费用效益分析中，效益是指项目对国民经济所作的贡献，分为直接效益和间接效益，其中直接效益是指由项目产出物产生并在项目范围内计算的经济效益，间接效益是指由项目引起而在直接效益中未得到反映的那部分效益；项目的费用是指国民经济为项目付出的代价，分为直接费用和间接费用。直接费用是指项目使用投入物所产生并在项目范围内计算的经济费用，间接费用是指由项目引起而在项目的直接费用中未得到反映的那部分费用。工程项目费用与效益因项目的类型及其评价目标的不同而有所不同。

（2）影子价格和参数的确定

工程项目经济费用效益分析的关键，是要确定既能反映资源本身的真实社会价值，又能反映供求关系、稀缺物资的合理利用和符合国家经济政策的经济价格。按照国家规定和定价原则，应合理选用和确定投入物与产出物的影子价格和参数，并对其进行鉴定和分析，然后根据已确定的经济效益与费用的范围，采用影子价格、影子工资、影子汇率和社会折现率来替代财务评价中的财务价格、工资、汇率和折现率。

（3）效益和费用的调整

经济费用效益分析中，效益和费用调整的关键是按照确定的经济价格计算项目的销售收入、投资和生产成本的支出以及项目固定资产残值的经济价值。把项目的效益和费用等各项经济基础数据，重新鉴定与分析调整，主要是内容是否齐全和合理，调整的方法是否正确，是否符合国家规定等方面。效益和费用的调整可从范围和数值两方面进行。

①效益和费用范围的调整

a. 剔除已记入财务效益和费用中的转移支付。

b. 识别项目的间接效益和间接费用，对能定量的应进行定量计算，不能定量的，应作定性的描述。

②效益和费用数值的调整

a. 固定资产投资的调整。剔除属于国民经济内部转移支付的引进设备，材料的关税和增值税，并用影子价格汇率，影子运费和贸易费用对引进设备价值进行调整；对于国内的设备价值用其影子价格，影子运费和贸易费用进行调整。

根据建筑工程消耗的人工，三材，其他大宗的材料，也应该按材料的影子价格调整安装费用。

用土地的影子价格费用代替占用土地的实际费用，剔除涨价预备费，调整其他费用。

b. 流动资金的调整。调整由于流动资金估算基础的变化引起的流动资金占用量的变动。

c. 经营费用的调整。可以先用货物的影子价格，影子工资等参数调整费用，然后再汇总求得总经营费用。

d. 销售收入的调整。先确定项目产出物的影子价格，然后计算销售收入。

e. 在涉及外汇借款时，用影子汇率计算出外汇本金与利息的偿付款。

（4）项目国民经济盈利能力分析

项目的国民经济效益费用流量表（全部投资）是在对项目效益和费用等经济数值调整的基础上进行编制，主要是计算全部投资的经济内部收益率和经济净现值指标；对使用国外贷款的项目，还应编制国民经济效益费用流量表（国内投资），并据此计算国内投资的经济内部收益率和经济净现值指标。

（5）项目外汇效果分析

对涉及有外贸及其他影响外汇流入、流出的项目，如产出物全部或部分出口或替代进口的项目，需编制经济外汇流量表、国内资源流量表。并据此计算经济外汇净现值、经济换汇成本或经济节汇成本指标。

（6）不确定性分析

经济费用效益分析的不确定性分析的评价，主要通过盈亏平衡分析和敏感性分析以及概率分析等分析方法，以确定项目投资在财务上和经济上的可靠性和抗风险能力。

（7）方案比选

工程项目投资方案的经济效果比选，是寻求合理的经济和技术决策的必要手段，也是经济费用效益分析的重要组成部分。方案的比选应遵循宏观和微观、技术和经济相结合的原则进行。方案比选一般可采用净现值或差额收益率法，而对于效益相同的方案或效益基本相同又难以具体估算的方案，可采用最小费用法（如总费用现值比较法和年费用比较法）比选。

（8）综合评价与结论

首先按照国家政策，对项目有关的各种经济因素做出综合分析，以经济费用效益分析为主。结合财务评价和社会效益评价，对主要评价指标进行综合分析，形成评价结论。然后对项目经济评价中反映的问题和对项目需要说明的问题及有关建议加以明确阐述。

5.1.4 经济费用效益分析与财务评价的相同与不同之处

经济费用效益分析和财务评价是项目经济评价的两个层次，它们相互联系，有共同点，又有本质的区别。主要表现在以下两个方面：从评价的内容上看，二者都使用各种经济效益评价指标项目进行经济效益分析；从评价的方法来看，二者都以项目收入与支出的现金流量为基础，运用静态或动态的方法对经济效益进行评价。经济费用效益分析可以单独进行，也可以在财务评价的基础上进行调整计算。

1．经济费用效益分析与财务评价的共同点

（1）评价的目的相同

经济费用效益分析和财务评价目的都是要寻求能以最小的投入获得最大的产出的工程项目和建设方案，都属于经济评价范畴。

（2）评价的基础相同

经济费用效益分析和财务评价都是在完成项目的产品需求预测、市场分析、工程技术方案构思、投资估算及资产规划等步骤的基础上进行的，都使用基本的经济评价理论，且都是可行性研究的组成部分。

（3）评价的基本方法和指标相同

经济费用效益分析和财务评价都是在经济效果评价与方案比选的基本理论指导下进行的，采用的分析方法基本相同；都要考虑资金的时间价值；所采用的评价指标均为净现值、净年值、内部收益率等；评价中都是通过编制相关报表对项目进行分析、比较。

（4）计算期相同

两者的费用和效益计算都涉及包括建设期、生产期全过程等相同的计算期。

2．经济费用效益分析与财务评价的区别

（1）评价的角度不同

经济费用效益分析是从国家经济整体利益出发，考察项目需要国家付出的代价和对国家经济的贡献，分析项目的经济效率、效果和对社会的影响，进而评价项目在宏观经济上的合理性；而财务评价是站在项目的微观层次上，在国家现行税制度和价格体系的前提下，从企业角度考察收支和盈利状况及偿还借款能力，以确定投资项目在财务上的可行性。

（2）费用、效益的含义及划分不同

经济费用效益分析着眼于考察社会为项目付出的费用和社会从项目中获得的效益，根据项目消耗的资源及向社会提供的有用产品或服务来考察项目的效益和费用，故属于国民经济内部转移的各种补贴等不作为项目的收益，各种税金等不作为项目的费用；财务评价是从项目财务的角度，计算项目的财务支出和费用，交纳的各种税金等作为项目的财务支出，而各种补贴等作为项目的收入。经济费用效益分析需要分析、计算项目的间接费用和间接效益，即外部效果。而在财务评价中不考虑的间接费用或间接效益，如环境污染、节约劳动时间和降低劳动强度等。

（3）评价采用的价格不同

经济费用效益分析使用的是能够反映资源真实经济价值的影子价格，它与市场价格不同；财务评价要考察投资项目在财务上的现实可行性，因而对投入物和产出物均采用财务价格，即现行市场价格或其预测值。

（4）主要参数不同

经济费用效益分析通常采用国家统一测定和颁布的影子汇率（Shadow exchange rate）和社会折现率（Social discount rate）；而财务评价采用的汇率一般选用当时的官方汇率，折现率是因行业而异的基准收益率。

（5）评价的组成内容不同

经济费用效益分析通常只做盈利能力分析而不做清偿能力分析，对于那些直接或间接影响国家外汇收支的项目还要进行外汇效果分析；而财务评价的主要内容包括盈利能力分析和清偿能力分析两方面，对于有外汇收支的项目，还要在此基础上进行外汇平衡分析。

（6）评价的指标不同

财务评价所采用的指标主要是全部投资回收期、投资利润率、财务净现值、财务内部收益率等经济评价指标。经济费用收益不仅采用经济净现值、经济内部收益率等经济评价指标。经济费用效益分析不仅采用经济净现值、经济内部收益率等经济评价指标，还采用许多社会评价指标如国民收入净现值、就业效果指标、分配效果指标、外汇效果指标、环境影响指标等。

（7）考察与跟踪的对象不同

经济费用效益分析考察的是项目对国民经济的净贡献，跟踪的是围绕项目发生的资源流动；而财务评价考察的是项目的生存能力，跟踪的是与项目直接相关的货币流动。

汇总二者的区别见表5-1。

表5-1 经济费用效益分析与财务评价的区别

类别	财务评价	经济费用效益分析
评价角度	从企业角度出发	从国民经济和社会需要角度出发
评价目标	企业的盈利	实现社会或国家基本发展目标及对资源进行合理分配
评价范围	直接效果	直接效果和间接效果
计算基础	市场价格、基准收益率、官方汇率	影子价格、社会折现率、影子汇率
评价内容	盈利能力、清偿能力、外汇平衡	盈利能力、外汇效果
跟踪对象	货币流动	资源流动
转移支付的处理	列为费用或效益	不列为费用或效益

3. 经济费用效益分析与财务评价结论的关系

由于财务评价和经济费用，效益分析有所区别，虽然在很多情况下两者结论是一致的，但也有不少情况下两种评价结论是不同的。下面分析可能出现的四种情况及其相应的决策原则。

（1）财务评价和经济费用效益分析均可行的项目，应予通过。

（2）财务评价和经济费用分析均不可行的项目，应予否定。

（3）财务评价不可行，经济费用分析可行的项目，应予通过。但国家和主管部门应采取相应的优惠政策，如减免税、给予补贴等，使项目在财务上也具有生存能力。

（4）财务评价可行，国民经济评价不可行的项目，应该否定，更新考虑方案，进行"再设计"。

5.2 经济费用效益分析的参数

经济费用效益分析的参数主要包括影子价格、影子汇率、影子工资和社会折现率等。它们是经济评价的基础，在工程项目经济评价中计算费用和效益。

经济评价参数中的一些通用参数如影子汇率、影子工资和社会折现率是由国家有关部门统一组织测算的，并实施阶段性的调整。

5.2.1 影子价格

1. 影子价格的含义

经济费用效益分析是要确定投资项目对国民经济的贡献，故要准确地计量项目的费用和效益，从而要求价格能正确地反映其实际价值。现行价格不能正确反映其经济价值，如原材料、燃料价格偏低，个别工业产品价格偏高，各行业产品的盈利水平差异悬殊。政府对某些行业还有大量补贴时，其价格也不能如实反映价值。因此，经济费用效益分析不能直接用现行的市场价格计算项目的效益和费用，而需要一种能够准确反映项目对国民经济的贡献和国民经济为项目所付出代价的合理价格，这就是影子价格（Shadow price）。

影子价格是荷兰数理学、计量经济学的创始人之一詹恩·丁伯根和苏联数学家、经济学家康托罗维奇在20世纪30年代末至40年代初分别提出来的。它是指当社会经济处于某种最优状态时，能够反映社会劳动消耗、资源稀缺程度和最终产品需求情况的价格。在对项目进行国民经济评价时，为了计算项目为国民经济所作的净贡献，原则上都应该使用影子价格。但在实际计算过程中，为了计算方便，在不影响评价结论的前提下，可只在计算其价值在效益或费用中所占比重较大或者国内价格明显不合理的产出物或投入物时使用影子价格。

2. 投入物和产出物的分类

在确定影子价格时，目前一般采用联合国发展组织推荐的UNIDO法以及世界银行采用的利特尔-米尔里斯法，这两种方法都要把货物区分为外贸货物和非外贸货物两大类，然后根据项目的各种投入物和产出物对国民经济的影响分别进行处理。分外贸货物、非外贸货物以及特殊投入物来分别讨论影子价格。

按是否影响进出口，把项目的投入物或产出物分为外贸货物和非外贸货物。

外贸货物是指其生产、使用将直接或间接影响国家进口或出口的货物，即产出物中直接出口、间接出口或替代进口的货物；投入物中直接进口、间接进口或减少出口（原可用于出口）的货物。

非外贸货物则是指其生产、使用将不影响国家进口或出口的货物。其中包括"天然"不能进行外贸的货物或服务，如建筑物、国内运输等，还包括由于地理位置所限，运输费用过高或受国内外贸易政策等限制而不能进行外贸的货物。此外，在实践中，还可参照该种货物的对外贸易占国内总产量的比例来判断是否将其归为外贸货物。

3. 外贸货物的影子价格

确定外贸货物的影子价格，主要考虑外贸货物供求变化趋势对国民经济评价产生的影响。确定外贸货物的口岸价格时应考虑国际市场的变化趋势，力求作出有根据的预测。另外要注意由于倾销或暂时紧缺出现的口岸价格过低或过高的情况。

外贸货物的影子价格以口岸价格为基础。口岸价格也称为边境价格或国际市场价格。外贸实务中计价方式很多，最常用的两种口岸价格是到岸价格和离岸价格。到岸价格CIF（Cost insurance freight）是指进出口货物到达本国口岸的价格，包括国外购货成本及运到本国口岸，并卸下货物的运费及保险费。离岸价格FOB（Free on board）是指出口货物离境（口岸）的交货价格。如果是海上交货，则指船上的交货价格。

具体方法如下：

（1）产出物

①直接出口产品（外贸产品）的影子价格（SP）：离岸价格（FOB）乘以影子汇率（SER），减去国内运输费用（T_1）和贸易费用（Tr_1），如图5-1所示，其表达式为：

$$SP = FOB \times SER - (T_1 + Tr_1) \tag{5-1}$$

②间接出口产品（内销产品，替代其他货物增加出口）的影子价格（SP）离岸价格（FOB）乘以影子汇率，减去原供应厂到口岸的运输费用（T_2）及贸易费用（Tr_2），加上原供应到用户的运输费用（T_3）及贸易费用（Tr_3），再减去拟建项目到用户的运输费用（T_4）及贸易费用（Tr_4），如图5-2所示，其表达式为：

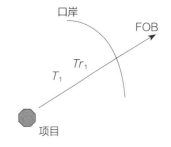

图5-1 直接出口产品影子价格示意图

$$SP = FOB \times SER - (T_2 + Tr_2) + (T_3 + Tr_3) - (T_4 + Tr_4) \qquad (5-2)$$

当原供应商和用户难以确定时，可按直接出口考虑。

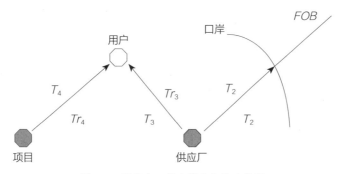

图5-2 间接出口产品影子价格示意图

③替代进口产品（内销产品，以产顶进，减少进口）的影子价格（SP）：原进口货物的到岸价格（CIF）乘以影子汇率，加口岸到用户的运输费用（T_5）及贸易费用（Tr_5），再减去拟建项目到用户的运输费用及贸易费用（$T_4 + Tr_4$），如图5-3所示，其表达式：

$$SP = CIF \times SER + (T_5 + Tr_5) - (T_4 + Tr_4) \qquad (5-3)$$

具体用户难以确定时，可按到岸价格计算。

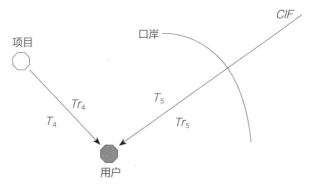

图5-3 替代进口产品影子价格示意图

（2）投入物（项目投入物的到厂价格）

①直接进口产品（国外产品）的影子价格（SP）：到岸价格（CIF）乘以影子汇率，加国内运输费用和贸易费用（T_1+Tr_1），如图5-4所示，其表达式为：

$$SP = CIF \times SER + (T_1 + Tr_1) \qquad (5\text{-}4)$$

②间接进口产品（国内产品：如木材，钢材，铁矿，硌矿等，以前进口过，现在也大量进口）的影子价格（SP）：到岸价格（CIF）乘以影子汇率，加口岸到原用户的运输费用及贸易费用（T_5+Tr_5），减去供应厂到用户的运输费用及贸易费用（T_3+Tr_3），再加上供应厂到拟建项目运输费用（T_6）及贸易费用（Tr_6），如图5-5所示，其表达式为：

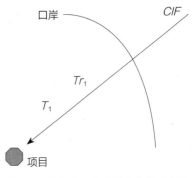

图5-4 直接进口产品影子价格示意图

$$SP = CIF \times SER + (T_5 + Tr_5) - (T_3 + Tr_3) + (T_6 + Tr_6) \qquad (5\text{-}5)$$

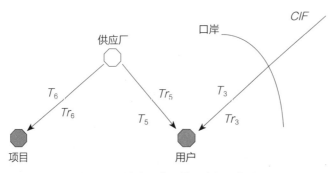

图5-5 间接进口产品影子价格示意图

③占用出口的产品（国内产品，如石油，可出口的煤炭可有色金属等，以前出口过，现在也能出口）影子价格（SP）：离岸价格（FOB）乘以影子汇率，减去供应厂到口岸的运输费用及贸易费用（T_2+Tr_2），再加上供应厂到拟建项目的运输费用（T_6）及（Tr_6），如图5-6所示，其表达式为：

$$SP = FOB \times SER - (T_2 + Tr_2) + (T_6 + Tr_6) \qquad (5\text{-}6)$$

供应厂难以确定时，可按离岸价格计算。

根据以上公式中贸易费的计算方式为：

$$\text{进口货物贸易费用} = \text{到岸价} \times \text{影子汇率} \times \text{贸易费用率} \qquad (5\text{-}7)$$

$$\text{出口货物贸易费用} = (\text{离岸价} \times \text{影子汇率} - \text{国内运费}) \times \frac{\text{贸易费用率}}{1+\text{贸易费用率}} \qquad (5\text{-}8)$$

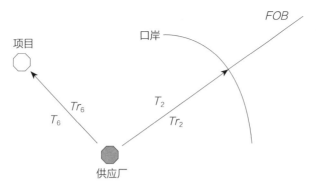

图5-6 占用出口的产品影子价格示意图

[例5-1] 某特种钢在距钢厂最近的口岸的离岸价格为每吨550美元；汇率按1美元：1元人民币 = 7.78：1计算。钢厂到该口岸距离350千米，铁路运费的影子价格为每吨千米5.5分。贸易费率为7%。试计算特种钢的影子价格。

[解]：

根据式（5-1）、式（5-8）计算如下：

$550 \times 7.78 - [350 \times 0.055 + (550 \times 7.78 - 350 \times 0.055) \div 1.07 \times 7\%] = 3981$（元/吨）

即特种钢出口的影子价格为3981元/吨。

[例5-2] 上例中的特种钢供应给某机械制造厂制造大型机械设备，钢厂到机械厂的铁路运距为700千米。试求占用出口特种钢的影子价格。

[解]：

根据式（5-6）、式（5-8）计算如下：

$550 \times 7.78 - 350 \times 0.055 + 700 \times 0.055 = 4298.25$（元/吨）

即该机械制造厂占用可出口特种钢的影子价格为4298.25元/吨。

[例5-3] 假定煤炭在离某发电厂所在地最近的某口岸的到岸价格为每吨60美元；该口岸到发电厂所在地的铁路运距为300千米，汇率、铁路运费、贸易费用等均与例5-1相同。试求进口煤炭的影子价格。

[解]：

根据式（5-4）、式（5-7）计算如下：

$$60 \times 7.78 + 300 \times 0.055 + 60 \times 7.78 \times 7\% = 515.976（元/吨）$$

即进口煤炭的影子价格为515.976元/吨。

[例5-4] 假设例[5-3]改为某地煤矿向发电厂供应煤炭。煤矿所在地距发电厂的铁路运距为1000千米。试求替代进口煤炭的影子价格。

[解]：

根据式（5-3）、式（5-7）计算如下：

$$60 \times 7.78 + (300 \times 0.055) - 1000 \times 0.055 = 428.3（元/吨）$$

即替代进口煤炭的影子价格为428.3元/吨。

4．非外贸货物的影子价格

（1）产出物

①增加供应数量满足国内消费的产出物。供求均衡的，按财务价格定价；供不应求的，参照国内市场价格并考虑价格变化的趋势定价，但不应高于相同质量产品的进口价格；无法判断供求情况的，取上述价格中较低者。

②不增加国内供应数量，只是替代其他相同或类似的企业的产出物，致使被替代的企业停产或减产的。质量与被替代产品相同的，应按被替代企业相应的产品可变成本分解定价；提高产品质量的，原则上应按被替代产品的可变成本加提高产品质量而带来的国民经济效益定价，其中，提高产品质量而带来的国民经济效益定价，可近似地按国际市场价格与被替代产品的价格之差确定。

③如果项目产出品占全国供应量的份额较大，且会使市场价格下降，则可用无该项目的原价格P_0和有该项目后预测的新价格P_1的平均值作为影子价格的近似值。

$$P_s = (P_0 + P_1)/2 \tag{5-9}$$

这种情况是通过降低市场价格扩大需求量，意味着市场均衡假设成立，因而，这种降价方式是建立在供求均衡和消费者剩余理论基础上的。

④产出物按上述的原则定价后，再计算为出厂的价格。

（2）投入物

①能通过原有企业挖潜（不增加投资）增加供应量，按成本分解定价。

②在拟建的计算期内需通过增加投资扩大生产规模来满足拟建项目需要的，按全部成

本（包括可变和固定成本）分解定价。当难以获得分解成本所需的资料时，可按照国内市场的价格定价。

③项目计算期内无法通过扩大生产规模增加供应的（减少原用户的供应量），参照国内市场价格，按国家统一价格补贴（如有时）中较高者定价。

④投入物按上述原则定价后，再计算为到厂的价格。

5. 土地的影子价格

土地是重要的经济资源，国家的土地资源是有限的，尤其是城市建设用地，总是表现出稀缺性，国家对建设项目使用土地实行政府管制，土地使用价格受到土地管制的影响，可能并不能反映土地的真实价值。土地影子价格代表对土地资源的真实价值衡量，在项目的经济费用效益分析中要正确衡量土地资源的影子价格，提高土地资源的利用率。

土地的影子价格是指建设项目占用土地国家和社会会为此付出的代价。土地影子价格应当等于土地的机会成本加上土地转变用途所导致的新增资源消耗。其测算公式为：

$$土地影子价格 = 土地机会成本 + 新增资源消耗 \qquad (5-10)$$

土地的影子价格由土地的机会成本、新增的社会资源消耗两部分组成。土地的机会成本按照该土地因项目占用而放弃的"最好可行替代用途"的净效益测算，根据具体项目情况，由项目评价人员自行测算。在难于测算的情况下，可参考有关土地分类、土地净效益和经济区域划分的规定来确定。新增资源消耗是指因占用土地而新增的社会资源消耗，如拆迁费、劳动力安置费、养老保险费等。

在项目的经济费用效益分析中，占用土地的机会成本和新增资源消耗应当充分估计。项目占用的土地位于城镇与农村，具有不同的机会成本和新增资源消耗构成，要采用不同的估算方法。

[例5-5] 某工程项目建设期为4年，生产期为16年，占用小麦耕地500亩，占用前3年平均亩产为0.8吨，预计该地区小麦？亩产可以逐年递增4%。每吨小麦的生产成本为800元。小麦为外贸产品，按出口处理，其出口口岸价为每吨300美元。项目所在地离口岸500千米，小麦运费为0.1元/（吨·千米），贸易费用为货价的6%。影子汇率换算系数为1.08，外汇牌价按7.5元人民币/美元计算，社会折现率为12%，试计算有关农田的土地费用。

[解]：

每吨小麦按口岸价格计算的影子价格为：

$300 \times 1.08 \times 7.5 - 500 \times 0.1 - (300 \times 1.08 \times 7.5 - 500 \times 0.1) \div 1.06 \times 6\% = 2245$（元）；

该土地生产每吨小麦的净收益为 $2245 - 800 = 1445$（元）

20年内每亩小麦的净收益现值为：

$$P = \sum_{t=1}^{20} 1445 \times 0.8 \times \left(\frac{1+4\%}{1+12\%}\right)^t = 11617.14（元）$$

500亩小麦20年内的净收益现值为

$11617.14 \times 500 = 580.85$（万元）

6. 其他资源的影子价格

我国尚有少部分产品或服务不完全由市场机制决定价格，而是由政府调控价格。政府调控价格包括：政府定价、指导价、最高限价、最低限价等。这些产品或服务的价格不能完全反映其真实价值。在经济费用效益分析中，这些产品或服务的影子价格不能简单地以市场价格确定，而要采用特殊的方法测定。这些影子价格的测定方法主要有：成本分解法、机会成本法和消费者支付意愿法。

当然，各种有限的自然资源属于特殊投入物，一个项目使用了矿产资源、水资源、森林资源等，对国家来说也产生社会费用，这些资源也具有影子价格。矿产等不可再生资源的影子价格应当按资源的机会成本计算，水和森林等可再生资源的影子价格可以按资源再生费用计算。

5.2.2 影子汇率

影子汇率（Shadow exchange rate，SER）是指单位外汇的经济价值，区分于外汇的财务价格和市场价格。在项目经济费用效益分析中使用影子汇率，是为了正确计算外汇的真实经济价值，影子汇率代表着外汇的影子价格。

影子汇率表示的是外币与本国货币的真实比价关系，它实际上是外汇的机会成本。外汇的价值是与外汇收支平衡有联系的，所以在决定项目是否应用影子汇率时。国际收支状况要作为一个重要的标准。在国际收支平衡不成问题的国家，因为外汇可以在自由市场上随时买卖，因此官方汇率就表示其真实价值。在国际收支平衡困难的国家，或某些国家出于某些贸易保护性政策，出现的盈余情况实际上是伴随贸易畸形，在这种情况下项目的经济费用效益分析使用影子汇率是合适的。

影子汇率是项目经济费用效益分析的重要参数，由国家统一测定发布，并且定期调整。影子汇率的发布有两种形式，一种是直接发布影子汇率，另一种则是将影子汇率与国家外汇牌价挂钩，发布影子汇率换算系数。影子汇率的取值对于项目决策有着重要的影响。影子汇率转换系数取值较高，反映外汇的影子价格较高。外汇的影子价格高，表明项目使用外汇时的社会成本较高。对于那些主要产出物是外贸货物的项目，影子汇率较高，将使项目收入的外汇经济价值较高。而对于投入物中有较大进口货物的项目，外汇影子价格较高，使得项目投入外汇的社会成本较高。

根据最新国家对均衡汇率的研究结果，考虑到我国进出口关税和补贴，如果再考虑到进口增值税税率一般为17%，出口产品通常免征增值税，再考虑非贸易外汇收支不征收增值税，最终影子汇率换算系数取值为1.08，即外汇牌价乘以1.08等于影子汇率。

5.2.3 影子工资

影子工资（Shadow wage），即劳动力的影子价格，是指建设项目使用劳动力、耗费劳动力资源而使社会付出的代价。影子工资由劳动力的边际产出和劳动就业或者转移而引起的社会资源消耗两部分组成，在经济费用分析中影子工资作为国民经济费用计入经营费用。

影子工资按下式计算：

$$影子工资 = 劳动力机会成本 + 新增资源消耗 \quad (5-11)$$

劳动力机会成本是指劳动力在本项目中被使用，而不能在其他项目中使用而被迫放弃的劳动收益。新增资源消耗是指劳动力在本项目新就业或由其他就业岗位转移来本项目而发生的社会资源消耗。

影子工资还可通过影子工资换算系数得到。影子工资换算系数是指影子工资与项目财务分析中的劳动力工资之间的比值，是计算影子工资的重要参数。因此影子工资也可按下式计算：

$$影子工资 = 财务工资 \times 影子工资换算系数 \quad (5-12)$$

根据国家最新对影子价格的测算，在分类方法上，采用技术与非技术劳动力的分类方式，分别测算其劳动力影子价格的推荐取值。对于技术劳动力，采用影子工资等于财务工资，即影子工资换算系数为1。对于非技术劳动力，推荐在一般情况下采取财务工资的0.25~0.8倍作为影子工资，即影子工资换算系数为0.25~0.8。考虑到我国各地经济发展水平不同，劳动力供求关系有一定差别，规定应当按照当地非技术劳动力供给富余程度调整影子工资换算系数。

例如，一个外资企业某部门经理，其财务工资为5000元，确定其影子工资转换系数为0.6，则该经理的影子工资为 $5000 \times 0.6 = 3000$（元）。

5.2.4 社会折现率

社会折现率（Social discount rate），也称影子利率，代表了资金使用的机会成本，是用以衡量资金时间价值的重要参数，代表社会资金被占用应获得的最低收益率。资金也是一种有限的资源，当资金用于某项目投资后，就不能用于其他地方投资。其中，损失的最大盈利就是资金的机会成本，即影子利率。

作为项目经济效益要求的最低经济收益率，社会折现率代表着社会投资所要求的最低收益率水平。项目投资产生的收益率如果达不到这一最低水平，项目不应当被接受。社会投资所要求的最低收益率，理论上认为应当由社会投资的机会成本决定，也是由社会投资的边际收益率决定。

目前社会折现率的确定主要有两种思路：一种是基于资本的社会机会成本的方法；另一种是基于社会时间偏好的方法。根据一些数量经济学者的研究，采用生产函数方程，依据我国1949年以来经济发展统计数据，预测我国未来20年以内的社会资本收益率为9%~11%。考虑到社会资本收益率与社会时间偏好之间的折中，2006年国家发展改革委、建设部发布的《建设项目经济评价方法与参数（第三版）》中将社会折现率规定为8%，供各类建设项目评价时的统一采用。社会折现率应根据国家的社会经济发展目标、发展战略、发展优先顺序、发展水平、宏观调控意图、社会成员的费用效益时间偏好、社会投资收益水平、资金供给状况、资金机会成本等因素综合测定。对于不同类型的具体项目，应当视项目性质采取不同的社会折现率。比如，对于交通运输项目的社会折现率要比水利工程项目高。对于一些特殊的项目，主要是水利工程、环境改良工程、某些稀缺资源的开发利用项目，应采用较低的社会折现率。

对于永久性工程或者收益期较长的项目，比如水利设施等大型基础设施和具有长远环境保护效益的工程项目，宜采用低于8%的社会折现率。对于超长期项目，社会折现率可用按时间分段递减的方法取值。

以水利项目和环境保护项目为例，实际上，水利及环境的远期效益价值本身是我们在目前的认识水平下难以判断的，从资源的稀缺性考虑，水力资源和环境资源的价值是会随着时间的推移不断增长的，某些不可再生资源，其价值增长速度甚至会高于国民经济增长的速度。因此，超长期以后的费用效益计算，不应当仅仅由社会折现率来调整，更应当着眼于对费用效益价值本身的估算。

5.2.5 非边际性和税收的修正

边际性是指项目规模相对于国民经济较小，其投入产出对供求价格的影响可以忽略不计。但当项目较大，其产出和投入足以影响原供求均衡价格时，效益（费用）的计算和盈利性分析现金流就会有区别。如图5-7（a）所示，项目提供产出品的原有市场的供求均衡点在E点，供求量为OQ_0。项目提供相对于市场较大的产出Q_2Q_1，在增加市场供应的同时引起价格下降。因此，对原有产出品市场的均衡影响由两部分组成：一部分是增加了市场的供应Q_0Q_1，这部分的效益既不是均衡前的价格P_0，也不是均衡后的价格P_1，而是应用消费者的支付意愿来度量［需求曲线D下面的面积，可近似地取$\frac{1}{2}(P_0+P_1)\cdot Q_0Q_1$］；另一部分是项目的产出排挤了原有的供应$Q_2Q_2$（由于价格下降），这部分的效益是相对于$Q_0Q_2$的费用的节省，应该用供应曲线$S$下面的面积来度量。因此，项目产出的效益是以上两部分之和，即图中阴影面积所代表的。显然，它不同于项目产出的收益$P_1\cdot Q_0Q_2$。同理，项目的投入若排挤了原有用户，则在费用中要考虑消费者剩余的减少，如图5-7（b）所示。

税收在投资主体的盈利性分析中是一笔支出，但是这笔支出并不代表社会资源的耗用，只是项目法人实体向政府的一种转移支付（Transfer payment）。整个国民经济好比个

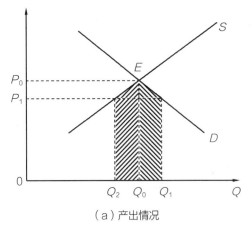 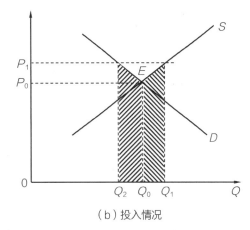

(a) 产出情况　　　　　　　　　　　　(b) 投入情况

图5-7　非边际性项目费用和效益的修正

人，税收只是一笔现金从一个口袋转移至另一个口袋，从整体上看并非费用。因此在费用-效益分析中应将税收从盈利性分析的现金流中剔除。但当用支付意愿来度量效益和费用时，由于消费者面对的价格是含税的，因此在这种情况下价格内所含的流转税如消费税、增值税等不应在支付意愿中扣除。

[例5-6] 我国每年出口某种有色金属原料70万吨，预测的离岸价格平均为3800美元/吨。考虑某新建这种原料项目的产出中每年有10万吨的增加出口。由于这种原料国际市场的需求价格弹性有限，由此使得价格降至3650美元/吨。试分析从企业和国家角度分析出口的价格。

[解]：
　　由于出口，国外消费者剩余增加不在效益考虑的范围内，但由此产生的出口价格下降对国内原有出口商造成的生产者剩余损失应在项目的出口效益中扣除。在进行盈利性分析时，应按降价后的3650美元/吨为基础计算项目这部分产出的效益，但在进行费用-效益分析时，从国家利益出发，项目产出效益还要扣除国内原出口的72万吨因价格下降的收益损失。
　　即按 $3650 - (3800 - 3650) \times 70 \div 10 = 2600$（美元/吨）为基础计算。

[例5-7] 某年产500万吨的水泥项目，用以满足省内和周边地区的需求，并替代部分价高质次的中小水泥场的产出。由于水泥的运输费占用较高，市场容量有限，供求均衡平均出厂价格（含16%增值税）与无项目比较会从每吨370元下降至320元，估

计项目产出的60%增加需求的满足,40%是替代原有中小水泥厂的供应。求用以计算产出收益与效益的价格差异。

[解]:

项目盈利性分析计算产出收益的价格为 $320 \div (1+16\%) = 275$(元/吨)

费用-效益分析时计算产出效益的平均价格为:

$$60\% \times \left[\frac{1}{2}(370+320)\right] + 40\% \times \left[\frac{1}{2}(370+320) \div (1+16\%)\right] = 326 (元/吨)$$

式中,第一项为包括消费者剩余在内的支付意愿的增加;第二项是排除原有水泥供应而节省的费用。前者是含税,后者不含税。如图5-8所示,图中阴影部分为厂商收益,而产出的社会经济效益还包括斜线面积。

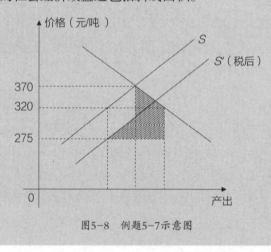

图5-8 例题5-7示意图

5.3 经济费用效益分析的指标与方法

5.3.1 经济费用效益分析的指标

经济费用效益分析是通过评价指标的计算,编制相关报表来反映项目的经济效果。经济费用效益分析指标包括两个方面的内容:国民经济盈利能力分析和外汇效果分析。

投资项目的经济费用效益分析评价中的经济效果,主要是靠经济盈利能力来体现。其基本评价指标是经济净现值、内部收益率以及效益费用比。在进行多方案比选时,也可采用投资收益率(即投资利税率)等静态指标;当进行多方案比选时,也可采用差额投资内部收益率的内部收益率进行排序。

1. 经济净现值(ENPV)

经济净现值(Economic net present value; ENPV)是项目按照社会折现率将计算期内

各年的经济净效益流量折现到建设期初的现值之和，是经济费用效益分析的主要评价指标。计算公式为：

$$ENPV = \sum_{t=1}^{n}(B-C)_t(1+i_s)^{-t} \qquad (5-13)$$

式中　B——经济效益流量；

　　　C——经济费用流量；

　$(B-C)_t$——第t期的经济净效益流量；

　　　n——项目计算期；

　　　i_s——社会折现率。

在经济费用效益分析中，如果$ENPV \geqslant 0$，说明项目可以达到社会折现率要求的效率水平，认为该项目从经济资源配置的角度可以被接受。

2．经济内部效益率（EIRR）

经济内部效益率（Economic Internal Rate of Return；EIRR）是项目在计算期内经济净效益流量的现值累计等于零时的折现率，是经济费用效益分析的辅助评价指标。计算公式为：

$$\sum_{t=1}^{n}(B-C)_t(1+EIRR)^{-t} = 0 \qquad (5-14)$$

式中$EIRR$为经济内部效益率，其他同经济净现值公式。如果经济内部效益率等于或者大于社会折现率，表明项目资源配置的经济效率达到了可以被接受的水平。

3．效益费用比（R_{BC}）

效益费用比（Benefit-Cost Ratio；R_{BC}）是项目在计算期内效益流量的现值与费用流量的现值的比率，是经济费用效益分析的辅助评价指标。计算公式为：

$$R_{BC} = \frac{\sum_{t=1}^{n}B_t(1+i_s)^{-t}}{\sum_{t=1}^{n}C_t(1+i_s)^{-t}} \qquad (5-15)$$

式中　B_t——第t期的经济效益；

　　　C_t——第t期的经济费用。

如果效益费用比大于1，表明项目资源配置的经济效率达到了可以被接受的水平。

5.3.2　经济费用效益分析的方法

项目的经济费用效益分析使用的基本经济评价理论有，费用-效益分析方法，即费用与效益比较的理论方法，寻求以最小的投入（费用）获取最大的产出（效益）。经济费用效益分析采取"有无对比"方法识别项目的费用和效益。"有无对比"方法是经济评价的基本方法之一，在项目的经济费用效益分析中，采取将"有"项目与"无"项目两种条件下国民经济的不同情况作对比，以比较项目的费用和效益。对"有"项目的不同方案之间也要进行对比并分别与"无"方案比较。

经济费用效益分析中，方案优化遵循基本的经济分析法则，其目标是资源的最优配置，即资源的使用能获得最大的、整体最优的经济效益。经济费用效益分析一方面从资源优化配置的角度，分析项目投资的经济合理性，另一方面通过财务分析和经济费用效益分析结果的对比，分析市场的扭曲情况，判断政府公共投资是否有必要介入本项目的投资建设，并为改善本项目的财务状况、进行政策调整提出分析意见。因此，在建设项目的经济费用效益分析中，必须重视对策建议的分析。

（1）经济费用效益分析强调以受益者支付意愿原则测算项目产出效果的经济价值，对于基础设施项目，是分析建设投资的经济价值及市场化运作能力的重要依据。

（2）通过财务现金流量与经济费用效益流量的对比分析，判断二者出现的差异及其原因，分析项目所在行业或部门存在的导致市场失灵的现行政策，提出纠正政策干预失当、改革现行政策法规制度、提高部门效率的政策建议。

（3）通过项目费用及效益在不同利益相关者之间分布状况的分析，评价项目对不同利益相关群体的影响程度，分析项目利益相关群体受益及受损状况的经济合理性。

经济费用效益分析强调站在整个社会的角度，分析社会资源占用的经济效率，主要方法有：

（1）经济费用效益比较的分析方法，如经济费用效益分析方法（CBA）、经济费用效果分析方法（CEA）。

（2）多准则分析方法（MCA）：将项目视为多目标的投资决策问题，将经济费用效益分析纳入多目标决策的框架体系中。

（3）定性分析方法，对项目的各种经济影响进行全面陈述，为投资决策提供依据。

其他还有总费用分析法、完全费用效益分析法及项目周期费用分析法等。

对于建设项目的经济费用效益分析，原则上应尽可能地采用费用效益分析方法，尽可能地对项目的产出进行货币量化，以便为政府投资决策及对企业项目的核准提供必要的依据。对于效益难以进行货币量化的项目，应全面列举货币化的或不能货币化的各类效益和费用，进行定性经济费用效益分析，以便对项目的经济影响进行全面评价。

[例5-8] 某高速公路项目总投资约为26.6841亿元，建设期4年，经营期20年，计算期24年。预测项目投入使用5年时交通量可达9012辆标准小客车/日，10年时可达14302辆标准小客车/日，15年时可达28484辆标准小客车/日。试识别和分析该项目的经济费用计算。

[解]：
　　①主要评价参数

社会折现率:根据《建设项目经济评价方法与参数》(第三版)取8%。

影子工资:技术工种影子工资换算系数为1,非技术工种影子工资换算系数为0.5。

影子汇率:$1.08 \times 8.1 = 8.75$。

②经济费用效益分析范围

从项目建设消耗社会全部资源的角度分析,对于有些投资和运营费用(主要指由于拟建项目的建设必须配套建设的关联项目)在财务分析中可不予考虑,在经济费用效益分析中应一并考虑分析。

拟建项目须配套关联连接线(未列入拟建项目的工程投资中),关联项目为双向四车道高速公路标准,路线总长度为43.8千米。

③经济费用的识别和计算

项目经济费用包括路网范围内,拟建项目和关联项目的建设费用、运营管理、养护、大中修等费用。

建设经济费用调整。根据经济费用效益分析原则,投入物中的主要材料为市场价格,因此不进行调整。剔除建设费用中的税金、建设期贷款利息等转移支付项目。

人工经济费用调整。项目施工中非技术工种人工数量占人工总数量的30%,需用人工影子价格进行调整,调整系数为0.5。

主要投入物经济费用调整。项目施工中主要投入物(即主要材料)均采用市场价,不进行调整。

土地经济费用调整。土地经济费用由土地机会成本和新增资源消耗组成。考虑拟建项目土地现状土地净产值较低,经济费用效益分析中土地机会成本按照财务价格扣除耕地占用税等转移支付后的总费用计算;新增资源消耗按照有项目情况下土地的征用造成原有土地附属物财产损失及其资源消耗计算。调整后的土地机会成本为2346万元,新增资源消耗为132万元。

转移支付调整。按转移支付的类别,分别扣除建筑安装工程费中税金等。

经过调整后建设期经济费用结果见表5-2。

建设期经济费用表 表5-2

序号	项目	数量	调整原则	投资估算	经济费用
1	建筑安装工程费		调整	204674	193504
1.1	人工		调整	30510	25933
1.2	税金		剔除	6593	0
2	设备及工器具购置费		不调	25906	25906
3	其他工程建设费		调整	14129	14056

(续表)

序号	项目	数量	调整原则	投资估算	经济费用
3.1	土地费用	393亩	调整	2431	2346
3.2	资源消耗		调整	120	132
4	预备费用		不调	22132	22132
5	合计			266841	255598

关联项目建设经济费用调整。按照上述调整原则和方法，关联项目的建设经济费用调整为197192万元。

建设经济费用总计。建设经济费用总量为452790万元。

运营经济费用。运营经济费用中材料、人工均以市场价为基础，因此不进行调整。

5.4 建设项目的社会评价

5.4.1 社会评价概述

社会评价（Social evaluation）通过系统调查和预测拟建项目的建设和运营过程中产生的社会影响与社会效益，分析项目所在地区的社会环境对项目的适应性和可接受程度，分析项目涉及的各种社会因素，评价项目的社会可行性，提出项目与当地社会协调关系，规避社会风险，促进项目顺利实施，保持社会稳定的措施。

社会评价有利于实现项目发展与地区经济社会发展的协调一致，防止单纯追求财务效益，减少社会矛盾和纠纷，防止可能产生不利的社会影响和后果，促进社会稳定避免或减少项目社会风险，提高投资效益。

社会评价主要适用于那些社会因素较为复杂、社会影响较为久远（具有重大的负面社会影响或者显著的社会效益）、社会矛盾较为突出，社会风险较大和社会问题较多的投资项目，包括：需要大量移民搬迁或者占用农田较多的水利枢纽项目、交通运输项目、矿产和油气开发项目等，具有明显社会发展目标的如扶贫项目、区域性发展项目及社会服务项目如文化、教育、卫生等公共公益项目。

通常，国内大型工程项目和世行、亚投行等国际金融机构贷款项目需要进行社会评价，如三峡工程、南水北调工程以及奥运会场馆。

在项目评价时首先需要进行初步社会评价，然后根据初步评价结论，判断是否需要开展详细社会评价。需要进行详细社会评价的项目有如下特征：

（1）项目地区居民无法从发展项目中受益或者历来处于不利地位。

（2）项目地区存在比较严重的社会、经济、政治不平衡现象。

（3）项目地区存在比较严重的社会问题。

（4）项目地区面临大规模的企业结构调整，并可能引发大规模的失业人口。

（5）可以预见到项目会产生重大的负面影响，如非自愿移民、文物古迹的严重破坏。

（6）项目活动会改变当地居民的行为方式和价值观念。

（7）社区和当地居民的参与对项目的成功实施和可持续发展有重要的影响。

（8）评价人员对受影响群体和目标群体的需求以及项目地区发展制约因素缺乏足够理解。

5.4.2 社会评价的内容

社会评价的内容主要包括项目的社会影响分析、项目与所在地区的互适性分析和社会风险分析。

1．社会影响分析

社会影响分析旨在分析预测项目可能产生的正面影响（即社会效益）和负面影响。具体包括以下几个方面。

（1）项目对所在地区居民收入的影响，主要分析预测由于项目实施可能造成当地居民收入增加或者减少的范围、程度及其原因；收入分配是否公平，是否扩大贫富收入差距，并提出促进收入公平分配的措施建议。扶贫项目，应着重分析项目实施后，能在多大程度上减轻当地居民的贫困和帮助多少贫困人口脱贫。

（2）项目对所在地区居民生活水平和生活质量的影响，分析预测项目实施后居民居住水平、消费水平、消费结构、人均寿命的变化及其原因。

（3）项目对所在地区居民就业的影响，分析预测项目的建设、运营对当地居民就业和就业机会的正面影响与负面影响。其中正面影响是指可能增加就业机会和就业人数。负面影响是指可能减少原有就业机会及就业人数，以及由此引发的社会矛盾。

（4）项目对所在地区不同利益群体的影响，分析预测项目的建设和运营使哪些人受益或受损，以及对受损群体的补偿措施和途径。兴建露天矿区、水利枢纽工程、交通运输工程、城市基础设施等一般都会引起非自愿移民，应特别加强这项内容的分析。

（5）项目对所在地区弱势群体利益的影响，分析预测项目的建设和运营对当地妇女、儿童、残疾人员利益的正面影响或负面影响。

（6）项目对所在地区文化、教育、卫生的影响，分析预测项目建设和运营期间是否可能引起当地文化教育水平、卫生健康程度的变化以及对当地人文环境的影响，提出减小不利影响的措施建议。公益性项目要特别加强这项内容的分析。

（7）项目对当地基础设施、社会服务容量和城市化进程等的影响，分析预测项目建设和运营期间，是否可能增加或者占用当地的基础设施，包括道路、桥梁、供电、给水排水、供汽、服务网点，以及产生的影响。

（8）项目对所在地区少数民族风俗习惯和宗教的影响，分析预测项目建设和运营是否符合国家的民族和宗教政策，是否充分考虑了当地民族的风俗习惯、生活方式或者当地居民的宗教信仰，是否会引发民族矛盾、宗教纠纷，影响当地社会安定。

通过分析，评价项目的社会影响，编制项目社会影响分析表，见表5-3。

项目社会影响分析　　　　　　　　　　　　　表5-3

序号	社会因素	影响范围和程度	可能出现的后果	措施建议
1	对居民收入的影响			
2	对居民生活水平与生活质量的影响			
3	对居民就业的影响			
4	对不同利益群体的影响			
5	对弱势群体利益的影响			
6	对地区文化、教育、卫生的影响			
7	对地区基础设施、社会服务容量和城市化进程的影响			
8	对少数民族风俗习惯和宗教的影响			

2. 互适性分析

互适性分析（Compatibility analysis）主要是分析预测项目能否为当地的社会环境、人文条件所接纳，以及当地政府、居民支持项目存在与发展的程度，考察项目与当地社会环境的相互适应关系。

（1）分析预测与项目相关的各利益群体对项目建设和运营的态度及参与程度，选择可以促使项目成功的各利益群体的参与方式，对可能阻碍项目存在与发展的因素提出防范措施。

（2）分析预测项目所在地区的各类组织对项目建设和运营的态度，可能在哪些方面、在多大程度上对项目予以支持和配合。对需要由当地提供交通、电力、通信、供水等基础设施条件，粮食、蔬菜、肉类等生活供应条件，医疗、教育等社会福利条件的，当地是否能够提供，是否能够保障。

（3）分析预测项目所在地区现有技术、文化状况能否适应项目建设和发展。主要为发展地方经济、改善当地居民生产生活条件兴建的水利项目、公路交通项目、扶贫项目，应分析当地居民的教育水平能否适应项目要求的技术条件，能否保证实现项目既定目标。

通过项目与所在地的互适性分析，就当地社会对项目适应性和可接受程度作出评价，编制社会对项目的适应性和可接受程度分析，见表5-4。

社会对项目的适应性和可接受程度分析　　　　　　　表5-4

序号	社会因素	适应程度	可能出现的问题	措施建议
1	不同利益群体			
2	当地组织机构			
3	当地技术文化条件			

3．社会风险分析

项目的社会风险分析是对可能影响项目的各种社会因素进行识别和排序，选择影响面大、持续时间长，并容易导致较大矛盾的社会因素进行预测，分析可能出现这种风险的社会环境和条件。那些可能诱发民族矛盾、宗教矛盾的项目要注重这方面的分析，并提出防范措施。

5.4.3 社会评价的步骤与主要方法

1．社会评价的步骤

社会评价一般分为调查社会资料、识别社会因素、论证比选方案三个步骤。

（1）调查社会资料

调查了解项目所在地区的社会环境等方面的资料。调查的内容包括项目所在地区的人口统计资料，基础设施与服务设施状况；当地的风俗习惯、人际关系；各利益群体对项目的反应、要求与接受程度；各利益群体参与项目活动的可能性，如项目所在地区干部、群众对参与项目活动的态度和积极性，可能参与的形式、时间，妇女在参与项目活动方面有无特殊情况等。社会调查可采用多种调查方法，如查阅历史文献、统计资料，问卷调查，现场访问、观察，开座谈会等。

（2）识别社会因素

分析社会调查获得的资料，对项目涉及的各种社会因素进行分类。一般可分为三类：即影响人类生活和行为的因素；影响社会环境变迁的因素；影响社会稳定与发展的因素。识别影响项目实施和成功的主要社会因素，作为社会评价的重点和论证比选方案的内容之一。

（3）论证比选方案

对项目可行性研究拟定的建设地点、技术方案和工程方案中涉及的主要社会因素进行定性、定量分析，比选推荐社会正面影响大、社会负面影响小的方案。

2．社会评价的主要方法

项目涉及的社会因素、社会影响和社会风险很难用统一的指标、量纲和判据进行评价，因此社会评价应根据项目的具体情况采用灵活的评价方法。社会评价方法主要有快速社会评价法、详细社会评价法、利益相关者分析法等。

（1）快速社会评价法

快速社会评价法是在项目前期阶段进行社会评价常用的一种简捷方法，通过这一方法可大致了解拟建项目所在地区社会环境的基本状况，识别主要社会影响因素，预测可能出现的情况及其对项目的影响程度。快速社会评价主要是分析现有资料和现有状况，着眼于负面社会因素的分析判断，一般以定性描述为主。快速社会评价的方法步骤如下：

①识别主要社会因素

对影响项目的社会因素分组，可按其与项目之间关系和预期影响程度划分为影响一般、影响较大和影响严重三级。应侧重分析评价那些影响严重的社会因素。

②确定利益群体

对项目所在地区的受益、受损利益群体进行划分，着重对受损利益群体的情况进行分析。按受损程度，划分为受损一般、受损较大、受损严重三级，重点分析受损严重群体的人数、结构，以及他们对项目的态度和可能产生的矛盾。

③估计接受程度

大体分析当地现有经济条件、社会条件对项目存在与发展的接受程度，一般分为高、中、低三级。应侧重对接受程度低的因素进行分析，并提出项目与当地社会环境相互适应的措施建议。

（2）详细社会评价法

详细社会评价法是一种广泛应用的社会评价方法，是在快速社会评价的基础上，进一步研究与项目相关的社会因素和社会影响，进行详细论证，并预测风险度。详细社会评价采用定量与定性分析相结合的方法，进行过程分析，主要步骤如下：

①识别社会因素并排序

对社会因素按其正面影响与负面影响，持续时间长短，风险度大小，风险变化趋势（减弱或者强化）分组。应着重对那些持续时间长、风险度大、可能激化的负面影响进行论证。

②识别利益群体并排序

对利益群体按其直接受益或者受损，间接受益或者受损，减轻或者补偿受损措施的代价分组。在此基础上详细论证各受益群体与受损群体之间，利益群体与项目之间的利害关系，以及可能出现的社会矛盾。

③论证当地社会环境对项目的适应程度

详细分析项目建设与运营过程中可以从地方获得支持与配合的程度，按好、中、差分组。应着重研究地方利益群体、当地政府和非政府机构的参与方式及参与意愿，并提出协调矛盾的措施。

④比选优化方案

将上述各项分析的结果进行归纳、比选、推荐合理方案。

在项目详细社会评价时一般采用社区基层参与式评价，即吸收项目所在社区的公众参与评价项目实施方案等。这种方式有利于提高项目方案的透明度；有助于取得项目所在各有关利益群体的理解、支持与合作；有利于提高项目的成功率，预防不良社会后果。一般来说，公众参与程度越高，项目的社会风险越小。

参与式评价可采用下列形式：

1）咨询式参与，由社会评价人员将项目方案中涉及当地居民生产、生活的有关内容，直接交给居民讨论，征询意见。

2）邀请式参与，由社会评价人员邀请不同利益群体中有代表性的人员座谈，注意听取反对意见，并进行分析。

3）委托式参与，由社会评价人员将项目方案中特别需要当地居民支持、配合的问题，委托给当地政府或机构，组织有关利益群体讨论，并收集反馈意见。

（3）利益相关者分析法

利益相关是指与项目有直接或间接的利害关系，对项目实施和成功具有直接或间接影响的个人、群体和组织。利益相关者分析法是社会评价的基础性工作和重要方法，主要步骤为：

①识别利益相关者

项目的利益相关者可分为：项目受益人、项目受害人、项目受影响人和其他利益相关者，如建设单位、设计单位、咨询单位、与项目有关的政府部门和非政府组织。

②分析利益相关者的利益构成

详细分析利益相关者从项目实施中可能获得的利益以及对项目可能施加的影响，重点分析并回答如下问题：利益相关者对项目有什么期望？项目能够为利益相关者带来什么利益？项目是否会对利益相关者产生不利影响？利益相关者拥有的资源以及他们是否愿意和能够动用这些资源来支持或阻止项目的实施？利益相关者是否有与项目预期目标相冲突的任何利害关系？

③分析利益相关者的重要性和影响力

利益相关者按其重要程度可以分为主要利益相关者和次要利益相关者，前者是指项目的直接受益或直接受损的人或组织，后者是指与项目的规划设计、具体实施等相关的人或组织，如银行、政府和非政府组织。可从如下方面分析各利益相关者的重要性及其对项目的影响力：权力和地位的拥有程度；组织机构的级别；对战略资源的控制力；其他非正式的影响力；与其他利益相关者的权利关系；对项目成功的重要程度。

④制定主要利益相关者参与方案

在充分理解了利益相关者相关信息以及不同利益相关者之间的关系之后，重点关注主要利益相关者，制定主要利益相关者参与项目方案制定、实施和管理的方案，争取主要利益相关者对项目的理解、支持和参与。

5.4.4 建设项目不同阶段的社会评价

建设项目社会评价涉及项目建设全过程，即机会研究阶段、可行性研究阶段、实施阶段、使用阶段和后评价阶段。在项目建设各阶段，社会评价的主要内容和侧重点是不同的。

1. 机会研究阶段的社会评价

机会研究阶段的主要工作是寻找投资机会，确定项目区位，明确项目的功能、性质和规模等关键问题，本阶段社会评价的主要内容包括以下几个方面。

（1）调查项目所在地的社会经济现状，明确项目目标与地区经济社会发展的一致性

调查当地的社会经济发展水平、支柱产业及其产业政策；居民的文化习俗和生活习

惯、居民的收入及消费水平；城市规划与实施计划等。研究项目与当地经济社会发展目标的一致性，如项目对当地建设的影响、项目对当地经济社会发展的贡献、项目可以结合技术经济分析，初步确定项目的基本目标、性质、规模、场地、功能、服务对象等。

（2）调查项目的目标群体和受影响群体，预测拟建项目可能产生的主要社会效益和影响

调查项目的主要利益相关者，确定受益群体和受影响群体；调查各类群体对项目的态度；调查受影响群体（如拆迁户、项目所在地社区群众等）的主要要求和态度。初步预测项目的主要社会影响和可能引起的社会问题，分析项目潜在的社会影响，并提出相应的防范措施。

（3）评估主要利益相关者对项目的接受能力

全面评估项目主要利益相关者对项目本身和项目建设的认同度，以及对该项目实施导致的技术、经济、社会、文化、环境等可能影响，特别是对不利影响（如自然风貌转变、天然植被破坏、生活及社区环境变化）的适应和承受能力。

（4）初步判断项目社会评价的可接受性

对于没有那些严重的不利社会影响，符合当地经济社会发展目标，主要利益相关者对项目的需求较高，受影响群体对项目态度较好，没有潜在的强烈不满情绪，接受能力也较好的项目，可初步判定为社会评价可行的项目。对于此类项目，后续阶段的社会评价主要考虑发挥项目的经济和社会效益。

如果在初步社会评价中发现以下问题，如对某些群体可能产生不利影响，从而导致不满情绪；目标群体对项目的需要有限、接受能力不强；受影响群体对项目存在严重的不满和抵触情绪；项目的实施与当地的经济社会发展目标不适应等，就需要对项目进行详细的社会评价。研究可能产生的不利社会影响并提出相应的解决措施。如果项目产生的社会影响和社会风险太大、且不能合理解决时，表明项目社会评价不可行，需要否决该项目，建议重新确定项目目标、内容、规模、场址等关键问题。

2．可行性研究阶段的社会评价

在可行性研究阶段，应结合技术经济研究，全面深入地评价项目的社会效益、不利社会影响和项目与社会的适应性，主要研究解决如下问题。

（1）主要利益相关者调查研究

在初步社会评价基础上，更为深入地调查研究项目的主要利益相关者及其子群体。详细了解主要利益相关者的需要、承受力和偏好；详细调查项目所在地的社区文化、风俗习惯、历史、文化、文物、自然景观，并将其体现到项目规划设计中，反映主要利益相关者的需求。如对拆迁安置房的开间大小、结构形式、户型、面积、设备设施、建筑风格、规划布局等应尽可能满足拆迁户的要求，并与当地的社区环境、自然景观相适应。

详细研究受影响群体的状况、社会阶层分布，项目的可能影响、影响程度、受影响群体的承受力和可能态度，特别注意低收入者、孤寡老人、病人、妇女、儿童、少数族裔等

社会弱势群体的承受能力。调查了解主要利益相关者，特别是弱势群体的要求，提出解决可能产生社会影响的措施并预测措施的效果，形成明确的最终意见。

（2）识别社会风险，制定规避和减少社会风险的措施

识别项目实施过程可能的社会风险，评估社会风险的危害程度，如是否会有社区群众、社团组织、受影响群体的抵制反对项目实施；在搬迁原住户或者拆除原建筑物设施时，是否会受到抵制；在处理有关纠纷时，是否存在不公平现象；在项目实施过程中，是否会因环境污染等其他因素带来社会问题，并受到抵制。详细研究社会风险发生的可能性、时间、受影响群体、可能的损失等问题，制定风险管理措施，评估风险管理措施的成本及实施效果等。

（3）项目的实施战略

项目实施战略要重点考虑主要利益相关者和受影响群体的参与性，良好的参与性是项目社会评价追求的基本目标。

①目标群体的参与性

目标群体的参与性是指项目目标群体对项目方案的关心、支持、参与并最终接受、认可的程度。目标群体的参与既取决于项目的位置、环境、质量、价格等技术经济因素，还取决于项目是否能够满足目标群体的优先需要和偏好，是否符合当地社区、文化、风俗，是否能够为当地社区和主要目标群体所接受。

按照各目标子群体的需求的类型和程度，进行排序，识别各子群体十分关注并且十分重要的迫切需要，了解符合多数子群体发展意愿的需要。从中选择排序最高，反映多数子群体需要的项目方案。据此评价每一种目标方案子群体意愿参与的程度，那些反映多数子群体需要的目标，也是最终进行项目规划设计的重要指导性意见。项目越能反映目标群体的需要和需求，目标群体的认同感就越强，参与并支持项目的积极性就越高。

②受影响群体的参与性

项目的受影响群体是指由于项目的建设而受到各种影响的社会群体，如项目所在地的社区居民、被拆迁户和有关组织。受影响群体受到项目的影响是多样化的，如住房或设施被拆除或被占用，大规模建筑施工导致生活上的不便利，噪声污染，交通秩序和原有生活被破坏，个别拆迁户甚至可能背井离乡搬迁到陌生生活环境等。这些问题可能导致当地居民的不满甚至抵触情绪，进而产生严重的社会风险和社会问题。因此，需要重点考虑受影响群体受到的影响、影响程度、承受力、可能导致的社会问题、补救措施及其效果。

3．实施阶段的社会评价

本阶段的主要任务是执行投资建设计划，按时、按质、按量顺利交付项目。项目实施过程是一个动态过程，面对变更的条件和计划，社会评价的条件和结论也可能发生变化。因此，项目实施阶段社会评价的关键是关注社会环境和社会条件的变化，注意方案措施的实施效果，研究变更情况，修订原有计划，制定并实施新的措施。

在项目实施阶段，应建立完善的社会监测与评价机构，其信息系统应及时、准确地将项目目标群体和受影响群体的状态信息、项目计划以及社会评价措施执行情况反馈到决策层。

4．使用阶段的社会评价

在使用阶段，项目设备和建筑物投入使用并开始生产，并建立起各种社会群体关系。这种社会群体关系对项目功能、维护社区稳定和构建良好的社会环境具有重要意义。本阶段社会评价的重点是处理好项目与当地社区、人群及各种机构间的关系。

（1）评价物业设施功能及维护状况

在项目使用阶段，有各种设备设施，如通风空调、电力、通信、给水、排水、园林、绿化、道路、地下管线等。确保并评估各种设备设施的运行状况，对于项目的正常运行具有重要作用，也是物业管理社会评价的主要内容。

（2）评价项目服务及运营状况

项目主要目标是提供各种优质服务，满足当地社区和受影响人群的生产或生活需要。本阶段主要任务是保证项目正常生产，减少项目对当地居民的不利影响，改善当地的生活社会环境，提高当地居民的收入水平，为当地居民创造就业机会等。

（3）评价项目与所在地区关系

使用阶段的社会评价应特别关注项目与所在地区的关系，营造祥和、轻松、舒适、亲切的关系，是项目追求的重要目标。应采取多种措施实现项目与当地社区的和谐相处，如成立项目与当地社区沟通交流的组织，及时交换意见、互通信息，增进了解；定期或不定期召开使用者代表会或联欢会联络感情，组织各种沙龙或各种娱乐活动加强联系。

5．后评价阶段的社会评价

建设项目后评价阶段社会评价的主要目的在于总结经验，为今后同类项目的建设和管理积累经验，改进项目管理，消除或减轻不利影响，以利项目持续实施，促进社会经济发展。

（1）社会环境影响评价

详细评价项目建设和运营过程中的自然及社会环境影响，分析已经发生的社会问题原因以及实施对策的实际效果；研究有无未曾预料的、估计错误的社会问题，有无需要采取补救措施的社会问题，采取恰当的措施缓减不利的社会影响，以有利于项目持续实施，促进社会稳定和进步。

（2）项目与社会适应性评价

分析项目对社区群众的适应性；项目对地区经济社会发展目标的适应性；项目在扶贫、解困，创造就业机会，提高当地居民收入等方面的贡献。

（3）项目持续性评价

项目持续性评价包括项目环境的持续性、经济增长的持续性和项目效果的持续性三方面。

环境持续性主要评价项目建设与运营对所在地区自然环境、生态环境、经济环境、文化环境、基础设施等人类生存和工作、生活环境带来的有利或不利影响；研究克服不利影响所采取措施的实际效果；分析潜在的社会风险，探讨进一步采取措施的必要性并预测其发展。

经济增长的持续性主要从就业、原材料消耗、能源消耗、市场及产业环境、技术水平等角度研究项目对国家和地区经济社会发展的影响；探讨项目本身维持正常发展的必要条件及其现状；分析项目持续发展的社会因素（如法律、法规、产业政策、业主及用户期望等）的有利或不利影响；研究项目经济可持续增长的方式及可能方式。

项目效果的持续性是指项目实现计划目标、提供商品和服务以及满足社区居民需要的能力。项目效果主要体现在其经营管理水平、服务效果、资源条件等方面。因此，建设项目效果持续性评价主要是考查项目的目标、社会效益、收入成本、经营管理、资源条件等。

思 考 题

1. 在建设项目经济费用和效益分析时，测定社会折现率应考虑的因素是（　　）。
   A. 通货膨胀
   B. 社会成员的费用效益
   C. 投资效益水平
   D. 影子汇率

2. 项目经济费用效益分析采用（　　）对未来经济效益和经济费用流量进行折现。
   A. 社会折现率
   B. 影子价格体系
   C. 基准收益率
   D. 市场利率

3. 某项目的某主要原料依靠进口，该原料所属品牌竞争性市场环境中，则其影子价格的计算公式为（　　）。
   A. 到岸价 × 影子汇率 − 进口费用
   B. 到岸价 × 市场汇率 + 进口费用
   C. 到岸价 × 市场汇率 − 进口费用
   D. 到岸价 × 影子汇率 + 进口费用

4. 进行国民经济评价应采用（　　）确定费用与效益。
   A. 市场价格
   B. 政府价格
   C. 管制价格
   D. 影子价格

5. 建设项目经济费用效益分析使用的影子价格的正确含义是（　　）。
   A. 政府为保证国计民生为项目制定的指导价格
   B. 使项目产出品更具竞争力的价格
   C. 反映项目投入物和产出物真实经济价值的价格
   D. 为扶助贫困人口特别提供的优惠价格

6. 关于建设项目经济费用效益分析的说法，正确的有（　　）。

A. 项目投资经济费用效益流量表的编制与项目融资方案无关
B. 有的项目可以不在财务分析的基础上进行经济费用效益分析
C. 经济效益和费用的识别应重点分析对国际社会所产生的影响
D. 项目投资经济费用效益流量表的费用流量中包括折旧费用
E. 由财务分析调整进行经济分析，流动资金中存货部分应按原价值保留

7. 下列关于经济费用效益分析与财务分析的区别，表述正确的是（　　）。
    A. 经济费用效益分析注重从项目投资人、债权人、经营者的角度分析项目
    B. 财务分析使用预测的财务收支价格
    C. 经济费用效益分析通常只进行盈利能力和偿债能力的分析
    D. 经济费用效益分析不仅考虑直接的费用和效益，还要考虑间接的费用和效益
    E. 经济费用效益分析解决项目的可持续发展问题

8. 下列关于经济费用效益分析，表述正确的是（　　）。
    A. 经济净现值大于或等于基准收益率，项目从经济资源配置的角度可以接受
    B. 经济内部收益率大于或等于基准收益率，项目从经济资源配置的角度可以接受
    C. 经济内部收益率大于或等于财务内部收益率，项目从经济资源配置的角度可以接受
    D. 经济内部收益率大于或等于社会折现率，项目从经济资源配置的角度可以接受

9. 在经济费用效益分析中，项目的经济效益可分为直接效益和间接效益。下列效益中，属于项目直接效益的有（　　）。
    A. 卫生保健项目带来的疾病预防效益
    B. 高速铁路项目的技术人员流动带来的效益
    C. 某植树造林项目带来的区域农产品增产收益
    D. 新建汽车项目使玻璃制造企业闲置能力得到利用
    E. 项目产品可以替代其他厂商的产品，使社会资源得到节省

10. 有关国民经济费用与效益的说法正确的是（　　）。
    A. 所得税不应算作国民经济费用中
    B. 国民经济效益是投资项目对国民经济发展所作的贡献
    C. 在国民经济评价中，折旧不计入费用中，在财务评价中应计入
    D. 通过国民经济费用与效益的比较可以确定投资项目的国民经济合理性
    E. 费用-效益分析方法要求运用影子价格、影子汇率及基准收益率等经济参数来分析国民经济费用和效益

11. 影子工资是指建设项目使用劳动力、耗费劳动力资源而使社会付出的代价。建设项目国民经济评价中以影子工资计算劳动力费用，影子工资常用的计算方法有哪些？

12. 什么是项目的直接效益和直接费用？在国民经济评价中采用什么价格体系计量直接效益和直接费用？

13. 社会评价的方法有哪些？

14. 某电网为满足新增用电将新建一个火电厂，单位千瓦·时占用的建设投资为0.6818元，建设期2年，生产期20年，分年投资比例各50%，不考虑固定资产余值回收；单位千瓦·时占用的流动资金为0.3元；发电煤耗按330克标准煤/（千瓦·时），当地煤的市场价格为127元/吨，换算为标准煤的影子（到厂）价格为255元/吨；运营及维护费用0.05元/（千瓦·时），厂用电率6%，社会折现率8%。用成本分解法计算的电力影子价格。

15. 已知某项目产出物在距项目所在地最近的口岸的离岸价格为50美元/吨，影子汇率为7.5元人民币/美元，项目所在地距口岸500千米，国内运费为0.1元/吨·千米，贸易费用率为6%，试求该项目产出物出厂价的影子价格。

| 第6章 |

工程项目的
风险分析

6.1 风险分析概述

6.1.1 风险分析的定义

风险（Risk）是指未来发生不利事件的概率或可能性。风险主要包括风险发生的概率和风险发生的影响两个方面。风险分析就是考察工程项目可能的风险因素，对风险进行衡量或评估，制定防范风险的措施。

建设项目的风险是指因不确定性导致项目实施结果偏离预期而造成损失的可能性。风险大小与损失发生的概率以及损失的严重性成正比。工程项目可行性研究中，通过对风险因素的识别，采用定性或定量分析的方法，估计各风险因素发生的可能性及其对项目的影响程度，揭示影响项目的关键风险因素，提出项目风险的预警、预报和相应的对策。风险分析的过程包括风险因素识别、风险估计、风险评价与风险应对。

6.1.2 风险识别

风险识别（Risk identification）运用系统论的方法对项目进行全面考察，综合分析，找出潜在的各种风险因素，并对各种风险进行比较、分类，确定各因素间的相关性与独立性，判断其发生的可能性以及对项目的影响程度，按其重要性进行排队或赋予权重。

风险识别应根据项目的特点选择方法。常用的方法有问卷调查法、专家调查法和情景分析法等。一般通过问卷调查法及专家调查法完成，建立项目风险因素调查表。

风险识别中，应充分考虑建设项目在不同阶段存在的主要风险有所不同；风险因素与项目本身特点密切相关；项目不同，风险管理主体可能会有不同的风险。在风险识别时应尽可能深入到最基本的风险单元，以明确风险的根本来源，正确判断风险因素间的相关性与独立性，并注意借鉴历史经验，要求分析者富有经验、创建性和系统观念。

6.1.3 风险估计

风险估计（Risk assessment）又称风险测定、测试、衡量和估算等，是在风险识别之后，通过定量分析的方法测度风险发生的可能性以及风险对项目的影响程度，估算风险事件发生的概率及其后果的严重程度。

风险估计分为主观估计和客观估计。主观估计是指对某一风险因素发生可能性的主观判断，用0到1的数据来描述。主观估计基于人们所掌握的大量信息或长期经验的积累。客观估计是根据大量的试验数据，用统计的方法计算某一风险因素发生的可能性，客观概率计算需要足够多的试验数据作支持。

在项目评价中，要对项目的投入与产出进行从机会研究到投产运营全过程的预测。由于不可能获得足够时间与资金对某一事件发生的可能性作大量的试验，又因事件是将来发生的，也不可能做出准确的分析，很难计算出该事件发生的客观概率，但决策又需要对事件发生的概率做出估计，因此项目前期的风险估计最常用的方法是由专家或决策者对事件出现的可能性做出主观估计。

风险估计的一个重要方面是确定风险事件的概率分布，其用来描述损失原因所致各种损失发生可能性的分布情况，是显示各种风险事件发生概率的函数。常用的概率分布类型有离散概率分布和连续概率分布，概率分布有正态分布、对数正态分布、泊松分布、三角分布和二项分布等。

在风险估计中，要注意充分利用已获得的各种信息进行估测和计算，在获得的信息不够充分的条件下则需要根据主观判断和近似的方法确定概率分布，具体采用何种分布应根据项目风险特点而定。确定风险事件的概率分布常用的方法有概率树、蒙特卡罗模拟及CIM模型等分析法。

6.1.4 风险评价

风险评价（Risk evaluation）是依据风险对项目经济目标的影响程度进行项目风险分级排序的过程，是对项目经济风险进行综合分析。在项目风险识别和估计的基础上，通过建立项目风险的系统评价模型，列出各种风险因素发生的概率及概率分布，确定可能导致的损失大小，从而找到该项目的关键风险，确定项目的整体风险水平，为如何处置这些风险提供科学依据。

风险评价可采用两种判别标准：以经济指标的累计概率、标准差为判别标准、以综合风险等级为判别标准。

在以经济指标的累计概率、标准差为判别标准中，财务（经济）内部收益率大于等于基准收益率的累计概率值越大，风险越小；标准差越小，风险越小。财务（经济）净现值大于等于零的累计概率值越大，风险越小；标准差越小，风险越小。

在以综合风险等级为判别标准中，风险等级的划分既要考虑风险因素出现的可能性，又要考虑风险出现后风险对项目的影响程度，一般选择矩阵列表法划分风险等级。矩阵列表法将风险因素出现的可能性及对项目的影响程度构造一个矩阵，表中每一单元对应一种风险的可能性及其影响程度。如表6-1所示，以风险应对的方式来表示风险的综合等级，风险等级采用数学推导和专家判断相结合确定。

综合风险等级分类表 表6-1

综合风险分析严重	风险影响程度			
	严重	较大	适度	低
风险可能性 高	K	M	R	R
较高	M	M	R	R
适度	T	T	R	I
低	T	T	R	I

综合风险等级分为K、M、T、R、I五个等级：

K（Kill） 表示项目风险很强，出现这类风险就要放弃项目；

M（Modify-plan） 表示项目风险强，需要修正拟议中的方案，通过改变设计或采取补偿措施等；

T（Trigger） 表示风险较强，设定某些指标的临界值，指标一旦达到临界值，就要变更设计或对负面影响采取补偿措施；

R（Review and reconsider） 表示风险适度（较小），适当采取措施后不影响项目；

I（Ignore） 表示风险弱，可忽略。

落在该表左上角的风险会产生严重后果；落在该表左下角的风险，发生的可能性相对低，必须注意临界指标的变化，提前防范与管理；落在该表右上角的风险影响虽然相对适度，但是发生的可能性相对高，也会对项目产生影响，应注意防范；落在该表右下角的风险，损失不大，发生的概率小，可以忽略不计。

风险等级的划分标准并不是唯一的，其他可供选择的划分标准有很多，如常用的风险等级划分为1~9级。

6.1.5 风险应对

在进行了风险识别和风险评估后，根据不同的风险因素，采取相应的应对措施，降低风险的不利影响，实现预期投资效益。在进行风险应对时，通常提出多个备选方案，通过多方案的技术经济比较，进行多视角分析。根据损益值（Profit and Loss）的期望值大小选择时，当损益值用费用表示时，应选择期望值最小的方案；当损益值用收益表示时，应选择期望值最大的方案。用方差进行分析时，方差越大，方案损益值偏离其期望值的可能性越大，从而方案的风险也越大。

在决策阶段，重大工程技术难题存在潜在风险因素时，可进行必要研究与试验课题，而对影响投资、质量、工期和效益等有关数据，如价格、汇率和利率等风险因素，在编制投资估算、制定建设计划和分析经济效益时，应留有充分的余地，谨慎决策，并在项目执行过程中实施有效监控。

在建设或运营期阶段，风险回避（Risk avoidance）是彻底规避风险的一种做法。一般适用于以下两种情况：某种风险可能造成相当大的损失；风险应对防范风险代价昂贵，得不偿失。风险控制（Risk control）是针对那些可驾驭和控制的风险所提出的降低风险发生可能性和减少风险损失程度的措施，并从技术和经济相结合的角度论证其可行性和合理性。风险转移（Risk transfer）是将项目业主可能面临的风险转移给他人承担，以避免风险损失的一种方法。借用合同或协议，在风险事故一旦发生时将损失的一部分或全部转移给他人，可分为保险转移和非保险转移两种。非保险转移方式包括将已做完前期的项目转给他人投资；或将其中风险大的部分转给他人承包建设或经营；或针对项目技术、设备、施工等可能存在风险，可在合同谈判中增加索赔性条款将风险损失转移给合同对方承担。针对风险较大的项目，为了控制项目的风险源，采取与其他企业合资或合作等方式，共同承担风险、共享收益的方法。

应对项目风险的后备措施主要有费用、进度和技术三种后备措施。预备费，是用于补偿差错、疏漏及其他不确定性对建设项目费用估计精确性的影响。进度后备措施就是在工程项目实施的关键路线上设置一段时差或浮动时间。项目不确定程度越高，任务越含糊，关键路线上的时差或浮动时间也应该越长。技术后备措施专门用于应付项目的技术风险，它可以是某类技术或是一段时间，也可以是一笔资金。需要采取补救行动时，用这类技术或这笔资金或这段时间。

6.2 项目风险的分析方法

项目风险分析的方法主要包括盈亏平衡分析法、敏感性分析法、概率分析法、专家调查法、层次分析法和蒙特卡罗模拟法等。

6.2.1 盈亏平衡分析法

盈亏平衡分析（Break-even analysis）是指项目达到设计生产能力的条件下，通过盈亏平衡点（Break-even-point，BEP）分析项目成本与收益的平衡关系。盈亏平衡分析可以判断投资方案抗风险能力的大小。这种方法常用于进行生产性建设项目的抗风险能力分析。产量的盈亏平衡分析是假定在一定时期内，固定成本、单位产品的销售，价格和变动成本都保持一个确定的量值条件下所进行的分析。

盈亏平衡点是项目盈利与亏损的转折点，即在这一点上，销售（营业、服务）收入等于总成本费用，正好盈亏平衡，用以考察项目对产出品变化的适应能力和抗风险能力。

盈亏平衡分析可以分为图解法和代数法；按要素间关系可分为线性盈亏平衡分析和非线性盈亏平衡分析；按时间价值可分为静态盈亏平衡分析和动态盈亏平衡分析。下面主要介绍一下线性盈亏平衡分析和非线性盈亏平衡分析。

1．线性盈亏平衡分析

线性盈亏平衡分析有以下四个假定条件：

（1）产量等于销售量，即当年生产的产品（或提供的服务，下同）当年销售出去；

（2）产销量变化，单位可变成本不变，总成本费用是产量的线性函数；

（3）产销量变化，销售单价不变，销售收入是销售量的线性函数；

（4）按单一产品计算，当生产多种产品，应换算为单一产品，不同产品的生产负荷率的变化应保持一致。

线性盈亏平衡分析时，假设在生产性建设项目投产后的正常年份中，生产并销售的产品数量为Q，单位产品的销售价格为P，单位产品的变动成本为V，年固定成本为F，则年

总销售收益 R、年总成本 C 和年销售利润 E 分别为：

$$R = P \cdot Q \quad (6\text{-}1)$$

$$C = F + V \cdot Q \quad (6\text{-}2)$$

$$E = P \cdot Q - (F + V \cdot Q) \quad (6\text{-}3)$$

年销售利润恰好等于零时，该项目既不盈利也不亏本，此时的产量称为盈亏平衡点。

$$E = P \cdot Q - (F + V \cdot Q) = 0 \quad (6\text{-}4)$$

若用 Q^* 表示盈亏平衡时的生产并销售的产品数量，则根据上式，即可得到：

$$Q^* = F/(P-V) \quad (6\text{-}5)$$

同理，可根据上式分别得出单位产品销售价格的盈亏界限 P^*、单位产品变动成本的盈亏界限 V^* 和固定成本的盈亏界限 F^* 分别为：

$$P^* = (F + VQ)/Q \quad (6\text{-}6)$$

$$V^* = (PQ - F)/Q \quad (6\text{-}7)$$

$$F^* = (P - V)Q \quad (6\text{-}8)$$

若用纵轴表示销售收入和成本，横轴表示生产并销售的产品数量，则产量的盈亏平衡关系可以用图6-1表示。

在图6-1中，纵坐标表示销售收入和销售成本，横坐标表示销售量，Q_0 表示盈亏平衡点BEP对应的盈亏平衡销量（或称盈亏界限）。在盈亏平衡点BEP右侧，销售量大于盈亏界限 Q_0，销售收入大于销售成本，项目盈利；在盈亏平衡点BEP左侧，销售量小于盈亏界限 Q_0，销售收入小于销售成本，项目亏损；在盈亏平衡点BEP上，销售收入等于销售成本，项目既不盈利也不亏损。

因此，盈亏平衡点BEP就构成了项目盈利和亏损的临界点，该临界点越低，项目盈利的机会就越大，项目亏损的机会就越小。从风险管理的角度，应设法确保项目的产出达到甚至超过产量盈亏界限。由于盈亏平衡点是由项目收入和成本共同作用的结果，因此要改善项目盈利机会，还必须尽量降低项目的固定成本和可变成本。

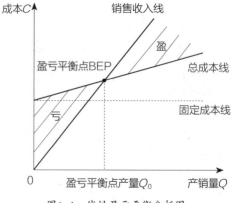

图6-1　线性盈亏平衡分析图

[例6-1] 某项目设计生产能力为10万吨/年，产品单价为800元/吨，其中固定成本为10000000元，单位可变成本为500元/吨，销售税率为3%，求项目投产后的盈亏平衡产量。

[解]：

$F = 10000000$（元），$p = 800$（元）

$r = 3\%$，$C = 500$（元/吨）

$$Q = \frac{F}{(1-r)p - C} = \frac{10000000}{800 - 500 - 800 \times 3\%} = 36200（吨）$$

计算表明，项目投产后只要有36200吨的订货量就可以保本。

[例6-2] 某公司生产某型飞机整体壁板的方案设计生产能力为100件/年，每件售价P为6万元，方案年固定成本F为80万元，单位可变成本V为每件4万元，销售税金Z为每件200元。若公司要求经营安全率在55%以上，试评价该技术方案。

[解]：

200元 = 0.02万元

盈亏平衡方程为：

$$P_x = F + V_x + Z_x$$

$$x_0 = \frac{F}{P - V - Z} = \frac{80}{6 - 4 - 0.02} = 40.4（件）$$

$$S = \frac{\bar{x} - x_0}{\bar{x}} \times 100\% = \frac{100 - 40.4}{100} \times 100\% = 59.6\% > 55\%$$

所以，该方案可以接受。

2．非线性盈亏平衡分析

在实际的项目管理活动中，经常会受到诸如政策、使用需求等环境变化的影响，从而使销售收入、销售成本与销售量不成线性关系。因此，在项目管理活动中利用非线性盈亏平衡分析来确定盈亏平衡点。

[例6-3] 某化工企业新上马项目投产后，年固定成本为13.2亿元，单位变动成本为56万元/吨，当原材料大批量购买时，每多生产1吨产品，单位变动成本可降低20元；单位售价为110万元/吨，销量C每增加一吨产品，售价下降70元。试求盈亏平衡点。

[解]：

13.2亿元 = 132000万元

> 20元 = 0.002万元
> 70元 = 0.007万元
> 单位产品的售价为：$(110 - 0.007Q)$
> 单位产品的变动成本为：$(56 - 0.002Q)$
> $C(Q) = 132000 + (56 - 0.002Q)Q = 132000 + 56Q - 0.002Q^2$
> $R(Q) = (110 - 0.007Q)Q = 110Q - 0.007Q^2$
> 由盈亏平衡原理：
> $$C(Q) = R(Q)$$
> 即 $132000 + 56Q - 0.002Q^2 = 110Q - 0.007Q^2$
> 解得：$Q_1 = 3739$（吨），$Q_2 = 7061$（吨）

3．盈亏平衡分析的局限性

通过盈亏平衡分析得出了盈亏平衡点，使决策的外部条件简单地表现出来，根据盈亏平衡点的高低，可以大致了解项目抗风险的能力。由于这种分析方法简便，所以被广泛地应用于项目的评价分析中，但它也有一定的局限性。

首先必须假定产量等于销售量，这在实际工作中并不都是如此，难以全面反映项目未来的实际情况。

其次，这种分析方法要求产品单一并把所有不同的收入和不同的成本都集中在两条线上表现出来，难以精确地描述实际工作可能出现的各种具体情况，从而影响到分析的精确性，只能粗略地对变量因素进行分析。要获得项目较为精确的评价结果，必须配合其他评价方法进行深入分析。

6.2.2 敏感性分析法

在项目的整个生命周期内，存在着各种不确定因素，而这些因素对项目的影响程度也是不一样的，有些因素发生很小的变化就会引起项目指标发生较大的变化，甚至变化超过了临界点（所谓临界点是指在该点处，所分析的因素使某项目备选方案从被接受转向被否决），直接影响到原来的项目管理决策，这些因素被称为敏感性因素；有些因素虽然在较大的数值范围内变化，但只引起项目评价指标发生很小的变化甚至没有变化，这些因素被称为不敏感因素。敏感性分析的目的就是通过分析和预测影响工程项目经济评价指标的主要因素（投资、成本、价格、折现率、建设工期等）发生变化时，这些经济评价指标（如净现值、内部收益率、偿还期等）的变化趋势和临界值，从中找出敏感性因素，并确定其敏感程度，从而对外部条件发生不利变化时投资方案的承受能力做出判断。

1．敏感性分析的作用

敏感性分析（Sensibility analysis）是经济决策中常用的一种不确定分析方法，其目的是了解各种不确定性因素，为项目的正确决策提供依据。具体而言，其作用主要体现在以下几个方面：

（1）求解项目的风险水平。

（2）找出影响项目效果的主导因素。

（3）揭示敏感性因素可承受的变动幅度。

（4）比较分析各备选方案的风险水平，实现方案选优。

（5）预测项目变化的临界条件或临界数值，确定控制措施或寻求可替代方案。

2．敏感性分析的一般步骤

（1）确定分析指标

由于投资效果可用多种指标来表示，在进行敏感性分析时，必须先确定分析指标。一般而言，我们在经济指标评价体系中讨论的一系列评价指标，都可以成为敏感性分析指标。在选择时，应根据经济评价深度和项目的特点来选择一种或两种评价指标进行分析。需要注意的是，选定的分析指标，必须与确定性分析的评价指标相一致，这样便于进行对比说明问题。在技术经济分析评价实践中，最常用的敏感性分析指标主要有投资回收期、方案净现值和内部收益率。

（2）选定不确定因素

影响技术项目方案经济指标的因素众多，不可能也没有必要对全部不确定性因素逐个进行分析。在选定需要分析的不确定性因素时，可从两个方面考虑：第一，这些因素在可能的变化范围内，对投资效果影响较大；第二，这些因素发生变化的可能性较大。通常设定的不确定性因素有产品价格、产销量、项目总投资、年经营成本、项目寿命期、建设工期及达产期、基准折现率、主要原材料价格等，然后再设定这些不确定性因素的变化范围。

（3）计算因素变动对分析指标影响的量化结果

假定其他的不确定性因素不变，一次仅变动一个不确定性因素，重复计算各种可能的不确定性因素的变化对分析指标影响的具体数值。然后采用敏感性分析计算表或分析图的形式，把不确定性因素的变动与分析指标的对应数量关系反映出来，以便于确定敏感性因素。

（4）确定敏感性因素

敏感性因素是指能引起分析指标产生相应较大变化的因素。测定某特定因素敏感与否，可采用两种方式进行。第一种是相对测定法，即设定要分析的因素均从基准值开始变动，且各因素每次变动幅度相同，比较在同一变动幅度下各因素的变动对经济效果指标的影响，就可以判别出各因素的敏感程度。第二种方式是绝对测定法，即使各因素均向降低投资效果的方向变动，并设该因素达到可能的"最坏"值，然后计算在此条件下的经济效果指标，看其是否达到使项目在经济上不可取的程度。如果项目已不能接受，则该因素就是敏感性因素。绝对测定法的一个变通方式是先设定有关经济效果指标为其临界值，如令净现值等于零,内部收益率为基准折现率,然后求待分析因素的最大允许变动幅度,并与其可能出现的最大变动幅度相比较。如果某因素可能出现的变动幅度超过最大允许变动幅度,则表明该因素是方案的敏感因素。

(5)结合确定性分析进行综合评价,选择可行的比选方案

根据敏感性因素对技术项目方案评价指标的影响因素,结合确定性分析的结果做进一步的综合评价,寻求对主要不确定性因素变化不敏感的可选方案。

在技术项目方案分析比较中,对主要不确定性因素变化不敏感的方案,其抵抗风险能力比较强,获得满意经济效益的潜力比较大,优于敏感方案,应优先考虑接受。有时,还根据敏感性分析的结果,采取必要的相应对策。

3. 敏感性分析的方法

敏感性分析可以是对项目中单一因素进行分析,即假设项目活动其他因素不变,只分析一个敏感性因素的变化对项目活动的影响,这称为单因素敏感性分析;也可以是对项目中多个因素进行分析,即同时分析多个因素变化对项目活动的影响,这称为多因素敏感性分析。

(1)单因素敏感性分析方法

①根据项目特点,结合经验判断选择对项目效益影响较大且重要的不确定因素进行分析。经验表明,主要对产出物价格、建设投资、主要投入物价格或可变成本、生产负荷、建设工期及汇率等不确定因素进行敏感性分析。

②敏感性分析一般是选择不确定因素变化的百分率为±5%、±10%、±15%、±20%等;对于不便用百分数表示的因素,例如建设工期,可采用延长一段时间表示,如延长一年。

③建设项目经济评价有一整套指标体系,敏感性分析可选定其中一个或几个主要指标进行分析,最基本的分析指标是内部收益率,根据项目的实际情况也可选择净现值或投资回收期评价指标,必要时可同时针对两个或两个以上的指标进行敏感性分析。

④敏感度系数是指项目评价指标变化的百分率与不确定因素变化的百分率之比。敏感度系数高,表示项目效益对该不确定因素敏感程度高。计算公式为:

$$S_{AF} = \frac{\Delta A / A}{\Delta F / F} \tag{6-9}$$

式中 S_{AF}——评价指标A对于不确定因素F的敏感系数;

$\Delta F / F$——不确定因素F的变化率;

$\Delta A / A$——不确定因素F发生ΔF变化率时,评价指标A的相应变化率。

⑤临界点(Switch Value)是指不确定性因素的变化使项目由可行变为不可行的临界数值,可采用不确定性因素相对基本方案的变化率或其对应的具体数值表示。当该不确定因素为费用科目时,即为其增加的百分率;当其为效益科目时为降低的百分率。临界点也可用该百分率对应的具体数值表示。当不确定因素的变化超过了临界点所表示的不确定因素的极限变化时,项目将由可行变为不可行。

临界点的高低与计算临界点的指标的初始值有关。若选取基准收益率为计算临界点的

指标,对于同一个项目,随着设定基准收益率的提高,临界点就会变低(即临界点表示的不确定因素的极限变化变小);而在一定的基准收益率下,临界点越低,说明该因素对项目评价指标影响越大,项目对该因素就越敏感。

⑥敏感性分析结果在项目决策分析中的应用

将敏感性分析的结果进行汇总,编制敏感性分析表,见表6-2;编制敏感度系数与临界点分析表,见表6-3;并对分析结果进行文字说明,将不确定因素变化后计算的经济评价指标与基本方案评价指标进行对比分析,结合敏感度系数及临界点的计算结果,按不确定性因素的敏感程度进行排序,找出最敏感的因素,分析敏感因素可能造成的风险,并提出应对措施。当不确定因素的敏感度很高时,应进一步通过风险分析,判断其发生的可能性及对项目的影响程度。

敏感性分析表　　　　　　　　　　　　表6-2

变化因素＼变化率	-30%	-20%	0	10%	20%	30%
基准折现率						
建设投资						
原材料成本						
汇率						
……						

敏感度系数和临界点分析表　　　　　　　表6-3

序号	不确定因素	变化率	内部收益率	敏感度系数	临界点	临界值
1	基本方案					
2	产品产量					
3	主要原材料价格					
4	建设投资					
5	汇率					
……	……					

[例6-4] 某投资方案预计总投资293万元,年产量为10万台,产品价格为95元/台,年销售成本为820万元,方案经济寿命期为10年,基准折现率为12%。试就投资额、销售收入、销售成本及方案寿命期进行敏感性分析。

[解]:

以净现值作为经济评价指标,基准方案的净现值为

$$NPV0 = -293 + (10 \times 95 - 820)(P/A, 12\%, 10) = 441.5（万元）$$

下面用净现值指标分别就投资额、销售收入、销售成本和寿命期等不确定因素作敏感性分析。

投资额变动的百分比为 x，分析投资额变动对方案净现值影响的计算公式为：
$$NPV = -293(1+x) + (10 \times 95 - 820)(P/A, 12\%, 10)$$

设销售收入变动的百分比为 y，分析销售收入对方案净现值影响的计算公式为：
$$NPV = -293 + [10 \times 95(1+y) - 820](P/A, 12\%, 10)$$

设销售成本变动的百分比为 z，分析销售收入对方案净现值影响的计算公式为：
$$NPV = -293 + [10 \times 95 - 820(1+z)](P/A, 12\%, 10)$$

设寿命期变动的百分比为 o，分析寿命期变动对方案净现值影响的计算公式为：
$$NPV = -293 + (10 \times 95 - 820)[P/A, 12\%, 10(1+o)]$$

对投资额、销售收入、销售成本及方案寿命期逐一按在基准基础上变化 ±5%、±10%、±20% 变化取值，所对应的方案净现值变化结果见表6-4。

因素变化对净现值的影响表　　　　　　　　　　表6-4

变化率	-20%	-10%	-5%	0	5%	10%	20%
投资	500.0	470.8	456.2	441.5	426.8	412.2	382.9
销售收入	-632.0	-95.2	173.1	441.5	709.9	978.3	1515
销售成本	1368.1	904.8	673.2	441.5	209.9	-21.8	-485.1
寿命	352.8	400.0	421.2	441.5	460.7	478.9	512.3

敏感性分析表　　　　　　　　　　表6-5

不确定性因素	变化率（%）	基本方案	敏感度系数	临界点	临界值
净现值（万元）		441.5（万元）			
投资	±5, ±10, ±20	293（万元）	-0.664	+150.69%	734.5（万元）
销售收入	±5, ±10, ±20	950（万元）	12.16	-8.23%	871.8（万元）
销售成本	±5, ±10, ±20	820（万元）	-10.49	+9.53%	898.1（万元）
寿命	±5, ±10, ±20	10（年）	1（-20%，最大）	-72.07%	2.79（年）

从表6-5看出，以同样的变化率下，销售收入及销售成本的变动对方案的净现值影响最大。

（2）多因素敏感性分析

单因素敏感性分析方法适合于分析项目方案的最敏感因素，但是忽略了各个变化因素综合作用的可能性。无论是哪种类型的技术项目方案，各种不确定因素对项目方案经济效益的影响，都是相互交叉综合发生的，而且各个因素的变化率及其发生的概率是随机的。因此，研究分析经济评价指标受多个因素同时变化的综合影响，研究多因素的敏感性分析，更具有实用价值。在多因素敏感性分析中常采用三项预测值分析法，即以各因素出现的三种特殊状态（最不利状态、最可能状态、最有利状态）为依据来计算项目的经济效果评价指标。

通过多因素三状态的敏感性分析，项目经济效果评价指标的不确定程度得到进一步的反映，可为决策提供一定的科学依据。很明显，即使只有几个因素，在敏感性分析中使用乐观—最可能—悲观估计技术会产生很多可能组合，调查所有这些数据的任务将极其费时。进行敏感性分析的目标之一就是避免仔细考察那些对于评价指标不是很敏感的因素，而是着重研究那些较为敏感的因素。那么，分析需要考虑的组合的数量可能就保持在一个可以控制的范围。

4. 敏感性分析的不足

敏感性分析具有分析指标具体、能与项目方案的经济评价指标紧密结合、分析方法容易掌握、便于分析、决策等优点，有助于找出影响项目方案经济效益的敏感因素及其影响程度，对于提高项目方案经济评价的可靠性具有重大意义。但是，敏感性分析没有考虑各种不确定性因素在未来发生变化的概率，这可能会影响分析结论的准确性。实际上，各种不确定性因素在未来发生某一幅度变化的概率一般是不同的。可能有这样的情况，通过敏感性分析找出的某一敏感因素未来发生不利变化的概率很小，因而实际上所带来的风险并不大，以至于可以忽略不计，而另一不太敏感的因素未来发生不利变化的概率很大，实际上带来的风险比敏感因素更大。盈亏平衡分析、敏感性分析都没有考虑参数变化的概率。因此，这两种分析方法虽然可以回答哪些参数变化或假设对项目风险影响大，但不能回答哪些参数或假设最有可能发生变化以及这种变化的概率，这是它们在风险评估方面的不足。

6.2.3 概率分析法

概率分析（Probabilistic analysis）法是借助现代计算技术，运用概率论和数理统计原理，对风险因素的概率分布影响评价指标结果进行定量计算的分析方法。建设项目评价中的概率分析的一般做法是，首先预测风险因素（如产品或服务的销售量、销售价格、成本、投资、建设工期等）发生各种变化的概率，将风险因素作为自变量，预测其取值范围和概率分布，再将选定的经济评价指标作为因变量，测算评价指标的相应取值范围和概率分布，计算评价指标的数学期望值和项目成功或失败的概率，判定项目的风险程度，为建设项目投资决策提供依据。

在建设工程经济分析中，概率分析一般按照下列步骤进行：

1. 选定评价指标

在进行概率分析时可选定一个或几个评价指标，通常选择那些能反映项目的关键评价指标。如财务内部收益率、财务净现值、经济内部收益率、经济净现值以及其他评价指标。

2. 选定风险因素（变量）

通过风险因素的识别，确定对项目评价指标有决定性影响的关键因素（变量）。针对项目的不同情况，常用的识别方法有以下三种。

（1）资料分析法。根据类似项目的历史资料寻求对项目有决定性影响的关键因素（变量）。

（2）专家调查表法。根据对拟建项目所在行业的市场需求、生产技术状况、发展趋势等的全面了解，并在专家调查、定性分析的基础上，确定关键因素（变量）。

（3）敏感性分析法。根据敏感性分析的结果，将那些最为敏感的因素作为概率分析的关键因素（变量）。

通常选定需要进行概率分析的风险因素（变量）有产品价格、销售量、主要原材料价格、投资额以及外汇汇率等。

3. 预测风险因素（变量）变化的范围及概率分布

首先在项目使用的范围内，确定项目可能出现的状态。如分析的风险因素（变量）是产品市场销售量，则可能出现的状态有：低销售量、中等销售量、高销售量，或进一步细分为很低、低、中等、高、很高，然后确定可能发生的各种状态的概率或在一个状态区间内发生的概率。

（1）概率的种类

在建设项目评价中的概率有主观概率和客观概率两种。

主观概率是根据人们的经验凭主观推断而获得的概率。主观概率可以通过对有经验的专家调查获得或由评价人员的经验获得。前一种方法获得的主观概率比少数评价人员确定的主观概率可信度要高一些。

客观概率是在基本条件不变的前提下，对类似事件进行多次观察和试验，统计每次观察和试验的结果，最后得出各种结果发生的概率。

由于项目建设具有单件性的特点，每个项目建设无论是外部条件和内部条件都具有较大的差异，因此，一般难以获得项目风险分析中变量的客观概率，主观概率的获得将占有重要地位。

（2）概率分布的类型

在一定条件下，并不总是出现相同结果的现象称为随机现象，表示随机现象各种结果的变量称为随机变量。在建设项目经济评价中所遇到的大多数变量因素，如投资额、成本、销售量、产品价格、项目寿命期等，都是随机变量。可以预测其未来可能的取值范围，估计各种取值或值域发生的概率，但不可能肯定地预知其取值。项目方案的现金流量序列是由这些因素的取值所决定的，所以，方案的现金流量序列实际上也是随机变量。而以此计算出来的经济评价指标也是随机变量。

要全面了解一个随机变量，不但要知道它取哪些值，而且要知道它取这些值的规律，即要掌握它的概率分布。常用的概率分布类型有离散概率分布和连续概率分布。

当输入变量可能值为有限个数，这种随机变量称为离散型随机变量，其概率称离散概率，它适用于变量取值个数不多的输入变量。

当输入变量的取值充满一个区间，无法按一定次序一一列举出来时，这种随机变量称连续型随机变量，其概率称连续概率，常用的连续概率分布有正态分布、对数正态分布、泊松分布、三角分布、二项分布等。

4．计算评价指标的相应取值和概率分布

根据测定的风险因素取值和概率分布，计算评价指标的相应取值和概率分布。

5．分析计算结果

分析计算结果，判断其可接受性，研究减轻和控制不利影响的措施。

总之，利用概率分析，可以弄清楚各种不确定因素出现的某种变化，建设项目获得某种利益或达到某种目的的可能性大小，或者获得某种效益的把握程度。

[例6-5] 已知某投资方案各种因素可能出现的数值及其对应概率，见表6-6。假设投资发生在期初，年净现值流量均发生在各年的年末。已知标准折现率为10%，试求其净现值的期望值，并对该项投资进行评价。

投资方案变量因素值及其概率　　　　表6-6

投资额		年净收益		寿命期	
数值（万元）	概率	数值（万元）	概率	数值（年）	概率
120	30%	20	25%	10	100%
150	50%	28	40%		
175	20%	33	35%		

[解]：

根据各因素的取值范围，共有9种不同的组合状态，求出各种状态的净现值及其对应的概率，见表6-7。

方案所有组合状态的概率及净现值　　　　表6-7

投资额（万元）	120			150			175		
年净收益（万元）	20	28	33	20	28	33	20	28	33
组合概率	0.075	0.12	0.105	0.125	0.2	0.175	0.05	0.08	0.07
净现值（万元）	2.89	52.05	82.77	-27.11	22.05	52.77	-52.11	-2.95	27.77

根据净现值的期望值计算公式，可求出净现值的期望值：

$$E(NPV) = 2.89 \times 0.075 + 52.05 \times 0.12 + 82.77 \times 0.105 - 27.11 \times 0.125 + 22.05 \times 0.2$$
$$+ 52.77 \times 0.175 - 52.11 \times 0.05 - 2.95 \times 0.08 + 27.77 \times 0.07 = 24.51（万元）$$

下面计算净现值的离散系数对项目进行进一步评价：

$$D(NPV) = \sum [NPV_i - E(NPV)]^2 P_i = [2.89 - 24.51]^2 \times 0.075 + [52.05 - 24.51]^2 \times 0.12$$
$$+ [82.77 - 24.51]^2 \times 0.105 + [-27.11 - 24.51]^2 \times 0.125 + [22.05 - 24.51]^2 \times 0.2$$
$$+ [52.77 - 24.51]^2 \times 0.175 + [-52.11 - 24.51]^2 \times 0.05 + [-2.95 - 24.51]^2 \times 0.08$$
$$+ [27.77 - 24.51]^2 \times 0.07 = 1311.11（万元）$$

$$\sigma(NPV) = \sqrt{D(NPV)} = 36.21（万元）$$

离散系数 $C_V = \dfrac{\sigma}{E(NPV)} = \dfrac{36.21}{24.51} = 1.4774$

净现值大于等于零的累积概率为：

$$P(NPV \geq 0) = 0.075 + 0.12 + 0.105 + 0.2 + 0.175 + 0.07 = 0.745 = 74.5\%$$

该项目的净现值的期望值为24.51万元，净现值大于或等于零的累积概率为74.5%，但标准差为36.21万元，离散系数为1.4774，说明项目有较大风险。

6.2.4 专家调查法

对风险的识别和评价可采用专家调查法。专家调查法简单、易操作，它凭借分析者（包括可行性研究人员和决策者等）的经验对项目各类风险因素及其风险程度做出定性估计。专家调查法可以通过发函、开会或其他形式向专家进行调查，对项目风险因素、风险发生的可能性及风险对项目的影响程度评定，将多位专家的经验集中起来形成分析结论。由于它比一般的经验识别法更具客观性，因此应用较为广泛。

采用专家调查法时，专家应熟悉该行业和所评估的风险因素，并能做到客观公正。为减少主观性，聘用的专家应有一定数量，一般应在10~20位。具体操作上，将项目可能出现的各类风险因素、风险发生的可能性及风险对项目的影响程度采取表格形式一一列出，请每位专家凭借经验独立对各类风险因素的可能性和影响程度进行选择，最后将各位专家的意见归集起来，填写专家调查表，见表6-8。专家调查法是获得主观概率的基本方法。

风险因素专家调查统计表　　　　表6-8

序号	风险因素名称	出现的可能性				出现后对项目影响程度			
		高	强	适度	低	高	强	适度	低
1	市场方面								
1.1	市场需求量								

(续表)

序号	风险因素名称	出现的可能性				出现后对项目影响程度			
		高	强	适度	低	高	强	适度	低
1.2	竞争能力								
1.3	价格								
	……								
2	技术方面								
2.1	可靠性								
2.2	适用性								
3	资源方面								
3.1	资源储量								
3.2	开采成本								
	……								
4	工程地质方面								
	……								
5	投融资方面								
5.1	汇率								
5.2	利率								
6	投资期								
6.1	工期								
	……								
7	配套条件								
7.1	水电气供应								
7.2	交通运输条件								
7.3	其他配套工程								
	……								
	专家姓名 职称			专业 所在单位					

6.2.5 层次分析法

层次分析法（Analytic hierarchy process，AHP）是一种定性与定量相结合的决策分析方法，简称AHP方法。层次分析法是一种多准则决策分析方法。在风险分析中它有两种用途：一是将风险因素逐层分解识别直至最基本的风险因素，也称正向分解的重要程度；二是两两比较同一层次风险因素的重要程度，列出该层风险因素的判断矩阵（判断矩阵可由专家调查法得出），判断矩阵的特征根就是该层次各个风险因素的权重（具体计算方法可参见介绍层次分析的书籍），利用权重与同层次风险因素概率分布的组合，求得上一层风险的概率分布，直至求出总目标的概率分布，也称反向合成。运用层次分析法解决实际问题一般包括四个步骤。

1. 确定评估目标构造递阶层次结构模型

明确方案评估的准则，根据评估目标和评估准则构造递阶层次结构模型（Hierarchical structure model）。

（1）递阶层次结构类型。AHP法所建立的层次结构一般有三种类型：完全相关结构，即上一层次的每一要素与下一层次的所有要素完全相关；完全独立结构，即上一层次的要素都各自独立，都有各不相干的下层要素；混合结构，即上述两种结构的混合，是一种既非完全相关又非完全不相干的结构。

（2）递阶层次结构模型的构造。递阶层次结构模型一般分为三层：目标层，也称理想层次，是最高层次，指决策问题所追求的总目标；准则层也称因素层或约束层，是指评估准则或衡量准则，是指评判方案优劣的准则；方案层，也称对策层，是指决策问题的可行方案。

各层间诸要素的联系用弧线表示，同层要素之间无连线，因为他们相互独立，上层要素对下层要素具有支配（包含）的作用，或下层对上层有贡献作用，即下层对上层无支配作用，或上层对下层无贡献作用，这样的层次结构称为递阶层次结构。

2. 应用两两比较法构造所有的判断矩阵

（1）判断尺度。判断尺度表示要素A_i对要素A_j的相对重要性的数量尺度，见表6-9。

两两比较的标度　　　　　　　　表6-9

定义（a_{ij}）	标度
i因素比j因素绝对重要	9
i因素比j因素重要得多	7
i因素比j因素重要	5
i因素比j因素稍微重要	3
i因素比j因素一样重要	1
i与j两因素重要性介于两个相邻判断尺度中间	2，4，6，8

（2）判断矩阵。判断矩阵是以上层的某一要素Hs作为判断标准，对下层要素进行两两比较确定的元素值。例如，在Hs准则下有n阶的判断矩阵$A(a_{ij})_{n \times n}$，其形式见表6-10。

n阶判断矩阵A示意　　　　　　　　表6-10

Hs	A_1	A_2	……	A_j	……	A_n
A_1	a_{11}	a_{21}	……	a_{1j}	……	a_{1n}
A_2	a_{21}	a_{22}	……	a_{2j}	……	a_{2n}
……	……	……	……	……	……	……

(续表)

Hs	A_1	A_2	……	A_j	……	A_n
A_i	a_{i1}	a_{i2}	……	a_{ij}	……	a_{in}
……	……	……		……		……
A_n	a_{n1}	a_{n2}	……	a_{nj}	……	a_{nn}

判断矩阵中的元素 a_{ij} 表示从判断准则 Hs 的角度考虑要素 A_i 对要素 A_j 的相对重要性，即

$$a_{ij} = \frac{W_i}{W_j} \tag{6-10}$$

由表 6-12 可知，判断矩阵 A 有：

$$a_{ij} > 0$$
$$a_{ij} = 1/a_{ji}$$
$$a_{ii} = 1$$

3．确定项目风险要素的相对重要度

在应用 AHP 法进行评估和决策时，需要知道 A_i 关于 Hs 的相对重要度，即 A_i 关于 Hs 的权重。计算分析程序如下。

（1）计算判断矩阵 A 的特征向量 W。首先确定判断矩阵的特征向量 W，然后经过归一化处理即得到相对重要度：

$$W_i = (\prod_{j=1}^{n} a_{ij})^{\frac{1}{n}}, \ i = 1, 2, \cdots, n \tag{6-11}$$

$$W = \sum_{i=1}^{n} W_i \tag{6-12}$$

（2）一致性判断。在对系统要素进行重要性判断时，由于运用的主要是专家的隐性知识，因而不可能完全精确地判断出 W_i/W_j 的比值，只能对其进行估计，因此必须进行相容性分析和误差分析。估计误差必然会导致判断矩阵特征值的偏差，据此定义相容性指标。

若矩阵 A 完全相容时，应有 $\lambda_{\max} = n$，若不相容时则 $\lambda_{\max} > n$，因此可以应用 $\lambda_{\max}$ 与 n 的关系来界定偏离相容性的程度。设相容性指标为 $C.I.$，则有

$$C.I. = \frac{\lambda_{\max} - n}{n - 1} \tag{6-13}$$

式中 $\lambda_{\max}$——判断矩阵 A 的最大特征根。其算法如下：

$$\lambda_{\max} = \sum_{i=1}^{n} \frac{[AW]_i}{nW_i} \tag{6-14}$$

式中 $[AW]_i$——矩阵 $[AW]$ 的第 i 个分量。

定义一致性指标 CR 为

$$CR = \frac{C.I.}{C.R.} \qquad (6-15)$$

式中　　$C.R.$——随机性指标。

当矩阵一致时，$C.R. = 0$；当矩阵不一致时，一般有 $\lambda_{\max} > n$，因此 $C.I. > 0$。故一般可根据 $C.I. < 0.1$ 来判断矩阵的一致性。对于如何判断 $C.R.$ 可否被接受，Saaty 构造了最不一致的情况：就是对不同 n 的比较矩阵中的元素，采用 1/9, 1/7, …, 7, 9 随机取数的方式赋值，并且对不同 n 用 100~500 个子样，计算其一致性指标，再求得其平均值，记为 $C.R.$，结果见表 6-11。

随机性指标 $C.R.$ 数值　　　　表 6-11

n	1	2	3	4	5	6	7	8	9	10	11
$C.R.$	0	0	0.58	0.9	1.12	1.24	1.32	1.41	1.45	1.49	1.51

若一致性指标 $CR < 0.1$，则认为判断矩阵的一致性可以接受，权重向量 W 可以接受。

4．计算综合重要度

在计算各层次要素对上一级 Hs 的相对重要度以后，即可从最上层开始，自上而下地求各层要素关于系统总体的综合重要度，对于所有项目风险因素（或备选方案）进行优先排序。其分析计算过程如下。

设第二层为 A 层，有 m 个要素 A_1, A_2, …, A_m，它们关于系统总体的重要度分别为 a_1, a_2, …, a_m。第三层为 B 层，有 n 个要素 B_1, B_2, …, B_n，它们关于 a_i 的相对重要度分别为 b_1^i, b_2^i, …, b_n^i，则第 B 层的要素 B_j 的综合重要度为

$$b_j = \sum_{i=1}^{n} a_i b_j^i, \quad j = 1, 2, 3, \cdots, n \qquad (6-16)$$

即下层 j 要素的综合重要度是以上层要素的综合重要度为权重的相对重要度的加权和。B 层的全部要素的综合重要度见表 6-12。

综合重要度计算表　　　　表 6-12

B_j \ A_i	A_1	A_2	……	A_m	b_{wj}
	a_1	a_2	……	a_m	
B_1	b_1^1	b_1^2	……	b_1^m	$b_{w1} = \sum_{i=1}^{m} a_i b_1^i$
B_2	b_2^1	b_2^2	……	b_2^m	$b_{w2} = \sum_{i=1}^{m} a_i b_2^i$
……	……	……	……	……	……
B_n	b_n^1	b_n^2	……	b_n^m	$b_{wn} = \sum_{i=1}^{m} a_i b_n^i$

下面举例说明层次分析法的具体计算分析过程及其应用。

[例6-6] 现有某企业重组项目,有两个重组方案:中外合资和改成股份制。该项目已识别出三种风险:经济风险、技术风险和社会风险。经济风险主要指国有资产流失;技术风险指企业重组后生产新产品技术上的把握性;社会风险指原来的在职和退休职工的安排问题等。分析哪一种重组方案的风险比较大?

[解]:

本例中的三种风险不易量化,此外要确定两个方案的风险优先排序,不能只考虑一种风险,三种都要考虑。对于这类问题可采用层次分析法。

(1)构建递阶层次结构模型。根据已知信息和决策目标、评估准则,构建该项目的低阶层次结构模型,如图6-2所示。

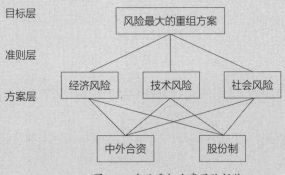

图6-2 企业重组方案风险评估

(2)构造判断矩阵A。根据两两比较标度,确定各层次不同因素的重要性权数。对于评估准则层,该层有经济风险、技术风险和社会风险三种因素,评估人员根据评估目标"风险最大的重组方案",将这三个因素的重要性两两相比,得到判断矩阵A。

$$A = \begin{bmatrix} 1 & 5 & 1/2 \\ 1/5 & 1 & 1/8 \\ 2 & 8 & 1 \end{bmatrix}$$

再分析方案层。该层有两个方案:中外合资和股份制。对经济风险、技术风险和社会风险进行两两比较,得到判断矩阵A_1,A_2,A_3。

$$A_1 = \begin{bmatrix} 1 & 4 \\ 1/4 & 1 \end{bmatrix}, A_2 = \begin{bmatrix} 1 & 1/5 \\ 5 & 1 \end{bmatrix}, A_3 = \begin{bmatrix} 1 & 5 \\ 1/5 & 1 \end{bmatrix}$$

(3)判断矩阵特征向量的计算。按照式(6-10)、式(6-11),分别计算矩阵A,A_1,A_2,A_3的特征向量,分别用W,W_1,W_2,W_3表示。下面以特征向量W为例介绍其计算方法。

① 计算A得各行之和，即

$$\begin{bmatrix} 1+5+1/2=13/2 \\ 1/5+1+1/8=53/40 \\ 2+8+1=11 \end{bmatrix} = \begin{bmatrix} 6.5 \\ 1.325 \\ 11 \end{bmatrix}$$

② 计算各行的平均值，因为A有3列，所以其平均值时除以3，即

$$\begin{bmatrix} 6.5/3 \\ 1.325/3 \\ 11/3 \end{bmatrix} = \begin{bmatrix} 2.1667 \\ 0.4417 \\ 3.6667 \end{bmatrix}$$

③ 归一化处理，将各行除以3行之和（2.1667 + 0.4417 + 3.6667 = 6.2751），于是得到矩阵A特征向量。

$$W = \begin{bmatrix} 0.3453 \\ 0.0704 \\ 0.5843 \end{bmatrix}$$

根据计算结果，在该项目方案中，社会风险最重要（0.5843），经济风险次之（0.3453），技术风险最小（0.0704）。

按照上面的步骤，计算W_1，W_2，W_3，结果如下：

$$W_1 = \begin{bmatrix} 0.8 \\ 0.2 \end{bmatrix}, \quad W_2 = \begin{bmatrix} 0.1667 \\ 0.8333 \end{bmatrix}, \quad W_3 = \begin{bmatrix} 0.8333 \\ 0.1667 \end{bmatrix}$$

W_1表明，从经济风险的角度，合资方案比股份制风险大；W_2表明，从技术风险的角度合资方案比股份制风险小；W_3表明，从社会风险的角度，合资方案比股份制风险大。

（4）一致性检验。在建立判断矩阵过程中，由于涉及人的主观判断，因而会出现判断不一致的情况。为保证评估的有效性，必须进行一致性检验。

根据式（6-13）、式（6-14）及式（6-15），有

$$AW = \begin{bmatrix} 0.98945 \\ 0.21250 \\ 1.83810 \end{bmatrix}$$

$$\lambda_{\max} = \frac{1}{3}\left(\frac{0.98945}{0.3453} + \frac{0.2125}{0.0704} + \frac{1.8381}{0.5843}\right) = 3.01$$

由此得到$C.I. = 0.005$，查表6-13得$C.R. = 0.58$，则：

$$CR = 0.005/0.58 = 0.01 < 0.1$$

故判断矩阵A的一致性符合要求，可以接受。

（5）计算综合重要度。特征向量W_1，W_2，W_3分别从经济风险、技术风险和社会风险的角度比较了合资和股份制两种方案，但只是给出了相对重要度，而并没有回答两个方案的整体风险水平和系统总体重要性。要回答这个问题，必须进行综合重要度的分析计算。

在计算递阶层次结构各层次要素对上一级要素的相对重要度之后，即可从最上层开始，自上而下地求出各层要素关于系统整体的综合重要度：

$$B=(W_1,W_2,W_3)=\begin{bmatrix}0.8 & 0.1667 & 0.8333\\ 0.2 & 0.8333 & 0.1667\end{bmatrix}$$

然后，用矩阵B乘以特征向量W，得到矩阵W_f，即：

$$W_f=BW=\begin{bmatrix}0.8 & 0.1667 & 0.8333\\ 0.2 & 0.8333 & 0.1667\end{bmatrix}\begin{bmatrix}0.3453\\ 0.0704\\ 0.5843\end{bmatrix}=\begin{bmatrix}0.7749\\ 0.2251\end{bmatrix}$$

矩阵W_f表明，从评估目标风险最大的重组方案的整体角度，即综合了经济风险、技术风险和社会风险三个方面后，合资方案比股份制方案的风险大。

6.2.6 蒙特卡罗模拟法

1．原理

蒙特卡罗模拟法（Monte Carlo Simulation），亦称模拟抽样法或统计试验法，是一种通过对随机变量进行统计实验和随机模拟，求解数学、物理以及工程技术等问题的近似的数学求解方法。蒙特卡罗模拟法是概率分析中的一种实用方法。

在实际工作中，用解析法对工程项目进行风险分析有时会遇到困难。例如，有时往往没有足够的根据来对项目盈利能力指标的概率分布类型做出明确的判断，或者这种分布无法用典型的概率分布来描述。在这种情况下，如果能知道影响项目盈利能力指标的不确定因素的概率分布，就可以采用模拟的方法来对工程项目进行风险分析。

2．具体步骤

（1）确定要分析的不确定因素（随机变量）及其概率分布，并将其发生的概率转变为累计概率分布。一般比较实用的方法，是用一个适当的理论分布（如均匀分布、正态分布等）来描述随机变量的经验概率分布。如果没有可直接引用的典型理论分布，则可根据历史统计资料或主观预测判断来估计研究对象的一个初始概率分布。

（2）随机抽样，产生随机变量值，即模拟风险因素的随机变化，求出风险因素的可能值。先按任意一组随机数为样本空间，依次取其中的随机数，并由累计概率分布求得对应的风险因素的可能值。随机数既可以用一位数字来表示，也可以用两位数字来表示。它们可以通过计算机按一定的随机数发生程序计算产生，也可利用现有的随机数表获取。

（3）求出项目盈利能力指标。将每组风险因素的可能值，连同其他有关参数，计算出项目盈利能力指标。该指标可以是净现值、内部收益率等。将每组风险因素值逐一计算，即可得到一系列足够多的盈利能力指标值，然后根据有限模拟次数的平均值，就可以分析和判断项目盈利能力指标的期望值。这里应该指出的是，模拟的次数越多，模拟结果的可靠性越高，项目净现值的平均值越接近其实际值。同理，模拟的次数越多，项目净现值大于或等于零出现次数的相对概率与实际概率越接近。

蒙特卡罗模拟法一般都需要借助于计算机来完成，在模拟过程中所选取的样本数据可以成百上千，可望得到满意的模拟结果。但应注意，模拟次数的多少与原始数据的可靠性有关，而不是片面强调模拟次数越多越好。

3．蒙特卡罗模拟法试验次数的决定法则

用蒙特卡罗模拟法分析决策问题时，模拟的次数越高，就越能得到更客观、更精确的结果；但是花费的成本也就越大。实验表明，当模拟进行一定的次数以后，得到的结果渐渐地趋于稳定，此时显现的误差已经很小了，这时如果继续增加模拟次数，虽然可以减少误差，但是减少量有限，对项目结果影响甚微，相反成本却大大提高，相比之下，得不偿失。因此，模拟次数还是以50~300次为佳。

4．蒙特卡罗模拟法的应用实例

某渔业公司因业务需要，准备建造一个渔码头，使用蒙特卡罗模拟法分析建造该码头的净现值分布。基准收益率为6%，第一年投资I，从第二年起营运，每年净收益为A，船舶营运寿命为20年，固定资产余值为S。根据大量统计调查资料，运用科学预测方法，得随机变量A、S、I的分布见表6-13。

净收益、投资和固定资产的组标和概率　　表6-13

A	组标	128.5	148	167.5	187	206.5
	概率	0.17	0.2	0.36	0.15	0.12
	累计概率	0.17	0.37	0.73	0.88	1
S	组标	72	78	84	90	96
	概率	0.17	0.22	0.34	0.17	0.1
	累计概率	0.17	0.39	0.73	0.9	1
I	组标	1250	1310	1370	1490	1430
	概率	0.1	0.13	0.34	0.23	0.2
	累计概率	0.1	0.23	0.57	0.8	1

表中的"组标"是随机变量在可能的范围内等距离分组得到的各组中值。各随机变量的数学期望与标准差是按分组资料用公式计算求得的。"累计概率"的概念是将各组概率

依次叠加，也就是"分布函数"。进行蒙特卡罗模拟时，把随机数与累计概率相比较，落入哪个区间，自变量就取这个区间上限对应的组标。

先确定自变量的顺序，假定为 A、S、I。每次试验取三个随机数，依次跟 A、S、I 的累积概率相比较。

随机数的产生，可以调用计算机内生成随机数的程序，也可以用一定的算法在计算机上生成随机数。为了说明问题，以手工计算为例，手算时可查阅随机数表。在随机数表中从66，06，57开始连续取60个随机数，各乘0.01后，依次同 A、S、I 比较。第一个数0.66在 A 累计概率中落入0.37~0.73区间，取 A = 167.5；第二个数0.06在 S 的累计概率中落入0~0.17区间，取 S = 72；将第三个数0.57与 I 相比较落入0.23~0.57区间，取 I = 1370，把 A、S、I 这一组数代入净现值的计算公式，得到第一个样本。

净现值计算公式为：

$$NPV = (P/A, 0.06, 20)(P/F, 0.06, 20) + S(P/F, 0.06, 21) - I(P/F, 0.06, 1)$$

接着依次再取三个随机数，与 A、S、I 相比较得到第二个样本。依次取随机数，可以得到净现值的一批样本。取了60个随机数，共计算了20个样本，列于表6-14。

把表中的20个子样的 NPV（百万元）由小到大等距离地分为11个区段，检查20个子样值落入各区段的概率（落入各区段的 NPV 值个数除以全部 NPV 值个数20）。

经分析，NPV<0 的概率为0，即没有负净现值的风险；0<NPV<1 的概率为5%；0<NPV<2 的概率为15%；NPV>4 的概率为70%；NPV>6 的概率为15%。

由60组随机数产生的净收益、投资和固定资产的数值　　　　表6-14

样本号	随机数	A	随机数	S	随机数	I	NPV
1	0.66	167.5	0.06	72	0.57	1370	540.9
2	0.47	167.5	0.17	72	0.34	1370	540.9
3	0.07	128.5	0.67	84	0.68	1430	66.1
4	0.5	167.5	0.36	78	0.69	1430	486.1
5	0.73	167.5	0.61	84	0.7	1430	487.9
6	0.65	167.5	0.81	90	0.33	1370	546.2
7	0.98	206.5	0.85	90	0.31	1370	968.1
8	0.06	128.5	0.01	72	0.08	1250	232.3
9	0.05	128.5	0.45	84	0.57	1370	122.7
10	0.18	148	0.24	78	0.06	1250	450.4
11	0.35	148	0.3	78	0.34	1370	337.2
12	0.26	148	0.14	72	0.86	1490	222.3
13	0.79	187	0.9	90	0.74	1430	706
14	0.39	167.5	0.85	90	0.26	1370	546.2
15	0.97	206.5	0.76	90	0.02	1250	1081.2

（续表）

样本号	随机数	A	随机数	S	随机数	I	NPV
16	0.02	128.5	0.05	72	0.16	1310	175.7
17	0.56	167.5	0.92	96	0.68	1430	491.4
18	0.06	167.5	0.57	84	0.48	1370	544.5
19	0.18	148	0.73	84	0.05	1250	452.1
20	0.38	167.5	0.52	84	0.47	1370	544.5

思 考 题

1. 对建设项目进行不确定性分析的目的是什么?

2. 进行定性风险分析的目的是什么?

3. 合同条款出现疏漏而给承包商造成经济损失及风险,属于哪一类风险?

4. 风险分析、盈亏平衡分析、敏感性分析、内部收益率分析这四项中哪一个不是建设项目经济评价的不确定性分析或风险分析方法?

5. 建设项目不确定性分析包括哪些内容?在建设项目敏感性分析中,敏感性因素可以通过计算哪些指标来确定?

6. 请简述敏感性分析的一般步骤。

7. 某技术方案设计年产量为10万吨,已知单位产品的销售价格为600元(含税价格)。单位产品税金为160元,单位可变成本为250元,年固定成本为1200万元,则以价格(含税价格)表示的盈亏平衡点是多少?

8. 某公司生产单一产品,设计年生产能力为5万件,单位产品的售价为340元/件,单位产品可变成本为150元/件,单位产品税金及附加为90元/件,年固定成本为300万元。该公司盈亏平衡点的产销量为多少?

9. 某项目设计年生产能力为20万件,年固定成本为600万元,单位产品销售价格为200元,单位产品可变成本为100元,单位产品营业税金及附加为25元。试计算以生产能力利用率表示的盈亏平衡点。

10. 某技术方案,年设计生产能力为12万台,年固定成本为100万元,单位产品售价为80元,单位产品可变成本为售价的45%,单位产品销售税金及附加为售价的5%,则达到盈亏平衡点时的生产能力利用率为多少?

11. 某项目设计年产量为7万件,每件售价为800元,单位产品可变成本为250元,单位产品营业税金及附加为50元,年固定成本为420万元,则用生产能力利用率表示的项目盈亏平衡点为多少?

12. 某技术方案年设计生产能力为10万台，单台产品销售价格（含税）为300元，单台产品可变成本（含税）为100元，单台产品税金及附加为55元。若盈亏平衡点年产量为5万台，则该方案的年固定成本为多少？

13. 某技术方案进行单因素敏感性分析的结果是：产品售价下降10%时内部收益率的变化率52%，原材料上涨10%时内部收益率的变化率为43%，建设投资上涨10%时内部收益率的变化率为37%，人工工资上涨10%时内部收益率的变化率为32%，则该技术方案的内部收益率对哪一个因素最敏感?

14. 对某技术方案的财务净现值（FNPV）进行单因素敏感性分析，投资额、产品价格、经营成本以及汇率四个因素的敏感性分析如图6-3所示，则对财务净现值指标来说最敏感的因素是哪一个？

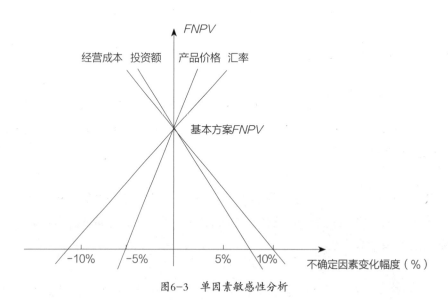

图6-3 单因素敏感性分析

15. 某项目采用净现值指标进行敏感性分析，有关数据见表6-15。则各因素的敏感程度由大到小的顺序是？

敏感性分析　　　　　　　　　　　　　　　　表6-15

因素变化幅度	-10%	0	10%
建设投资（万元）	651	550	449
营业收入（万元）	393	550	707
经营成本（万元）	633	550	467

| 第7章 |

工程项目的融资

7.1 融资的基础知识

7.1.1 基本概念

融资（Financing）又称资金筹措，是企业通过一定的渠道和方式筹集生产经营活动所需资金的一种行为。融资是企业的基本财务活动，是企业扩大经营规模和调整资金结构必须采取的行动。在工程项目经济分析中，融资是为项目投资而进行的资金筹措行为或资金来源方式。

7.1.2 融资的分类

按照不同的角度，融资一般有以下几种分类方式。

1. 按照融资主体的不同，可分为既有法人融资项目和新设法人融资项目

（1）既有法人融资项目

项目由现有企业单独发起，不再组建新的企业法人，现有企业组织融资活动并承担融资责任和投资风险，具有上述特点的投资项目称为既有法人融资项目。既有法人融资项目属于企业整体的一部分，投资项目的资金来源于现有企业的内部自有资金、新增资本金和新增债务资金。由项目产生的新增债务资金偿还依赖投资项目的企业整体盈利能力，以既有法人整体的资产和信用承担债务担保。项目融资决策的偿债能力分析应从企业整体上考察。既有法人融资项目既可以是在既有基础上进行的，以增量资产带动存量资产，如技术改造项目、改建、扩建项目，也可以是非独立法人的新建项目。

（2）新设法人融资项目

由项目发起人发起组建新的具有独立法人资格的项目公司，按《公司法》履行法律程序，新组建的项目公司承担融资责任和风险，具有上述特点的投资项目称为新设法人融资项目（也称项目融资项目）。新设法人项目所需资金来源于股东投入的资金和项目公司筹措的债务资金。项目债务资金的偿还依赖于项目本身的盈利能力，以项目投资形式的资产、未来收益或权益作为融资担保的基础。项目融资决策的偿债能力分析应从项目范围内考察。新设法人融资项目一般是新建项目，但也有剥离现有企业的部分资产组建新的独立法人的改扩建项目。

2. 按照融资的期限，可分为短期融资和长期融资

（1）短期融资（Short-term financing；F_S）

短期融资是偿还期在1年以内的融资。主要是企业因季节性或临时性资金需求而进行的资金筹措。短期融资最主要的来源有商业信用、商业银行、商业票据及短期借款。

（2）长期融资（Long-term financing；F_L）

长期融资是指偿还期在1年以上的融资。主要是企业为购建固定资产或无形资产或进行长期投资而进行的资金筹措。长期融资的一般形式有长期借款、发行优先股和普通股、发行长期债券、租赁及利用留存收益等。

3．按照融资的性质，可分为权益融资和负债融资

（1）权益融资（Equity financing）

权益融资又称股权融资，是指以所有者身份投入非负债性资金的方式进行的融资。权益融资形成企业的"所有者权益"和项目的"资本金"。权益融资在我国项目资金筹措中具有强制性。

权益融资的特点是：

①权益融资筹措的资金具有永久性特点，无到期日，不需归还。项目资本金是保证项目法人对资本的最低需求，是维持项目法人长期稳定发展的基本前提。

②权益融资是非负债性融资，项目人不承担这部分资金的任何利息和债务，因此没有固定的按期还本付息压力，股利是否支付和支付多少，视项目投产运营后的实际经营效果而定，因此，项目法人的财务负担较小。

③权益融资是负债融资的信用基础。权益融资是项目法人最基本的资金来源。它体现着项目法人的实力，是其他融资方式的基础，尤其可为债权人提供保障，增强公司的举债能力。

（2）负债融资（Debt financing）

负债融资是指通过负债方式筹集各种债务资金的融资形式。负债融资是工程项目资金筹措的重要形式。

负债融资的特点是：

①筹集的资金在使用上具有时间限制，必须按期偿还。

②无论融资主体今后经营效果好坏，均需按期还本付息，从而形成企业的财务负担。

③资金成本一般比权益融资低，且不会分散投资者对企业的控制权。

4．按照融资的来源，可分为内部融资和外部融资

（1）内部融资（Internal financing）

内部融资是指企业在企业内部通过留用利润而形成的资本来源。内部融资是在企业内部"自然地"形成的，因此被称为"自动化的资本来源"或内融性融资。内部融资一般无需花费融资费用，其数量通常由企业可分配利润的规模和利润分配政策所决定。

（2）外部融资（External financing）

外部融资是当内部资金不能满足需要时，向企业外部筹资而形成的资本来源。处于初创期的企业，内部融资的可能性是有限的，处于成长期的企业，内部融资往往难以满足需要，于是企业就要广泛开展外部融资。外部融资大多都需要花费融资费用。例如，发行股票、债券需支付发行成本；取得借款时需支付一定的手续费。而内部融资不需要实际对外支付利息或股息，不会减少公司的现金流量。资金来源于公司内部，不发生融资费用，成本远低于外部融资。因此，在国外企业的融资实践中，内部融资是企业首选的融资方式。

5．按照融资是否通过金融机构，可分为直接融资和间接融资

直接融资和间接融资都属于上面所介绍的外部融资。

（1）直接融资（Direct financing）

直接融资是指企业不经过中介机构，直接与资本所有者协商而获得的融资。在我国，随着金融体制改革的不断深入，直接融资得以不断发展。直接融资的主要形式有投入资本、发行股票、发行债券和商业信用等。

（2）间接融资（Indirect financing）

间接融资是指企业经过中介获得的融资。间接融资中最为常见的是银行贷款，即储户的剩余资金通过银行贷给企业，这中间银行扮演了典型的中介金融机构的角色。还有风险资本投资公司从机构或富有的家庭个人募集资金，再以股权的形式投资于企业，从中起到中介的作用。此外，租赁也是一种常见的间接融资方式。

6．按照资金所有者对资金追索权的不同，分为企业融资和项目融资。

（1）企业融资（Corporate financing）

企业融资也叫公司融资，指依赖于一家现有企业的资产负债表及总体信用状况（通常企业涉及多种业务及资产），为企业（包括项目）筹集资金。以企业融资方式为项目筹措资金属于追索权融资，即当该项目的净运营收益不能满足合同规定的报偿或偿还贷款资金时，可追索企业其他项目、业务收益及资产来偿还。

（2）项目融资（Project financing）

项目融资是具有无追索或有限追索形式的融资活动。

7.1.3 融资项目分析常用名词

融资项目涉及的一些专有名词彼此独立，但在某些情况下又能互相替代。以下是几个名词的释义：

1．注册资金

注册资金（Registered capital）是国家授予企业法人经营管理的财产或者企业法人自有财产的数额体现。注册资金是企业实有资产的总和，反映的是企业经营者管理权。注册资金随实有资金的增减而增减。当企业实有资金比注册资金增加或减少20%以上时，要进行变更登记。

2．权益资金

权益资金（Equity capital）是全体股东认缴的出资额，通过投入权益资金股东取得对企业的所有权、控制权、收益权。股东投入的权益资金，形成公司注册资本和资本公积金，一般股东按照所投入的注册资本比例分享投资收益。

为合理管控投资项目，我国实行资本金制度，详细描述在第7.4.3节中。

权益资金是指企业依法筹集的、长期拥有并自主支配的资金。这类资金通常没有规定偿还本金的时间，通常也没有偿付利息的约束。权益资金由企业成立时各种投资者投入的资金以及企业在生产经营过程中形成的资本公积、盈余公积和未分配利润组成。

3．自有资金

自有资金（Own funds/Equity capital）是企业为进行生产经营活动所经常持有、能自行支配而不需偿还的资金。在社会主义制度下，全民所有制企业的自有资金，主要是国家财政拨款及企业的内部积累。另外，企业在生产经营过程中，由于结算时间上的客观原因而经常地、有规律地占用的应付款，如应付税金、应交利润、预提费用等定额负债，在财务上亦视同企业自有流动资金参加周转。集体所有制企业的自有资金，主要是股金、公积金、公益金及其他专用资金。

4．资本公积金

资本公积金（Capital reserve）包括资本溢价（Capital premium）和其他资本公积。在建设项目资金中，权益投资者出资超出注册资本或股本的部分，作为资本公积金。资本公积金是指企业在经营过程中由于接受捐赠、股本溢价以及法定财产重估增值等原因所形成的公积金。资本公积是与企业收益无关而与资本相关的贷项。资本公积是指投资者或者他人投入到企业、所有权归属于投资者、并且投入金额上超过法定资本部分的资本。

遵从国家项目资本金制度的新设法人融资项目，其权益资金、注册资金、自有资金彼此等价；而对于既有法人融资项目则彼此各不相同，注册资金属于企业法人，自有资金为既有法人的内部融资，权益资金为项目初始投资中由投资者认缴的出资额，包括资本金和资本公积金；对于外商投资项目来说，注册资金与权益资金等价，但注册资金更多与涉及法律责任的场合产生联系。考虑到我国目前投资体制，在初始投资阶段为控制投资规模，称为资本金投资。因此，如果不分项目形式，投资中除债务资金投资外，一般统称为权益资金投资（Equity capital investment）。

7.1.4 融资的基本要求及基本原则

一般来讲，融资是企业生存和发展的前提条件，是企业的一项基本的财务活动。因此，融资过程必须满足以下基本要求及原则，才能保证融资目标的顺利实现。

1．融资的基本要求

（1）科学地确定融资数量，控制资金投放时间。
（2）认真选择融资渠道和融资方式，以降低资金成本。
（3）合理投资，提高效益。
（4）注意安排资金结构，降低融资风险。

2．融资的基本原则

（1）规模适当原则：不同时期企业的资金需求量并不是一个常数，企业财务人员要认真分析科研、生产、经营状况，采用一定的方法，预测资金的需要数量，合理确定筹资规模。

（2）筹措及时原则：企业财务人员在筹集资金时必须熟知资金时间价值的原理和计算方法，以便根据资金需求的具体情况，合理安排资金的筹集时间，适时获取所需资金。

（3）来源合理原则：资金的来源渠道和资金市场为企业提供了资金的源泉和筹资场所，它反映资金的分布状况和供求关系，决定着筹资的难易程度。不同来源的资金，对企业的收益和成本有不同影响，因此，企业应认真研究资金来源渠道和资金市场，合理选择资金来源。

（4）结构安全原则：融资时要高度重视融资风险的控制，尽可能选择风险较小的融资方式。企业为了减少融资风险，通常可以采取多种融资方式的合理组合，即制定一个相对更能规避风险的融资组合策略，同时还要注意不同融资方式之间的转换能力，确保结构安全。

（5）方式经济原则：在确定筹资数量、筹资时间和资金来源的基础上，企业在筹资时还必须认真研究各种筹资方式。企业筹集资金必然要付出一定的代价，不同筹资方式条件下的资金成本有高有低。为此，就需要对各种筹资方式进行分析、对比，选择经济、可行的筹资方式以确定合理的资金结构，以便降低成本、减少风险。

（6）行为合法原则：融资活动必须遵守国家的有关法律、法规、规章。

7.2 融资的渠道与方式

7.2.1 融资渠道

融资渠道（Financing channel）是指企业资金的来源方向与通道。我国企业目前筹措资金的主要渠道有：

1．企业自有资金

企业自有资金也称企业内部资金，主要包括计提折旧形成的临时沉淀资金、提取公积金和未分配利润等。该部分资金会随企业经济效益提高而提高。项目组织可以通过自有资金为项目筹集资金。

2．国家财政资金

国家对企业的直接投资是国有企业最主要的资金来源渠道，主要投资形式有国家财政直接拨款，国家税前还贷或减免各种税款等。

3．国内外银行等金融机构的信贷资金

在我国，银行对企业的各种贷款是目前企业最为重要的资金来源，也是企业负债资金的主要来源。主要由居民储蓄和单位存款等经常性的资金源泉，贷款形式丰富，适应性强。

4．国内外非银行金融机构的资金

国内外非银行金融机构的资金是指来自信托投资公司、投资基金公司、风险投资公司、保险公司、证券公司、租赁公司、企业集团所属的财务公司等机构的资金。这种投资既可以直接注资，也可以为项目融资提供服务，具有良好的发展前景。

5．其他企业资金

企业通过联营、入股、债券等方式将自身暂时闲置的资金与其他企业相互投资调剂，既稳固企业长期关系，又能促进项目建设发展。企业之间相互投资以及企业之间的商业信用的存在，使得其他企业资金也成为企业资金的重要来源。

6．居民个人资金

居民个人资金是指企业职工和居民的结余货币，是游离于银行和非银行金融机构的社会闲散资金，可用于企业投资，为企业所用。随着理财业务和投资市场的推广，此融资方式将会扮演越来越重要的角色。

7．外商资金

外商资金是外国投资者以及我国香港、澳门、台湾地区投资者投入的资金，这是引进外资和外商投资企业的主要资金来源。吸收外资，不仅可以满足项目建设的资金需求，还能引进先进技术和管理经验。

7.2.2 融资方式

融资方式是指企业筹措资金的具体形式。目前，国内企业的融资方式主要有以下几种。

1．长期借款

（1）银行贷款

①商业性银行贷款

商业银行是以盈利为目的，从事信贷资金投放的金融机构，它们可以为企业提供商业性银行贷款，满足企业建设竞争性项目的资金需求。具体又分为国内商业银行贷款和国际商业银行贷款。

我国制度规定，申请商业性贷款应具备产品有市场、生产经营有效益、不挤占挪用信贷资金和恪守信用等基本条件。

国际商业银行贷款的提供方式有两种：一种是小额贷款，由一家商业银行独自贷款；另一种是金额较大，由几家甚至几十家商业银行组成银团贷放，又称"辛迪加贷款"。为了分散贷款风险，对数额较大的贷款，大多采用后一种做法。

②政策性银行贷款

政策性银行是由政府创立、参股或保证的，按照国家的产业政策或政府的相关决策进行投融资活动的金融机构，不以利润最大化为经营目标。它们可以为特定企业提供政策性银行贷款。政策性银行的贷款利率通常较低。

目前我国政策性银行有国家开发银行、中国进出口银行、中国农业发展银行，它们可以按照国家或相关部门的规定向企业提供政策性贷款。

国家开发银行重点向国家基础设施、基础产业和支柱产业投资项目以及重大技术改造和高新技术产业化项目发放贷款。国家开发银行贷款分为两个部分：一是软贷款（Soft loan），即国家开发银行注册资本金，按项目配股需要贷给国家控股公司和中央企业集团，由其对所需企业参股、控股；二是硬贷款（Hard loan），即国家开发银行运用借入资金直接贷给建设项目。

中国进出口银行的主要任务是执行国家产业政策和外贸政策，为扩大我国机电产品和成套设备等资本性货物出口提供政策性金融支持。主要为出口提供卖方信贷（Seller's credit）和买方信贷（Buyer's credit）支持。该行还办理中国政府的援外贷款及外国政府贷款的转贷业务。

中国农业发展银行的主要任务是，按照国家有关法律、法规和方针、政策，以国家信用为基础，筹集农业政策性信贷资金，承担国家规定的农业政策性金融业务，代理政策性支农资金的拨付。

③银行贷款融资的优缺点

优点：

a. 融资速度快。企业利用银行贷款筹资，仅仅需要借贷双方直接协商，程序简单，不必经过国家金融管理机关、证券管理机构等部门的批准，企业可以快速获得现金。

b. 融资弹性大。企业在获得银行借款时，由于借贷双方直接协商，借款合同中的主要条款都可以通过协商决定，有比较大的弹性。

c. 资金成本低。一般来说，银行借款所支付的利息比发行债券所支付的利息低得多，同时借款利息允许税前支付，具有避税作用。另一方面，申请文件少，相关条文在必要时可进行协商处理。

缺点：

a. 风险大。与债券筹资一样，长期借款必须定期还本付息。在企业经营不利时，由于企业不能及时还本付息，使得企业的财务风险加大，甚至会引起破产。

b. 限制条款较多。企业在与银行签订借款合同时，一般都有限制条款。如定期报送有关财务报表、不准随意改变借款用途等。这些限制条款可能会限制企业的经营活动。

c. 融资数量有限。银行一般不愿意贷出巨额的借款。因此通过银行贷款的方式融资的能力有限，一般难以满足企业并购时大量资金的需求。

（2）出口信贷

项目建设需要进口设备的，可以使用设备出口国的出口信贷。出口信贷（Export credit），也称长期贸易信贷，是指商品出口国的官方金融机构或者商业银行以优惠利率向本国出口商、进口方银行或进口商提供的一种补贴性贷款。出口信贷分为买方信贷和卖方信贷。

买方信贷以设备进口商为借款人，取得贷款资金用于支付进口设备贷款，并对银行还本付息，买方信贷可以通过本国商业银行转贷，也可以不通过本国商业银行转贷。

卖方信贷以设备出口商为借款人，从设备出口国的银行取得贷款，设备出口商给予设备购买方以延期付款（Deferred payment）条件。

出口信贷通常不能对设备价款全额贷款，只能提供设备价款85%的贷款，其余15%的价款需要由进口商以现金支付。出口信贷的利率通常低于国际上商业银行的贷款利率，但需要支付一定的附加费用，如管理费、承诺费、信贷保险费等。

（3）国家政府贷款

国家政府贷款是一国政府向另一国政府提供的具有一定的援助或部分赠予性质的低息优惠贷款。外国政府贷款通常与出口信贷混合使用，有时还伴有一部分赠款。

目前我国可利用的外国政府银行贷款主要有：日本国际协力银行贷款、日本能源贷款、美国国际开发署贷款、加拿大国际开发署贷款，以及德国、法国等国的政府贷款。同时，我国政府指定的中国进出口银行也向发展中国家政府提供的具有援助性质的中长期低息贷款。

外国政府贷款有以下特点：

①在经济上带有援助性质，期限长，利率低。

②在贷款总额中，政府贷款一般占三分之一，其余三分之二为出口信贷。

③贷款一般都限定用途，如用于支付从贷款国进口设备，或用于某类项目建设。

项目使用外国政府贷款需要得到我国政府的安排和支持。我国各级财政可以为外国政府贷款提供担保，按照财政担保方式分为三类：国家财政部担保、地方财政厅（局）担保、无财政担保。

（4）国际金融组织贷款

国际金融组织贷款（Loans from International Financial Organizations）是国际金融组织按照章程向其成员国提供的各种贷款。目前与我国关系最为密切的国际金融组织是国际货币基金组织、世界银行组织和亚洲开发银行。国际金融组织一般都有自己的贷款政策，只有这些组织认为应当支付的项目才能得到贷款。使用国际金融组织的贷款需要按照这些组织的要求提供资料，并且需要按照规定的程序和方法来实施项目。

①国际货币基金组织贷款

国际货币基金组织（Loan from International Monetary Fund）的贷款只限于成员国财政和金融当局，不与任何企业发生业务，贷款用途限于弥补国际收支逆差或用于经常项目的国际支付，期限为1~5年。

②世界银行贷款

世界银行贷款（World Bank Credit）具有以下特点：

a. 贷款期限和宽限期较长。硬贷款最长达20年，平均17年，宽限期为3~5年，软贷款期限可达35年，宽限期10年。

b. 贷款利率实行浮动利率，随金融市场利率的变化定期调整，但一般低于市场利率。对已订立贷款契约而未使用的部分，要按年征收0.75%的承诺费。

c. 世界银行通常对其资助的项目只提供货物和服务所需要的外汇部分，银行只提供项目建设总投资的20%~50%，其余部分由借款国自己筹措，即我们通常所说的国内配套资金。但在某些特殊情况下，世界银行也提供建设项目所需要的部分国内费用。

d. 货款程序严密，审批时间较长。借款国从提出项目到最终同世界银行签订贷款协议获得资金，一般需要一年半到两年的时间。

③亚洲开发银行贷款

亚洲开发银行贷款分为硬贷款、软贷款和赠款。硬贷款是由亚行普通资金提供的贷款，贷款的期限为10~30年，含2~7年的宽限期，贷款的利率为浮动利率，每年调整一次。软贷款又称优惠利率贷款，是由亚行开发基金提供的贷款，贷款的期限为40年，含10

年的宽限期，不收利息，仅收1%的手续费，只提供给人均国民收入低于670美元（1983年的美元）且还款能力有限的会员国或地区成员。赠款资金由技术援助特别基金提供。

④亚洲基础设施投资银行

2015年12月25日，包括新加坡、澳大利亚、中国、奥地利、英国、新西兰、卢森堡、荷兰、德国、挪威在内的17个意向创始成员国（股份总和占比50.1%）批准《亚洲基础设施投资银行协定》并提交批准书，亚洲基础设施投资银行正式成立。投资的方向主要是亚太区域的基础设施领域。

2．吸收外商直接投资

主要方式：

（1）举办中外合资经营企业

中外合资经营企业（Sino-foreign equity joint venture）是由中国投资者和外国投资者共同出资、共同经营、共负盈亏、共担风险的企业，它的组织形式是有限责任公司。这种经营方式一般是由外商提供现金技术、现金的经营管理经验、外汇资金和先进的机器设备，国内投资者主要提供土地使用权、厂房、设备和劳动力等。目前，合资经营企业还不能发行股票，而采用股权形式，按合资经营各方的投资比例分担盈亏。

（2）举办中外合作经营企业

中外合作经营企业（Sino-foreign cooperative joint venture）一般通过协议确定合作双方的职责权利和其他经济事务。在这种经营形式中，一般是由外商向国内合作者提供资金、技术或一定数量的设备，国内合作者提供场地、原料、劳动力、现存设备、设施等，平等互利地合作开发项目或经营某企业。国际上通常将合作经营企业分为两类：一类是"股权式合作经营企业"，另一类是"契约式合作经营企业"。

利用外商直接投资具有以下优点：

①利用吸收投资所筹集的资金属于自有资金，能增强企业或项目的信誉和借款能力，对扩大经营规模、壮大项目实力具有重要作用。

②能直接获取投资者的先进设备和先进技术，尽快形成生产能力，有利于尽快开拓市场。

③根据项目建成投产后的实际盈亏状况向投资者支付报酬，建成运营的企业无固定的财务负担，故财务风险较小。

利用外商直接投资具有以下缺点：

a．吸收投资支付的资金成本较高。

b．吸收投资容易分散企业的控制权。

3．发行股票

股票（Stock）是股份公司发给股东作为已投资入股的证书，股东据此享有股息收入并取得其他相应的权利和义务。股票可以转让，但不能抽回本金。根据股东权利的不同，股票可分为普通股和优先股。普通股（Common stock）是随着企业利润变动而变动的一种股份。优先股（Preferred stock）是"普通股"的对称，是股份公司发行的在分配红利和剩余财产时比普通股具有优先权的股份，它一般股息率确定、收入稳定，但在股东大会上没有表决权、不参与企业管理。普通股是股份公司资本构成中最普通、最基本的股份，它一般股息不固定、随公司经营业绩而浮动，但在股东大会上有表决权、可参与企业管理。通过普通股融资是股份企业融资的主要方式，所以这里重点介绍普通股。

（1）普通股的种类

普通股是股份有限公司为了筹措资金而发行的无特别权利的股份。股份公司根据有关法规的规定及融资和投资者的需要，可以发行以下几类普通股。

①按股票是否标明金额，可分为面值股和无面值股

面值股票（Par value stock）是在票面上标有一定金额的股票；无面值股票是不在票面上标出金额，只载明所占公司股本总额的比例或股份数的股票。目前，我国《公司法》不承认无面值股票，规定股票应记载股票的面额，并且发行价格不得低于票面金额。

②按股票有无记名，可分为记名股和不记名股

股票票面上记载股东姓名或名称的股票称为记名股（Named share）。票面上不记载股东姓名或名称的股票称为无记名股。记名股除记名的股东外，其他人不得行使股东的权利。股份可以通过严格的法律程序与手续办理过户。无记名股的股票所有人即为股东，股票的转让也无需办理过户手续，比较自由、方便。

③按投资主体的不同，可分为国家股、法人股、个人股

国家股（State shares）是有权代表国家投资的部门或机构以国有资产向公司投资而形成的股份。

法人股（Legal person shares）是企业法人依法以其可支配的财产向公司投资而形成的股份。

个人股（Ordinary shares）是社会个人或公司内部职工以个人财产投入公司而形成的股份。

④按上市地区和发行对象不同，可分为A股、B股、H股、N股和S股

A股的正式名称是人民币普通股票。它是由我国境内的公司发行，供境内机构、组织或个人（从2013年4月1日起，境内、港、澳、台居民可开立A股账户）以人民币认购和交易的普通股股票，我国A股股票市场经过几年快速发展，已经初具规模。A股不是实物股票，以无纸化电子记账，实行"T+1"交割制度，有涨跌幅（10%）限制，参与投资者为中国大陆机构或个人。

B股的正式名称是人民币特种股票。它是以人民币标明面值，以外币认购和买卖，在境内（上海、深圳）证券交易所上市交易的。它的投资人限于：外国的自然人、法人和其他组织，中国的香港、澳门、台湾地区的自然人、法人和其他组织，定居在国外的中国公民，中国证监会规定的其他投资人。现阶段B股的投资人，主要是上述几类中的机构投资者。B股公司的注册地和上市地都在境内，只不过投资者在境外或在中国的香港、澳门及

台湾。B股不是实物股票，以无纸化电子记账，实行"T+3"交割制度，有涨跌幅（10%）限制，参与投资者为中国的香港、澳门、台湾地区居民和外国人，持有合法外汇存款的大陆居民也可投资。

H股也称国企股，即注册地在内地、上市地在香港的外资股。香港的英文是HongKong，取其字首，在港上市外资股就叫做H股。依此类推，纽约的第一个英文字母是N，新加坡的第一个英文字母是S，纽约和新加坡上市的股票就分别叫做N股和S股。

（2）股票融资的优缺点

优点：

①筹措的资本具有永久性，没有到期日，不需归还。

②发行股票筹资没有固定的股利负担。

③发行股票筹集的资本是公司最基本的资金来源，它反映了公司的实力，可作为其他融资方式的基础，尤其可为债权人提供保障，增强公司的举债能力。

④由于股票的预期收益较高，并可一定程度地抵消通货膨胀的影响，因此股票筹资容易吸收资金。

⑤股票融资具有弹性。股息发放期限灵活，董事会有权在企业经营业绩不佳的时候确定不发股息或红利，融资风险相对降低。

缺点：

①从投资者的角度讲，投资于股票，风险较高，相应地要求有较高的投资回报率。

②对于筹资公司来讲，股利从税后利润中支付，不像债券利息那样作为费用从税前支付，此外股票的发行费用一般也高于其他证券。同时，由于股票风险相较债券高，降低了投资者意愿。

③增发普通股须给新股东投票权和控制权，从而降低原有股东的控制权。

4．债券

债券（Bond），亦称"收益债券"。它是公司、企业、国家和地方政府以自身的盈利能力和信用条件为基础，为筹集资金向社会公众发行的、保证按规定时间向债券持有人支付利息和偿还本金的凭证。债券上载有发行单位、面额、利率、偿还期限等内容。债券的发行者为债务人（Debtor），债券的持有者是投资方为债权人（Creditor）。它体现着发行方于投资方的债权债务关系。债券的发行和融资过程中，必须遵循有关法律规定和证券市场规定，依法完成债券的发行工作。企业为筹措资本而发行的债券称为企业债券或公司债券。

（1）债券的种类

债券是一种在发行公司全部偿付之前，必须逐期向持有者支付定额利息的证券。债券有许多种类型：

①国内公司（企业）债券。债券融资是建设项目筹集资金的主要形式之一。

②可转换债券。指在规定期限内的任何时候，债券持有人都可以按照发行合同指定的条件把所持债券转换成本公司的股票的一种债券。

③海外可转换债券。指向国外发行的可转换债券。

④海外债券融资。海外债券是由一国政府、金融机构、企业或国际组织，为筹措资金而在国外证券市场上发行的、以某种货币为面值的债券。

（2）债券融资的优缺点

债券融资（Bond financing）方式有以下优点：资金成本低，保证公司的控制权，具有财务杠杆的正效应，转移通货膨胀风险等。

债券融资缺点如下：融资风险高，限制条件多，筹资有限。

5．利用留存收益融资

留存收益（Retained earnings）是指企业从历年实现利润中提取而形成的留存于企业内部的积累。留存收益来源于企业的生产经营活动所实现的利润其主要包括盈余公积金、公益金和未分配利润，这是企业自有资金的重要来源。

（1）企业利用留存收益融资的优点

①利用留存收益融资，不发生筹资费用；企业向外界筹集资金，无论采用何种方式，都需要付出大量的融资费用。因此，在融资费用较高的今天，利用留存收益筹措资金对企业十分有利。

②利用留存收益融资，企业的股东可以获得税收上的收益；企业如不利用留存收益融资而是将盈利全部分给股东，股东收到后要交个人所得税；企业适当利用留存收益，少发股利，企业的股票就会上涨，股东可以出售部分股票代替股利收入，从而获得收益。

③利用留存收益融资属于权益融资（Equity financing），不会增加企业风险，并增加企业的信用价值。

（2）企业利用留存收益融资的缺点

①如果企业保留的留存收益过多，股利支付太少，可能不利于企业的股票价格上涨。

②如果企业保留的留存收益过多，股利支付太少，可能会影响到企业今后的融资。因为企业能否较多的给普通股支付股利，是一个企业是否具有较高的盈利水平和较好的财务状况的有力体现。

③留存收益数量的大小受到企业股利分配政策的影响。

6．租赁融资

租赁融资（Lease financing）是一种以金融、贸易与租赁相结合，以租赁物品的所有权与使用权相分离为特征的一种信贷方式。这种融资方式既不是直接放贷，也不同于传统的财产租赁，而是集融资和融物于一体，兼有金融与贸易双重职能的融资方式。对于公司来说，购买资产的目的是使用资产并获取收益，也就是说，资产的使用权比所有权更实际、更重要。租赁就是一种获取资产使用权的融资方式，是资产购买的替代方式。按与租赁资产所有权有关的风险和报酬归属可将租赁融资分为以下两种：

（1）融资租赁

融资租赁（Financial lease）是一种具有融资、融物双重职能的租赁方式，即由出租人购买承租人选定的资产，并享有资产所有权，再将资产出租给承租人在一定期限内有偿使用。它实际上转移了与资产所有权有关的全部风险和报酬。它是由机器设备制造商、租赁公司和使用厂家共同组成的一种租赁方式。

融资租赁的租金包括以下三部分。

①租赁资产的租金：租赁资产的成本大体由资产的购买价、运杂费、运输途中的保险费等项目构成。

②租赁资产的利息：承租人所实际承担的购买租赁设备的贷款利息。

③租赁手续费：包括出租人承办租赁业务的费用以及出租人向承租人提供租赁服务所赚取的利润。

（2）经营租赁

经营租赁（Operating lease）是为满足经营上的临时性或季节性需要而进行的资产租赁，与所有权有关的风险或报酬事实上并未转移。在这种租赁方式下，出租人不仅提供租赁资产，而且还提供资产的维修和保险等服务。

租赁融资的优点：

①迅速获得所需资产：租赁融资集"融资"与"融物"于一体，一般要比先融资后购置设备要来得快，可使企业尽快形成生产经营能力。

②融资限制少：企业运用股票、债券、银行贷款等融资方式，都受到相当多的资格条件等的限制，相比之下，租赁融资的限制条件要少。

③免遭设备陈旧过时的风险：随着科学技术的进步，设备陈旧过时的风险很高，而租赁融资则多数都规定由出租人承担这一风险，承租企业就可以免遭这种风险。

④减低不能偿付的危险：通常全部租金会在整个租期内分期支付，这样就可适当减低不能偿付的危险。

⑤企业可享受税收利益：租金费用可在税前支付，承租企业可享受税收方面的利益。

租赁融资的缺点：

租赁融资的主要缺点是成本较高，租金总额通常要高于设备价值的30%；定期支付固定的租金，在企业财政困难时期，也将对企业构成一项沉重的负担；采用租赁融资这种方式融资的话，企业不能享受设备残值，对企业来也是一种损失。

7.3 资金需求量的预测

企业在筹资之前，必须用特定的方法来预测其所需资金的数量。只有这样，才能使所筹资金既能保证生产经营的需要，又不会产生不合理的闲置。企业资金需求量的预测既是企业筹资的数量依据，也是企业编制财务计划的基础。

7.3.1　资金需求量预测的方法

企业资金需求量的预测方法分为两大类：定性预测法和定量预测法。

1．定性预测法

定性预测法（Qualitative prediction method）又称非数量分析法，是指由有关方面的专业人员根据个人经验和知识，结合预测对象的特点进行综合分析，对企业未来资金的需求量做出主观判断的预测方法。它一般不需要进行复杂的定量分析，仅适用于企业在缺乏完备的历史资料或者有关变量间缺乏明显的数量关系等条件下的预测。

定性预测法由于主要依靠个人经验和知识，因此又称之为经验法或判断分析法。其一般程序是：首先由熟悉企业财务情况和生产经营的专家，根据过去所积累的经验进行分析判断，提出预测的初步意见；然后召开座谈会，对上述预测的初步意见进行修正补充，再得出最终的预测结果。

定性预测法的特点是：计算量少，主要根据人们积累的实际经验和掌握的科学知识进行判断，在实际工作中应用较少。

2．定量预测法

定量预测法（Quantitative prediction method），又称数量分析法，是指在完整掌握与预测对象有关的各种要素定量资料的基础上，运用现代数学方法进行数据处理，据以建立能够反映有关变量之间规律性联系的各类预测模型的方法。在资金需求量预测中，定量预测法有两类方法：趋势预测分析法和因果预测分析法。

趋势预测分析法（Trend prediction analysis method）的基本原理是：企业过去和现在存在的某种发展趋势将会延续下去，而且过去和现在发展的条件同样适用于未来，可以将未来视为历史的自然延续。

因果预测分析法（Causal prediction analysis method）是指根据变量之间存在的因果函数关系，按预测因素的未来变动趋势来预测对象未来水平的一种预测方法。

在资金需求量预测中，主要根据资金数量与各有关因素的依存关系来预测企业未来的资金增长趋势，包括销售百分比预测法、资金习性预测法等。

7.3.2　资金需求量预测的内容

企业的资金筹集，可以按期限的不同区分为短期资金与长期资金。短期资金一般是指使用期限在一年以下的资金；长期资金是指使用期限在一年以上的资金。前者多为固定资产方面的投入。因此，资金需求量预测（Capital requirements prediction）也分为短期资金需求量预测和长期资金需求量预测，它们分别需要采用不同的预测方法。

1．短期资金需求量预测

短期资金需要量预测（Short-term capital requirement）通常可以从资金需求总量、资金增长趋势和资金追加需求量三个方面进行预测。

（1）资金需求总量预测

资金需求总量预测可以采用趋势预测分析法和销售百分比预测法。

①趋势预测分析法

趋势预测分析法（Trend prediction analysis method）是根据以往资金需求情况推测未来。假定某企业资金需求量的增长速度在最近几年都是10%，而且该公司业务发展呈长期稳定的上升趋势，这就可以推测该企业下一年度的资金需求量仍将以10%的速度增长。

②销售百分比预测法

销售百分比预测法（Percentage forecast of sales method）是根据销售规模与资金需求总量之间的直接关系来预测短期资金需求量的方法。同时，资金周转速度的快慢与资金需求量也有联系，资金周转速度越快，资金需求量越少；反之，需要较多的资金。短期资金需求总量可以采用下面的公式来测算：

$$D_t = r_f \times \frac{c}{s} \times (1-\alpha) \tag{7-1}$$

式中　D_t——短期资金需求量；
　　　r_f——预测销售收入；
　　　c——基期资金总量；
　　　s——基期销售收入；
　　　α——资金周转加速比。

销售百分比预测法的主要优点是能为财务管理提供短期预测的财务报表，以适应外部筹资的需要，且易于使用；其缺点是它假定预测年度非敏感项目、敏感项目及其与销售的百分比均与基年保持一致，倘若存在固定比率的假定失实，则据以预测就会存在较大误差。因此，在有关因素发生变动的情况下，必须相应地进行调整。

（2）资金增长趋势预测

资金增长趋势预测（Forecast of capital growth trend）可以采用资金习性预测法进行分析和计量。

资金习性预测法又称线性回归分析法，它是假定资金需求量与业务量之间存在线性关系，通过建立数学模型，然后根据历史有关资料，用回归支线方法确定参数以预测资金需求量的方法。其基础是将全部资金划分为变动资金和固定资金。固定资金（Fixed funds）是指在一定业务量范围内，不受业务量变动的影响而保持固定不变的那部分资金；变动资金是指随业务量变动而成同比例变动的那部分资金。其预测的基本模型为

$$D = c_0 + c_x v \tag{7-2}$$

式中　D——资金需求量；
　　　c_0——固定资金；
　　　c_x——单位业务量所需要的变动资金；
　　　v——业务量。

运用预测模型，在利用历史资料确定c_0、c_v数值的条件下，即可预测一定业务量v所需要的资金数量D。

资金习性预测法包括总额法和分项法两种。总额法（Gross method）是根据历史上企业资金占用总额与业务量之间的关系，把资金划分为固定和变动两部分，然后结合预计的业务量来预测资金需求量。分项法（Component method）是先根据各资金占用项目（如现金、存货、应收账款、固定资产）同业务量（如产销量）之间的关系，把各项目的资金都分为变动和固定两部分，然后汇总到一起，求出企业变动资金总额和固定资金总额，进而预测资金需求量。

（3）资金追加需求量预测

资金追加需求量预测是指预测由于业务量的增加而必须相应增加的需求量，是企业现有资金的增加部分。资金需求总量可通过前述方法预测，但资金追加需求量应等于资金需求总量扣除一些自然性筹资额和内部筹资额，也称之为外部筹资额。自然性筹资额（Natural amount of capital raised）是指企业生产经营过程中由于结算关系而形成的资金来源。内部筹资额（Internal funds raised）是指企业留用利润和计提折旧所形成的资金来源。

$$资金追加需求量 = 资金需求总量 - 自然性筹资额 - 内部筹资额$$

在预测资金需求量时，采用销售收入与资金总量之间的依存关系，实际上资金占用的各种形式都可能与销售收入有这种依存关系。而且销售收入的变化，也会引起利润和内部筹资额的变化。

2．长期资金需求量预测

长期资金需求量（Long-term capital requirement）通常采用资本预算表和回归分析法进行预测。

（1）资本预算表

资本预算（Capital budget）是指对企业在未来一定时期内的长期资产投资进行的规划与预算。资本预算主要是用于厂房、机器设备等长期资产的新建、扩建、更新的支出和长期投资的支出，资本预算的编制过程就是分析各投产项目并决定其是否包括在资本预算中的过程，其编制的正确与否影响到企业今后的发展，在一定程度上决定着企业的生死存亡。

在编制资本预算前，应首先对市场的发展趋势进行科学预测，然后根据企业本身的实际条件，据以确定未来一定时期的销售量。根据销售量确定生产量，根据生产规模来预计资本投资的数额。

资本预算的编制通过表格的形式来反映，一般可经过以下几个步骤：

①研究投资机会。对投资的客观需求或主观设想进行初步分析，然后根据有关市场信息、会计资料及其他经济资料分析其对企业发展的必要性、技术上的先进性及经济上的合理性。

②评价投资机会。对各种方案进行审查和计算，核对资料，评价各项目的风险。

③根据有关资料选择可行且经济合理的投资项目，并进一步调查研究，占有更为详尽的资料，组织预算编制小组，提出资本预算的初步方案。

④确定具体的资金需求量，编制正式的资本预算表，并制定其实施意见，包括筹资渠道、责任人、筹措资金的具体实施时间等。

（2）回归分析法

在进行长期资金需要量预测时，可根据过去一段时间内有关因素与长期资金的依存关系，采用回归分析法（Regression analysis method）来预测，比如利用产值与固定资产的关系等。

7.4 资金成本与资金结构

7.4.1 资金成本及其计算

1．资金成本的概念

资金成本（Cost of capital）是指企业为筹集和使用所有资金而付出的代价。广义地讲，企业筹集和使用任何资金，不论是短期的还是长期的，都要付出代价。狭义的资金成本是指筹集和使用长期资金（包括自有资金和借入长期资金）的成本。

资金成本包括资金筹集成本和资金使用成本两部分。资金筹集成本又称为资金筹集费，是指在融资过程中支付的各项费用，如银行贷款支付的手续费，发行股票和债券时支付的印刷费、律师费、资信评估费、广告费及相关注册费等。资金使用成本又称资金占用费，是指融资方因使用资金而向资金提供者支付的报酬，如银行贷款利息、股票的股利和资金的占用税等。资金筹集资本是在筹集资金时一次支付的，在使用资金过程中不再发生，因此可作为筹资金额的一项扣除，而资金使用成本是在资金使用过程中多次定期发生的。

2．资金成本的分类

资金成本按其用途，可分为个别资金成本、综合资金成本和边际资金成本。

（1）个别资金成本（Individual cost of capital）：是单种融资方式的资金成本。包括长期贷款成本、长期债券成本、普通股成本、留存收益成本等。个别资金成本一般用于比较和评价各种融资方式。

（2）综合资金成本（Overall cost of capital）：是对各种个别资金成本进行加权平均而得的结果，也称作加权平均资金成本。权值可以在账面价值、市场价值和目标价值中选择。综合资金成本一般用于资金结构决策。

（3）边际资金成本（Marginal cost of capital）：是指新筹集部分资金的成本。边际资金成本一般用于追加资金的决策。

以上三种资金成本虽然用途及计算方法各不相同,但相互联系密切,个别资金成本是综合资金成本与边际资金成本的基础,综合资金成本与边际资金成本是个别资金成本的加权平均,在实际中往往同时运用,缺一不可。

3. 资金成本的作用

在工程项目投资决策中,确定资金成本是一项非常重要的工作。资金成本对企业融资管理、投资管理、整个财务管理和经营管理都具有十分重要的作用。

(1) 资金成本是选择资金来源和融资方式的主要依据。随着我国金融市场的逐步完善,企业融资方式日益增多。选择融资方式时,资金成本的高低可以作为比较各种融资方式优缺点的依据之一,在其他条件基本相同或对企业影响不大时,应选择资金成本最低的融资方式。

(2) 资金成本是衡量资金结构是否合理的依据。企业资金结构一般是由权益融资和负债融资两部分结合而成,衡量二者间的组合是否最佳的标准主要是资金成本最小化和企业价值最大化。

(3) 资金成本是评价投资方案的可行性、进行投资决策的主要标准之一。因为资金成本就是评价投资方案所用的贴现率。当资金利率高于贴现率时投资机会才是有利可图的,才值得进行融资和投资。否则,就没有必要考虑融资和投资。

(4) 资金成本是选择追加融资方案的重要依据。企业为了扩大生产经营规模,需要增大资金投入量,这时企业往往通过计算边际资金成本的大小来选择是否追加融资。

4. 资金成本的计算

(1) 个别资金成本的计算

个别资金成本是指各种资金来源的成本。项目公司从不同渠道、以不同方式取得资本所付出的代价和承担的风险是不同的,因此个别资金成本是不同的。企业的长期资金一般有优先股、普通股、留存收益、长期借款、债券、租赁等,其中前三者统称权益资金(Equity capital),后三者统称债务资金(Debt capital)。根据资金来源也就相应地分为优先股成本、普通股成本、留存收益成本、长期贷款成本、债券成本、租赁成本等,前三者为权益资金成本,后三者为债务资金成本。

① 资金成本计算的一般形式

资金成本是企业资金占用费与有效融资额的比率。其一般计算公式为:

$$K = \frac{D}{P-F} \times 100\% \tag{7-3}$$

$$K = \frac{D}{P(1-f)} \times 100\% \tag{7-4}$$

式中 K——资金成本率(一般通称为资金成本);

P——筹集资金总额(融资额);

D——资金占用费(资金使用成本0);

F——资金融资费；

f——融资费用率（即融资费占筹集资金总额的比率）。

②银行借款的融资成本K_d

银行借款的融资额为借款本金，融资费为借款手续费。银行借款的成本就是指借款利息和借款手续费。由于借款利息计入税前成本费用，可以起到抵税的作用，因此银行借款融资成本还可以按照下列公式计算：

$$K_d = \frac{I_d(1-T)}{L(1-f_d)} \quad (7-5)$$

式中　K_d——银行借贷成本；

　　　I_d——银行借款年利息；

　　　T——所得税税率；

　　　L——银行借款融资额（借款本金）；

　　　f_d——银行借款融资费用率。

式（7-5）也可写成如下形式：

$$K_d = \frac{r_d(1-T)}{1-f_d} \quad (7-6)$$

式中　r_d——银行借款利率。

r_d的计算公式为：

$$r_d = \frac{I_d}{L} \quad (7-7)$$

当银行借款的融资费用（主要是借款的手续费）很小时，也可以忽略不计。

[例7-1] 某企业为扩大经营，通过银行取得一笔5年期借款1000万元，年利率为8%，每年付息一次，到期一次还本，筹措借款的费用率为0.5%，企业所得税税率为25%。计算该银行借款的资金成本。

[解]：

该银行借款资金成本为：

$$K_d = \frac{1000 \times 8\% \times (1-25\%)}{1000 \times (1-0.5\%)} = 6.03\%$$

或：$K_d = \dfrac{8\% \times (1-25\%)}{1-0.5\%} = 6.03\%$

如果忽略不计手续费的影响，则：

$$K_d = 8\% \times (1-25\%) = 6\%$$

③债券成本K_b

企业债券（Corporate bond，K_b）的融资额为债券的发行价格，有时与债券面值可能不一致，有等价溢价和折价等；发行债券的成本主要是指债券利息和筹资费用。债券利息是按其面值和票面利率计算并列入税前费用，具有抵税效用。企业实际支付的债券利息（Bond interest）为债券面值×（1-所得税税率），债券的融资费为债券发行费用，一般比较高，不可以在计算融资成本时省略。

在分期付息、到期一次还本的情况下，债券融资成本的计算公式为：

$$K_b = \frac{I_b(1-T)}{B(1-f_b)} \tag{7-8}$$

当债券发行价格与面值一致时，上式也可写成如下形式：

$$K_b = \frac{r_b(1-T)}{1-f_b} \tag{7-9}$$

式中　K_b——债券融资成本；

　　　I_b——债券年利息；

　　　T——所得税税率；

　　　B——债券筹资额；

　　　f_b——债券筹资费用率；

　　　r_b——债券利率。

考虑时间价值的负债融资成本计算。

若债券溢价或折价发行，为了更精确地计算资金成本，应以其实际发行价格作为债券筹资额。由于债券进入二级市场流通后，其价格随行就市。金融市场的市场利率总会上下波动，债券持有人对该券期望的收益率也在变化。债券定价公式为：

$$B_0 = \sum_{t=1}^{n} \frac{I_t}{(1+R)^t} + \frac{M}{(1+R)^n} \tag{7-10}$$

利用贴现现金流量模式，可将上式改写成如下形式：

$$B_0 = I_t(P/A, R, t) + M(P/F, R, t) \tag{7-11}$$

式中　B_0——债券当前的净值，是债券发行额扣除其发行费后的实有数额；

　　　I_t——第t年利息（面值×票面利率）；

　　　M——到期还本额，即债券面值；

　　　R_b——投资者对该债券期望收益率；

　　　t——现在至债券到期的年限；

　　　n——债券的发行期限。

根据债券当前的市值、债券面值、票面利率、发行期限和现在至债券到期的年限，由式（7-10）便可求出债券的期望收益率R，这就是债券当前的税前资金成本，则其税后成本为：

$$K = (1-T) \times R \tag{7-12}$$

式中 K——债券的税后资金成本；

T——所得税税率。

[例7-2] 某公司拟对新的项目进行投资，为降低融资成本，同时保证公司的控制权，故计划发行面值为1000元的债券8000张，期限为5年，票面利率11%，每年支付一次利息，发行费用占发行价格的5%。若公司所得税税率为25%，试计算该债券的资金成本。

[解]：

根据债券定价公式，可有：

$$800\times(1-5\%)=\sum_{t=1}^{5}\frac{800\times11\%}{(1+R)^t}+\frac{800}{(1+R)^5}$$

即 $760 = 88 \times (P/A, R, 5) + 800 \times (P/F, R, 5)$

试算，设计 $R_2 = 13\%$ 右式 = 744

设计 $R_2 = 12\%$ 右式 = 771 内插法：

$$R=12\%+\frac{771-760}{760-744}\times(13\%-12\%)=12.69\%$$

该借款税前成本为12.69%，调整为税后成本为：

$$K = 12.69\% \times (1-25\%) = 9.52\%$$

④优先股成本 K_P

优先权是公司在融资时对优先股购买者给以某些优惠条件的承诺。优先股的优先权主要表现在优先于普通股份的股利，且股利通常是固定的。

与负债利息的支付不同，优先股的股利须在税后净利润中支付。因其股利固定、期限永久，所以可视为永续年金，无需经过所得税调整。优先股持有者的投资风险大于债券持有人的投资风险，故优先股的股息率会高于债券的利息，而且股息从税后净利中支付，不减少公司的应缴所得税，因此优先股成本也较债券成本高。优先股成本的计算方法为每年应付股息除以实际筹资额，具体计算公式为：

$$K_P=\frac{D_P}{P_P(1-f_P)}=\frac{F_P\times i_P}{P_P(1-f_P)} \quad (7-13)$$

当优先股发行价格与票面价格相等时，式（7-11）可改写成：

$$K_P=\frac{P_P\times i_P}{P_P(1-f_P)}=\frac{i_P}{1-f_P} \quad (7-14)$$

式中 K_P——优先股成本；

D_P——优先股每年股息；

F_P——优先股的发行价格；

P_P——优先股票面值；

i_P——股息率；

f_P——优先股发行费用率。

[例7-3] 某公司采用发行优先股的方式进行融资，发行的优先股每股面值为12元，每股发行价格为10元，股息率为10%，每年支付一次利息，发行费用占发行价格的5%，试计算该债券的资金成本。

[解]：
$$K_P = \frac{D_P}{P_P(1-f_P)} = \frac{F_P \times i_P}{P_P(1-f_P)} = \frac{10 \times 10\%}{12 \times (1-5\%)} = 9\%$$

⑤普通股成本K_c

与其他融资方式相比，普通股的资金成本具有更大的不确定性。首先，普通股的发行有溢价、等价两种形式，往往需要支付较多的发行费用，而且普通股的市场价格经常变化；其次，普通股的股利也不是固定的，并且需要税后支付。因此，计算普通股的资金成本时存在很大困难。通常用评价法和资本资产定价模型法计算。

a. 股票股利估价模型法（评价法）

普通股的价值等于企业所能带来的未来收益的现值。一般而言，未来收益为投资者所获得的股利和售出股票的未来市值，其表述如下。

$$V_0(1-f_c) = \sum_{t=1}^{n}\left[\frac{D_t}{(1+K_c)^t} + \frac{V_n}{(1+K_c)^t}\right] \quad (7-15)$$

式中 K_c——普通股成本；

V_0——股票发行价；

V_n——第n年末股票价值；

D_t——t年股利；

f_c——普通股融资费用率。

若企业采用固定股利政策，每年股利不变，且投资者无限期持有股票，则

$$K_c = \frac{D}{V_0(1-f_c)} \quad (7-16)$$

若股利第一年为D_1，以后股利每年增长为G，则普通股成本计算公式为：

$$K_c = \frac{D_1}{V_0(1-f_c)} + G \qquad (7-17)$$

b. 资本资产定价模型法

按照资本资产定价模型法，普通股成本的计算公式为

$$K_c = R_c = R_F + \beta \cdot (R_m - R_F) \qquad (7-18)$$

式中　R_c——普通股成本也称为股票的必要报酬率；

　　　R_F——无风险报酬率；

　　　R_m——平均风险股票必要报酬率；

　　　β——系数。

⑥租赁成本K_L

企业通过租赁获得某些资产的使用权，要定期支付租金，并且将租金列入企业成本，在税前支付。租金成本率的计算公式为：

$$K_L = \frac{E}{P_L} \times (1-T) \qquad (7-19)$$

式中　K_L——租赁成本率；

　　　P_L——租赁资产价值；

　　　E——年租金额。

[例7-4] 我国某工程公司因某工程需要，现向国外某机械公司租赁打桩船一艘，租船费用为6万元人民币/天，而该型号打桩船的制造成本为1.2亿人民币/艘，公司企业税为25%，试求租赁成本。

[解]：
$$K_L = \frac{E}{P_L} \times (1-T) = \frac{6 \times 365}{12000} \times (1-25\%) = 13.69\%$$

---

⑦留存盈余成本K_r

留存盈余（Retained earning）也称保留盈余，是企业税后净利在扣除当年股利后保留在企业的那部分盈利，即经营所得净收益的积余，包括盈余公积和未分配利润。

留存盈余是所得税后形成的，其所有权属于普通股股东，实质上相当于股东对公司的追加投资。股东将留存盈余留用于公司，是想从中获取投资报酬，所以留存盈余也有融资成本，即股东失去的向外投资的机会成本。他与普通股成本的计算基本相同，只是不考虑融资费用。留存盈余成本的计算有很多种方法，其为一种计算公式为：

$$K_r = \begin{cases} \dfrac{D}{V_0} & \text{股利每年保持不变} \\ \dfrac{D_1}{V_0} + G & \text{股利每年增长为} G \end{cases} \quad (7-20)$$

[例7-5] 某公司为扩大生产规模,拟增发300万股新普通股,每股发行价格为12元,发行费率4%,预计当年股利率为10%,同时估计未来股利每年递增3%,试求普通股成本K_c与留存收益成本K_r。

[解]:

发行普通股成本为:

$$K_c = \frac{D_1}{V_0(1-f_c)} + G = \frac{300 \times 10\%}{300 \times (1-4\%)} + 3\% = 13.42\%$$

留存收益成本为:

$$K_r = \frac{D_1}{V_0} + G = \frac{300 \times 10\%}{300} + 3\% = 13\%$$

（2）综合资金成本的计算

一般来讲,项目的资金筹措一般采用多种融资方式。从不同来源取得的资金,其资金成本有高有低。由于受到多种环境的制约,项目不可能只从某种低成本的来源筹集资金,而是各种筹贷方案的有机组合。因此,为了进行融资决策,需要计算整个融资方案的综合融资成本（总资金成本）,以反映建设项目的整个融资方案的融资成本状况。综合资金成本一般是以各种资金占全部资金的比重为权数,对个别资金成本进行加权平均确定的,故而又称加权平均资金成本。其计算公式为:

$$K_W = \sum_{j=1}^{n} K_j W_j \quad (7-21)$$

式中 K_W——综合资金成本;

K_j——第j种融资方式的个别资金成本;

W_j——第j种个别资金占全部资金的比重（权数）。

个别资金占全部资金比重的确定,还可以按市场价值或目标价值确定,分别成为市场价值权数和目标价值权数。市场价值权数指债券、股票以市场价格确定权数。这样计算的加权平均资金成本能反映目前企业的实际状况。目标价值权数是指债券、股票以未来预计的目标市场价值确定权数。这种权数能体现期望的资本结构,而不是像账面价值权数和市场价值权数那样只反映过去和现在的资本结构。所以,按目标价值权数计算的加权平均资金成本更适用于企业筹措新资金。

一般来说，降低平均资金成本的途径有两个：一是降低各项资金的成本，例如选择利息较低的贷款；二是调整企业资金来源结构，尽量提高资金成本较低的资金在全部资金中的比例。

[例7-6] 某公司账面反映的现有长期资本总额10000万元，其中长期借款3000万元、长期债券2500万元、优先股2000万元、普通股2000万元、留存收益1500万元；各种资金的个别资金成本分别为5%、6%、11%、14%和13%。试计算该公司的综合资金成本。

[解]：

① 计算各种资金在全部资金中的比重。

长期借款资金比重：$\dfrac{3000}{10000} = 0.30$

长期债券资金比重：$\dfrac{2500}{10000} = 0.25$

优先股资金比重：$\dfrac{2000}{10000} = 0.20$

普通股资金比重：$\dfrac{2000}{10000} = 0.20$

留存收益比重：$\dfrac{1500}{10000} = 0.15$

② 计算综合资金成本。

$$K_W = 5\% \times 0.30 + 6\% \times 0.25 + 11\% \times 0.20 + 14\% \times 0.2 + 13\% \times 0.15$$
$$= 9.5\%$$

（3）边际资金成本的计算

边际资金成本是指资金每增加一个单位所增加的资金成本。对于企业来说，以一个固定的资金成本筹措到无限的资金是不现实的。当融资达到一定的规模时，资金成本率将会发生变化，同时随着时间的推移和融资条件的改变，个别资金成本也会随之变化。随着新资本的扩大，企业经营规模增大，经营风险增加，若企业债务继续增加，新债权人考虑到财务风险，则会要求更高的利率，从而使债务成本提高；如增加发行普通股，投资者风险增加，要求更高的风险补偿，导致权益资金成本提高。新资本的投入会推动边际资金成本的上涨。因此，在企业需要追加融资时，边际资金成本是企业选择融资方案的重要依据。

边际成本的计算大体可以分为两个步骤:

①计算融资突破点。所谓融资突破点(Financing breakthrough point),是指保持其资金结构不变的条件下可以筹集到的资本总额。换言之,在融资突破点以内融资,资金成本不会改变,一旦超过了融资突破点,即使保持原有的资金结构,其资金成本也会增加。融资突破点的计算公式为:

$$融资突破点 = \frac{可用某一特定成本率筹集到某种资本最大数额}{该种资本在资本结构中所占的比重} \quad (7-22)$$

②计算边际资金成本。根据计算出的融资突破点,可得出若干组新的融资范围,对融资范围分别计算加权平均资金成本,即可得到各种融资范围的边际资金成本。

7.4.2 资金成本的应用

在企业融资决策中,无论是选择融资方式还是确定融资规模,都需要以资金成本作为重要依据。可根据下面的三个例子了解资金成本在企业融资决策中的作用。

[例7-7] 某企业预融资4000万元,现有三种融资组合方案,各方案的详细数据见表7-1。试分析对企业来讲哪种方案最合理。

各融资组合方案数据表(单位: 万元)　　表7-1

融资方式	资金成本	A方案 金额	A方案 比例	B方案 金额	B方案 比例	C方案 金额	C方案 比例
银行贷款	6%	400	10%	800	20%	1000	25%
债券	7%	800	20%	800	20%	400	10%
优先股	11%	1200	30%	—	—	600	15%
普通股	13%	1600	40%	2400	60%	2000	50%
合计	—	4000	100%	4000	100%	4000	100%

[解]:

一般都使用综合资金成本判断融资结构是否合理。下面分别计算三个组合方案的综合资金成本。

A方案综合资金成本 = 10%×6% + 20%×7% + 30%×11% + 40%×13% = 10.5%
B方案综合资金成本 = 20%×6% + 20%×7% + 60%×13% = 10.4%
C方案综合资金成本 = 25%×6% + 10%×7% + 15%×11% + 50%×13% = 10.35%
由计算可知,C方案综合资本金成本最低,因此该公司采用C组合方案较为合理。

[例7-8] 某公司预扩大生产规模,需要新增资金400万元,现有两种融资方案供选择,问哪种方案对公司最有利?(企业所得税税率25%)

方案一:向银行申请长期贷款400万元,年利率12%,贷款手续费费率0.4%,每年付息一次,到期一次还本。

方案二:发行面值3元的普通股80万股,发行价为5元,发行费费率3%,预计每年每股需支付股利0.42元。

[解]:

在不考虑其他因素的情况下,可根据个别资金成本评价融资方案。

方案一:个别成本金 $= \dfrac{400 \times 12\% \times (1-25\%)}{400 \times (1-0.4\%)} = 9.04\%$

方案二:个别资金成本 $= \dfrac{80 \times 0.42}{80 \times 5 \times (1-3\%)} = 8.66\%$

由计算可知,方案二的个别资金成本明显低于方案一的个别资金成本,因此,该公司应选择方案二进行融资。

[例7-9] 某企业拥有长期资金2000万元,其中,长期借款300万元,长期债券500万元,普通股1200万元。为扩大经营规模,需增加投资。现有6个投资项目,各投资项目的投资需求与内含报酬率见表7-2。企业为满足上述投资需追加融资,经分析,认为追加融资后仍应保持目前的资金结构,即长期借款占15%,长期债券占25%,普通股占60%,并测算出随着融资数额的增加,各种资金成本的变化详见表7-3。要求做出该企业的追加融资规划。

各项目投资额和内含报酬率表(单位:万元)　　　　表7-2

项目	投资额	内含报酬率	累计投资额
A	500	13.30%	500
B	400	12.70%	900
C	400	12.40%	1300
D	300	11.75%	1600
E	200	10.75%	1800
F	200	10.24%	2000
合计	2000	—	—

企业增资情况及个别资金成本变动表　　　　　　　　表7-3

资本种类	目标资金结构	新筹资额	资金成本（%）
长期借款	15%	45万元以内	3
		45万元~90万元	5
		90万元以上	7
长期债券	25%	200万元以内	10
		200万元~400万元	11
		400万元以上	12
普通股	60%	300万元	13
		300万元~600万元	14
		600万元以上	15

[解]：

首先确定追加融资的边际成本。

（1）计算融资突破点，结果详见表7-4。

企业融资突破点计算表　　　　　　　　表7-4

资本种类	目标资金结构	资金成本（%）	新融资额	融资突破点
长期借款	15%	3	45万元以内	
		5	45万元~90万元	300万元
		7	90万元以上	600万元
长期债券	25%	10	200万元以内	
		11	200万元~400万元	800万元
		12	400万元以上	1600万元
普通股	60%	13	300万元	
		14	300万元~600万元	500万元
		15	600万元以上	1000万元

表7-4中各融资突破点计算过程如下：

$\dfrac{45}{15\%}=300$（万元）　　$\dfrac{90}{15\%}=600$（万元）　　$\dfrac{200}{25\%}=800$（万元）

$\dfrac{400}{25\%}=1600$（万元）　　$\dfrac{300}{60\%}=500$（万元）　　$\dfrac{600}{60\%}=1000$（万元）

（融资突破点300万元的含义是：只要追加融资总额不超过300万元，在保持15%长期借款的资金结构下，最多能筹集到45万元的长期借款，而按表7-4提供的资料可知，长期借款的资金成本为3%。换言之，以3%的成本向银行申请长期借款，在保持目标资金结构不变的前提下，能筹集到的资金总额最高为300万元，其中长期借款最多能筹集到45万元，占筹资总额的15%。）

（2）计算边际资金成本。根据上一步计算出的融资突破点，可以得到七组筹资总额范围：①300万元以内；②300万元~500万元；③500万元~600万元；④600万元~800万元；⑤800万元~1000万元；⑥1000万元~1600万元；⑦1600万元以上。

对以上七组融资范围分别计算加权平均资金成本，即得到各种筹资范围的综合资金成本。计算结果详见表7-5。

综合资金成本计算表　　　　　　　　　　表7-5

融资范围	资本种类	资金结构（%）	资金成本（%）	加权平均资金成本
300万元以内	长期借款 长期债券 普通股	15 25 60	3 10 13	10.75%
300万元~ 500万元	长期借款 长期债券 普通股	15 25 60	5 10 13	11.05%
500万元~ 600万元	长期借款 长期债券 普通股	15 25 60	5 10 14	11.65%
600万元~ 800万元	长期借款 长期债券 普通股	15 25 60	7 10 14	11.95%
800万元~ 1000万元	长期借款 长期债券 普通股	15 25 60	7 11 14	12.20%
1000万元~ 1600万元	长期借款 长期债券 普通股	15 25 60	7 11 15	12.80%
1600万元 以上	长期借款 长期债券 普通股	15 25 60	7 12 15	13.05%

上述边际成本可用图形来表示，如图7-1所示。

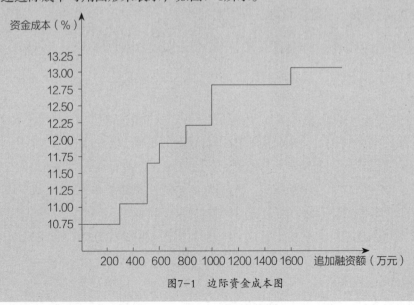

图7-1　边际资金成本图

（3）绘制规划图。在边际资金成本图的基础上，依据各投资项目内含报酬率的变化，绘制追加融资规划图，如图7-2所示。

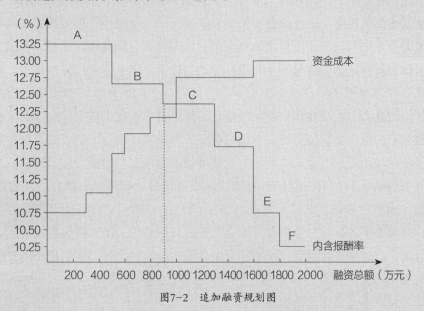

图7-2 追加融资规划图

由图7-2可知，企业融资资金应该首先用于内含报酬率最大的A项目，然后再选择B项目，依此类推。资金成本与投资机会的交叉点900万是适宜的融资预算。此时可选择A、B两个项目，它们的内含报酬率高于相应的边际资金成本。而C项目资金成本和内含报酬率未有明确高低之分，融资则存在风险影响。其他项目的内含报酬率虽高于目前的资金成本，但低于其融资所需的边际资金成本，所以是不可取的。

7.4.3 资金结构

资金结构是指融资方案中各种资本的构成及其比例关系。项目的资金结构安排和资金来源选择在项目融资中起着非常关键的作用。巧妙地安排项目的资金构成比例，选择合适的资金形式，可以达到既能减少项目投资者自有资金的直接投入，又能提高项目综合经济效益的双重目的。

资本结构的分析应包括项目筹集资金中股本资金、债务资金的形式，各种资金所占比例，以及资金的来源，包括项目资本金与负债资金比例、资本金结构和债务资金结构。融资方案分析中，资金结构分析是一项重要内容。

资本金（Capital）是指项目总投资中，由投资者认缴的出资额，对项目来说是非负债资金，项目法人不承担这部分资金的任何利息和债务；投资者可按照其出资比例依法享有所有者权益，也可转让其出资，但一般不得以任何形式抽回。项目资本金与项目债务资金的比例是项目资金结构中最重要的比例关系。项目投资者希望投入较少的资本金，获得较多的债务资金（Debt capital），尽可能降低债权人对股东的追索。而提供债务资金的债权人则希望项目能够有较高的资本金比例，以降低债权的风险。当资本金比例降低到银行不能接受的水平时，银行将会拒绝贷款。资本金与债务资金的合理比例需要由各个参与方的利益平衡来决定。

资本金所占比例越高，企业的财务风险和债权人的风险越小，可能获得较低利率的债务资金。债务资金的利息是在所得税前列支的，可以起到合理减税的效果。在项目的收益不变、项目投资财务内部收益率高于负债利率的条件下，由于财务杠杆的作用，资本金所占比例越低，资本金财务内部收益率就越高，同时企业的财务风险和债权人的风险也越大。因此，一般认为，在符合国家有关资本金（注册资本）比例规定、符合金融机构信贷法规及债权人有关资产负债比例的要求的前提下，既能满足权益投资者获得期望投资回报的要求，又能较好地防范财务风险的比例是较理想的资本金与债务资金的比例。

为了建立投资风险约束机制，有效地控制投资规模，提高投资效益，国务院决定从1996年开始，对经营性项目试行资本金制度，规定了经营性项目的建设都要有一定数额的资本金，并提出了各行业投资项目资本金的最低比例要求。国家将根据经济形势发展和宏观调控需要，适时调整固定资产投资项目最低资本金比例，2015年新发布的《国务院关于调整和完善固定资产投资项目资本金制度的通知》（国发〔2015〕51号）对各行业的固定资产投资项目资本金最低比例规定见表7-6。

国务院规定的各行业项目资本金的最低比例　　　　表7-6

投资行业	项目资本金占总投资的最低比例（%）
钢铁、电解铝项目	40
水泥项目	35
煤炭、电石、铁合金、烧碱、焦炭、黄磷、多晶硅项目	30
化肥（钾肥除外）、港口、沿海及内河航运、机场项目	25
保障性住房和普通商品住房、城市轨道交通、铁路、公路、玉米深加工项目	20
其他房地产开发项目	25
电力等其他项目	20

城市地下综合管廊、城市停车场项目，以及经国务院批准的核电站等重大建设项目，可以在规定最低资本金比例基础上适当降低。

项目的资本金可以用货币出资，也可用实物、工业产权、非专利技术、土地使用权作价出资。对作为资本金的实物、工业产权、非专利技术、土地使用权，必须经过有资格的资产评估机构按照法律、法规评估作价，不得高估或低估。以工业产权、非专利技术作价出资的比例不得超过投资项目资本金总额的20%，国家对采用高新技术成果有特别规定的除外。投资者以货币方式认缴的资本金，其资金来源有以下几个方面。

①各级人民政府的财政预算内资金、国家批准的各种专项建设基金、"拨改贷"和经营性基本建设基金回收的本息、土地批租收入、国有企业产权转让收入、地方人民政府按国家有关规定收取的各种规费及其他预算外资金。

②国家授权的投资机构及企业法人的所有者权益（包括资本金、资本公积金、盈余公积金和未分配利润、股票上市收益等），企业折旧资金以及投资者按照国家规定从资金市场上筹措的资金。

③社会个人合法所有的资金。

④国家规定的其他可以用作投资项目资本金的资金。

7.5　项目融资简介

7.5.1　项目融资的基本概念

目前，对项目融资还不存在严格的定义，广义地说，一切针对具体项目所安排的融资活动都可以称为项目融资（Project financing），这是在欧洲盛行的观点。但是在北美洲，金融界则习惯上将只具有无追索或有限追索形式的融资活动称为项目融资。本章中讨论的项目融资重点是后一种形式的融资活动。

追索（Recourse）是指在借款人未按期偿还债务时，贷款人要求借款人用以除抵押资产之外的其他资产偿还债务的权利。有限追索形式的融资活动就是说资本偿还以项目投产后的收益及项目本身的资产作为还款来源，即将归还贷款的资金来源限定在所融资项目的收益和资产范围之内的一种融资活动。工程项目建成后如果没有收益，项目公司无法得到预期收益，就不能偿还贷款。贷款人不能追索到除项目资产及相关担保资产以外的项目发起人的资产。无追索（Non-recourse）是有限追索的特例，即在融资的任何阶段，贷款人均不能追索到项目发起人除项目之外的资产，融资百分之百地依赖于项目的经济强度。由此可知，无追索和有限追索的性质是项目融资的一个突出特征。

按照中国银监会发布的《项目融资业务指引》项目融资是符合以下特征的贷款：

①贷款用途通常是用于建造一个或一组大型生产装置、基础设施、房地产项目或其他项目，包括对在建或已建项目的再融资。

②借款人通常是为建设、经营项目或为该项目融资而专门组建的企事业法人，包括主要从事该项目建设、经营或融资的既有企事业法人。

③还款资金来源主要依赖该项目产生的销售收入、补贴收入或其他收入，一般不具备其他还款来源。

除此以外，项目融资与传统融资方式相比较，还具有以下几个特征。

（1）项目导向

在安排融资时主要依赖于项目的现金流量和资产，而不依赖于项目的投资者或发起人的资信也是项目融资的一个重要特征。投资方在决定是否提供贷款时的首要考虑因素是融资项目本身的经济强度，贷款的数量、融资成本的高低以及融资结构的设计都是与项目的预期现金流量的资产价值直接联系在一起的。

（2）融资渠道多元化

项目融资之所以适合于大型工程项目的建设开发，正是因为它具有多元化的资金筹措渠道。项目融资的融资渠道包括有限追索性的项目贷款、发行项目债券、外国政府贷款、国际金融机构贷款以及依靠目前比较盛行的BOT方式（英文全称是Build-Operate-Transfer，译为建设—运营—移交。BOT方式是指采用建设—运营—移交一揽子解决办法，吸引无须担保的民间资金投资基础设施项目的一种投资方式。）和ABS方式（英文全称是Asset-Backed Securities，译为资产证券化，一般是指将缺乏流动性但能够产生未来现金流的资产，通过结构性重组，转变为可以在金融市场上销售和流通的证券。）直接融入外资甚至国内的民间资本。

（3）资金占用期限长

运用项目融资方式进行融资的项目一般多属耗资大、建设及经营期长、资金回收慢的大型基础设施项目、资源开发项目和制造工业项目，因此，与项目导向性相适应，项目融资的资金占用期一般较长。

（4）融资成本较高

与传统的融资方式比较，项目融资中存在的一个主要问题就是相对融资成本较高，组织融资所需要的时间较长。项目融资涉及面广、结构复杂，需要做好大量的、一系列的技术性工作，因此，前期工作量较大，通常从开始准备到完成整个融资计划需要3~6个月的时间，有些大型项目融资甚至可以拖上几年的时间，再加之有限追索的性质，导致融资成本要比传统的融资方式高很多。

7.5.2 项目融资的参与者

由于项目融资结构复杂，因此参与者也比传统的融资方式多。所谓参与者是指参与融资结构并在其中发挥不同重要程度作用的利益主体。概括起来，项目融资的参与者主要包括这样几个方面：（1）项目的直接主办人；（2）项目的实际投资者；（3）项目的贷款银

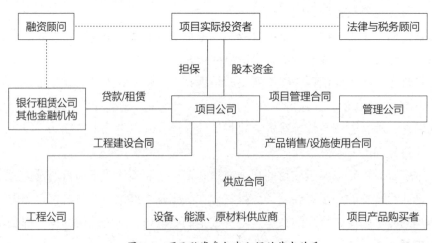

图7-3 项目融资参与者之间的基本关系

行；（4）项目产品的购买者/项目设施的使用者；（5）项目建设的工程公司/承包公司；（6）项目融资顾问；（7）有关政府机构；（8）法律/税务顾问。

以上几个方面参与者相互之间的基本关系如图7-3所示。

7.5.3 项目融资的阶段

从项目的投资决策算起，到选择项目融资的方式为项目筹集资金，一直到最后完成该项目融资，各个工程项目的运作程序大体上是一致的，大致上可分为5个阶段，即投资决策分析、融资决策分析、融资结构分析、融资谈判和项目融资的执行，如图7-4所示。

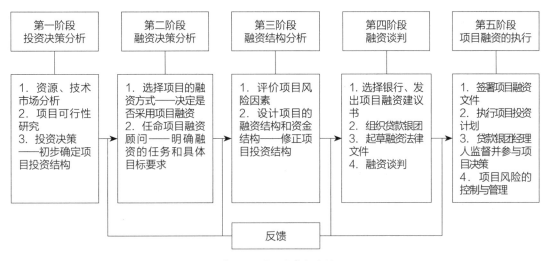

图7-4 项目融资各阶段

1．投资决策分析

从严格意义上讲，这一阶段也可以不属于项目融资所包括的范围。对于任何一个投资项目，都需要经过相当周密的投资决策分析。然而，一旦做出投资决策，接下来的重要工作就是确定项目的投资结构，它与将要选择的融资结构和资金来源有着密切的关系。

2．融资决策分析

在这一阶段，项目投资者将决定采用何种融资方式为项目筹集资金。

3．融资结构分析

设计项目融资结构的一个重要步骤是完成对项目的分析评估。

4．融资谈判

在初步确定了项目融资方案之后，融资顾问将有选择地向商业银行或其他一些金融机构发出参加项目融资的建议书，组织贷款银团，着手起草项目融资的有关文件。

5．项目融资的执行

在正式签署项目融资的法律文件之后，融资的组织安排工作就结束了，项目融资将进入执行阶段。

思 考 题

1. 下列企业筹集资金的方式中，属于外源融资渠道中间接融资方式的是（　　）。
   A. 发行股票
   B. 变卖闲置财产
   C. 向银行申请贷款
   D. 利用未分配的利润

2. 关于公司的资本成本与投资项目的资本成本，下列说法中不正确的是（　　）。
   A. 公司资本成本的高低取决于无风险报酬率、经营风险溢价和财务风险溢价
   B. 投资项目资本成本的高低主要取决于从哪些来源筹资
   C. 项目资本成本是投资于资本支出项目所要求的必要报酬率
   D. 每个项目都有自己的资本成本，它是项目风险的函数

3. 某企业通过长期借款和长期债券两种方式融资，其中长期借款3000万元，债券2000万元，期限均为3年，每年结息一次，到期一次还本。长期借款利率为6%，手续费2%；长期债券年利率为6.5%，手续费1.5%。企业所得税税率25%，关于企业资金成本的下列说法，错误的是（　　）。
   A. 长期债券的资金成本率为4.95%
   B. 长期借款的资金成本率为4.59%
   C. 两种融资成本均属于债务融资成本
   D. 企业融资的综合资金成本为4.73%

4. 已知某普通股的 β 值为1.2，无风险利率为6%，市场组合的必要收益率为10%，该普通股目前的市价为10元/股，预计第一期的股利为0.8元，不考虑融资费用。假设根据资本资产定价模型和股利增长模型计算得出的普通股成本相等，则该普通股股利的年增长率为（　　）。
   A. 6.2%
   B. 2.6%
   C. 2.8%
   D. 8.3%

5. 甲公司有X、Y两个项目组，分别承接不同的项目类型，X项目组的资本成本为10%，Y项目组的资本成本为14%，甲公司资本成本为12%，下列项目中，甲公司可以接受的是（　　）。

A. 报酬率为9%的X类项目

B. 报酬率为11%的X类项目

C. 报酬率为12%的Y类项目

D. 报酬率为13%的Y类项目

6. 融资租赁的租金应由（   ）构成。[多选题]

A. 租赁资产的成本

B. 出租人承办租赁业务的费用

C. 租赁资产的运行成本

D. 租赁资产成本的利息

E. 出租人提供租赁服务的利润

7. 某企业发行普通股1000万股，发行价格为每股5元，融资费率为4%，每年股利固定为每股0.2元，计算该普通股成本。

8. A公司3年前溢价10%发行了期限为5年的面值为1000元的债券，票面利率为8%，每年付息一次，到期一次还本，目前市价为980元，假设债券税前成本为k，则正确的表达式为_____，发行时的表达式为_____。

9. 丁公司拟按照面值发行债券筹集资金150万元，每张面值1000元，每季度付息一次。该公司认为发行债券税前成本应该为12%，计算丁公司适用的票面年利率。

10. 某施工企业从银行借款3000万元，手续费费率为0.5%，年利率为6%，期限为3年，每年年末计息并支付，到期一次还本，企业所得税税率为25%，试求该笔借款的资金成本率。

11. 某公司正在研究一项生产能力扩张计划的可行性，需要对资本成本进行估计。估计资本成本的有关资料如下：

①公司现有长期负债：面值1000元，票面利率12%，每半年付息一次的不可赎回债券；该债券还有5年到期，当前市价1051.19元；假设新发行长期债券时采用私募方式，不用考虑发行成本。

②公司现有优先股：面值100元，股息率10%，每季付息的永久性优先股。其当前市价116.79元。如果新发行优先股，需要承担每股2元的发行成本。

③公司现有普通股：当前市价50元，最近一次支付的股利为4.19元/股，预期股利的永续增长率为5%，该股票的贝塔系数为1.2。公司不准备发行新的普通股。

④资本市场：国债收益率为7%；市场平均风险溢价估计为6%。

⑤公司所得税税率：40%。

试求：

（1）计算债券的税后资本成本。

（2）计算优先股资本成本。

（3）计算普通股资本成本：用资本资产定价模型和股利增长模型两种方法估计，以两者的平均值作为普通股资本成本。

（4）假设目标资本结构是30%的长期债券、10%的优先股、60%的普通股，根据以上计算得出的长期债券资本成本、优先股资本成本和普通股资本成本估计公司的加权平均资本成本。

| 第8章 |

工程项目的
可行性研究

8.1 可行性研究的概念

可行性研究（Feasibility research）是关于工程项目是否可行的研究，最早于20世纪30年代运用于美国田纳西河流域开发项目中，并作为开发规划中的重要阶段。第二次世界大战结束后，科技发展迅速，经济建设需求旺盛，可行性研究在各种大型工程项目中得以应用。时至今日，可行性研究已成为世界各国对重要投资项目的普遍流程之一。1978年，联合国工业发展组织（United Nations Industrial Development Organization——UNIDO）编写出版的《工业项目可行性研究手册》一书，全面地介绍了可行性研究的内容和方法，对发展中国家工程项目建设起到了重要的影响。20世纪80年代末，我国开始引进这套方法并与实际相结合进行反复的修改，逐渐将可行性研究归入建设规范当中。

具体来说，可行性研究是一门管理技术，通常是指在投资决策之前，决定项目在技术上、经济上是否可行所必须进行的技术经济分析论证的一种方法。它在企业投资、工程项目、技术改造、技术引进、新产品开发、课题研究等许多方面得到广泛应用。

工程项目是否可行通常需要考察三个问题：

（1）项目是否必要？

（2）项目是否能够实现？

（3）项目实现后效果如何？

所有的工程项目实施首先都有客观的需要。在当今日益复杂的技术、经济和社会环境中，有些项目表面上似乎是必要的，而实际上也许根本不存在使其成立的条件。只有在技术上可行的工程项目，才有可能实现。一个项目除了能实现，还要有良好的经济和社会效果。总之，可行性研究是指在投资决策前通过详细的调查研究，对拟建项目的必要性、可实现性及对经济和社会的有利性等方面所做的全面而系统的综合性研究。可行性研究的基本方式是调查研究。通过调查研究，可以搜集到绝大部分的数据资料。可行性研究的目的就是帮助决策者或决策部门做出正确的决策，减少或防止决策失误，从而提高投资效益，加速经济的发展。同时，可行性研究还能为银行贷款、合作者签约、工程设计等提供依据和基础资料。

8.2 可行性研究的步骤

工程项目可行性研究为企业领导在组织决策方面起着指导和决断作用。随着市场经济的迅速发展，可行性研究不断充实、完善，并逐步形成了一套比较完整的、系统的科学研究方法。

8.2.1 可行性研究的程序

为了高质、高量、准时完成可行性研究报告，可行性研究一般要经过签订委托协议、组建工作小组、制定工作计划、资料收集与分析、方案比选与优化、项目方案评价、编制可行性研究报告、与委托单位交换意见八个工作流程。

1．签订委托协议

当项目业主单位具备条件和能力开展项目可行性研究工作时，可以自行组织项目可行性研究工作。当项目业主单位不具备自行开展项目可行性研究的能力时，就需要委托外单位进行此项工作。在进行可行性研究之前，可行性研究报告编制单位首先需要对项目可行性研究报告编制的工作范围、重点、深度要求、完成时间、质量要求和费用预算等方面内容与项目业主单位达成共识，并签订委托协议。该协议是可行性研究报告编制的依据之一。

2．组建工作小组

在签订委托协议后，可行性研究报告编制单位开始组建可行性研究报告编制工作小组。为了确保可行性研究报告的总体质量，工作小组设项目负责人、总工程师、总经济师，各专业组明确1名负责人具体负责本专业的工作。

3．制定工作计划

组建工作小组之后，小组项目负责人需要根据与业主达成的协议，按照可行性研究的步骤，就人员安排、工作内容、进度计划、工作条件、工作质量和经费预算等作出合理的部署，并与委托单位交换意见。

4．资料收集与分析

各专业组根据可行性研究报告编写大纲，结合工作内容等进行实地考察和市场调查，收集整理与本可行性研究相关的资料。主要收集与项目建设、市场运营等方面有关的信息资料和数据。

5．方案比选与优化

在资料调查与分析的基础上，提出项目建设的规模与产品、场（厂）址、技术、设备、工程、原材料供应、总图布置、公用工程与辅助工程、环境保护、组织机构设置方案、实施进度等备选方案，然后通过技术经济论证等比较优化方案，构造项目的整体推荐方案。

6．项目方案评价

对推荐的方案进行财务评价、国民经济评价、社会评价、风险和环境评价，以判别项目的环境、经济和社会的可行性，以及项目抗风险的能力。当有关评价指标满足可行的条件时，推荐的方案通过，否则应对原方案进行调整或重新设计方案。

7．编制可行性研究报告

项目可行性研究各专业方案经过技术经济论证和优化后，由各专业分工编写，项目负责人根据可行性研究报告编写大纲的要求进行汇总，提出可行性研究报告初稿。

8．与委托单位交换意见

可行性研究报告初稿形成后，与委托单位——项目业主单位交换意见，进行修改完善，最终形成正式的可行性研究报告。

8.2.2 可行性研究的依据

编制可行性研究报告一般依据以下文件和资料。

1．项目建议书及其批复文件

项目可行性研究报告编制的主要依据是项目建议书。项目建议书是经过有关部门的批准，在投资决策前对工程建设项目的总体设想，主要论证项目建设的必要性，并对项目的可行性进行了初步分析论证，提出了项目建设的建议。可行性研究确定的规模和标准原则上不应突破批复的项目建议书提出的指标。

2．国家有关法律、法规和政策

工程项目必须在国家有关法律、法规和政策允许的范围内，如环境保护的法律与政策、国家产业发展的指导性政策文件等。因此可行性研究报告编制人员必须认真阅读并了解相关规定，使项目的建设不违背国家的有关规定。

3．国家和地方国民经济和社会发展规划

国家和地方国民经济和社会发展规划是一个时期国民经济发展的纲领性文件，对项目建设具有指导作用，并为项目的建设提供了依据。另外，行业或部门发展规划同样可作为项目建设可行性研究的依据，如江河流域开发治理规划、电力电网规划、土地利用规划、城市规划等。

4．有关技术规范、标准、定额和经济评价方法

各行业的技术规范、标准，例如港口工程项目中的《港口工程可行性研究报告编制规程》《××码头设计与施工规范》等是工程建设项目在技术方案制定时必须考虑和遵守的规则。有些规范为"强制性规范"，必须严格遵守。有关定额，如预算定额，是进行工程投资估算和进行方案技术经济比较的依据。

对于我国境内的工程项目，国家发改委和建设部颁布的《建设项目经济评价方法与参数》是项目经济评价的基本依据。

5．基础资料

基础资料是进行可行性研究报告编制的基础，是进行工程位置（厂址）选择、工程设计、技术经济分析等的依据。基础资料的内容视工程建设项目的性质而定，一般包括项目所在区域的自然、地理、水文、气象、地质、社会等方面的情况。有些基础资料必须通过专业机构现场勘探或从有关行业部门获得，如地形图的测量、地质情况勘测等。

8.2.3 可行性研究报告的框架

规范的可行性研究报告应由四部分组成，分别是标题、目录、报告正文和附件。

1．标题

标题一般由企业性质、企业名称和文种三部分组成。标题下面应署编制单位、负责人姓名和编制日期。

2．目录

可行性研究报告的目录不仅要标注正文各部分所在的位置，而且还需注明附件及其名称。

3．报告正文

报告在目录之后，是可行性研究报告的主体部分，主要依据目录中列举的内容针对整个项目分别进行技术上和经济上的分析、评价，最后得出综合结论。

4．附件

附件用于展示可行性报告的参考依据，对正文内容起着补充说明的作用。

8.2.4 可行性研究报告的内容

工程项目可行性研究报告的内容通常包括以下几个方面。

1．总论

总论是对拟建项目概况性的论述，主要包括项目提出的背景与概况、可行性研究报告编制的依据、项目建设条件、问题与建议。此外，还包括对项目建设和生产运营所需的建设条件及其获得的可能性分析。

2．市场预测

市场预测包括市场调查和预测，是可行性研究的重要环节，主要内容包括：

（1）市场现状调查

市场现状调查主要目标为调查拟建项目同质产品的市场容量、定价和相应的竞争力情况等，是市场预测的重要基础。

（2）产品供需预测

产品供需预测是指根据市场调查所得资料，定性与定量地估计对应产品未来供需的数量、种类、品质及服务水平。

（3）价格预测

合理科学的价格预测能为项目投产后的成本、营收、利润以及竞争力的计算打下良好的基础。故在预测时应把所有对价格有影响的因素都加以分析。

（4）竞争力与营销策略

竞争力分析应包含对自身以及对手的全面分析，做到扬长避短。正确的营销策略可以有效避免恶性竞争，发挥优势，优化项目方案。

（5）市场风险分析

市场风险分析可分为定性描述和定量计算两种。市场风险分析的基础是建立在以上的几种预测内容进行到一定程度的情况下，对市场中的不确定因素或对项目自身有负面影响的因素进行分析测算。

3．资源条件分析

资源是工程建设项目的重要条件，对其进行分析的主要内容包括资源的可利用量、资源的品质情况、资源的赋存条件、资源的开发价值。资源的开发利用要符合低碳节能可持续的原则，同时还应遵守国家的相关规定。

4．建设规模与产品方案

建设规模是指在拟建项目设定的正常生产运营年份内，所能达到的生产能力或使用效应。产品方案是研究拟建项目设定的产品种类及其组合。建设规模和产品方案研究的主要内容包括建设规模与产品方案的构成、建设规模与产品方案的比较、推荐的建设规模与产品方案、技术改造项目推荐方案与原企业设施利用的合理性。

5．厂址选择

厂址选择是对项目建议书中提出的建设区域和备选地点进行比选，落实到某一具体地点中。内容为厂址现状及建设条件描述、厂址方案比较、推荐厂址方案、技术改造项目厂址与原企业厂址的关系。

6．技术设备工程方案

技术设备工程方案的内容包括技术方案选择、主要设备方案选择、工程方案选择、技术改造项目技术设备方案与改造前方案比较。

7．原材料、燃料供应

原材料是项目运营中所需的投入物。项目所需的燃料包括生产工艺用燃料、公用和辅助设施用燃料、其他设施燃料。项目建设应对所需原材料和燃料的种类、品质、成分、数量、定价、来源与供应方式进行研究论证。同时，还应对原材料、燃料供应方案满足生产需求的程度、采购来源可靠程度、价格和运费等方面进行方案比选。

8．总图、运输方案与公用辅助设施

总图、运输与公用辅助设施是在已选定的厂址范围内，研究生产系统、公用工程、辅助工厂及运输设施的平面和竖向布置以及相应的工程方案。内容包括总图布置方案、厂内外运输方案、公用工程与辅助工程方案、技术改造项目与原企业设施的协作配套。

9．节能措施

节能措施的内容包括节能措施和能耗指标分析（技术改造项目应与原企业能耗比较）。

10．节水措施

节水措施的内容包括节水措施和水耗指标分析（技术改造项目应与原企业水耗比较）。

11．环境影响评价

环境影响评价的内容包括环境状况调查、影响环境因素分析、环境保护措施、技术改造项目与原企业环境状况比较。项目环境影响评价应该符合国家相关法律、法规及规划要求，严格控制排污总量及相应指标。

12．劳动安全、卫生与消防

劳动安全、卫生与消防的内容包括危险因素和危害程度分析、安全防范措施、卫生保健措施、消防措施、技术改造项目与原企业的比较。

13. 组织机构与人力资源配置

组织机构与人力资源配置的内容包括组织机构设置及其适应性分析、人力资源配置和员工培训。

14. 项目实施进度

项目实施进度的内容包括建设工期、实施进度安排、技术改造项目的建设与生产的衔接。

15. 投资估算

投资估算即估算项目建设总资金，并计算建设期内分年所需资金量，内容包括投资估算范围与依据、建设投资估算、流动资金估算、总投资额及分年投资计划。

16. 融资方案

融资方案是在投资估算的基础上，研究拟建项目的资金渠道、融资形式、融资结构、融资成本、融资风险，并将各方案进行比选。内容包括融资组织形式选择、资本金筹措、债务资金筹措、融资方案分析。

17. 财务分析

财务分析是在国家现行财税制度和市场价格体系下，从项目微观角度，分析预测项目的财务效益与费用，计算财务评价指标，考察拟建项目的盈利能力和偿债能力，从而判断项目投资在财务上的可行性和合理性。内容包括财务评价基础数据与评价参数选取、销售收入与成本费用估算、编制财务评价报表、盈利能力分析、偿债能力分析、不确定性分析和财务评价结论。

18. 国民经济评价

国民经济评价的内容包括影子价格与评价参数选取、效益与费用调整范围、效益与费用数值调整、编制国民经济评价报表、计算国民经济评价指标和国民经济评价结论。

19. 社会评价

社会评价的内容包括项目对社会影响分析、项目所在地互适性分析、社会风险分析和社会评价结论。

20. 风险分析

风险分析能识别拟建项目在建设和运营中潜在的风险因素，判断风险影响程度。内容包括项目主要风险、风险程度分析、防范与降低风险对比。

21. 研究结论与建议

在上述各项研究分析的基础上，比选出最优方案，进行推荐方案总体描述、推荐方案的优缺点描述等。

8.2.5 工程项目可行性研究的具体步骤

正规工程项目的可行性研究涉及机会研究、初步可行性研究和工程可行性研究三个步骤。下面具体讨论这三个步骤。

1. 机会研究

机会研究（Opportunity research）又称机会选择，主要是为项目投资者寻求具有良好发展前景、对经济发展有较大贡献且具有较大成功可能性的投资、发展机会，并形成投资设想。在国外，它用得最为普遍。机会研究一般花1~2个月的时间，所付的费用占项目总投资的0.2%~1.0%。

机会研究主要依靠估计而不是详细计算来对项目的可行性进行分析。机会研究既可以由业主自己做，也可以委托设计咨询单位做。如果委托编制机会研究，业主需要提交一份可行性研究任务书，内容包括四方面：①项目名称、规模、业主（或主管与主持单位）；②投资；③技术水平与设备；④其他要求。

在任务书中，业主要明确提供以下数据：建设工程项目投资控制的底限与高限、投产以后包括折旧在内的生产费用指标、销售费用与利税情况、贷款利息情况、产品上市价格、时间参数（例如所要求的建设开工期、投产时间、经济使用年限等）。

机会研究既要定性，也要定量。在定量方面，其工程项目的基础数据估算允许误差为±30%。机会研究应当从客观事实出发，通过调研、分析，进行论证，用客观事实说明此项目是否可取。如果不可取，哪怕是业主执意要上，也不能投其所好，勉强地得出结论。正因为机会研究是从客观事实出发的，所以，业主应当尽可能排除主观意愿，认真地研究机会研究的结论。

当报告认为工程项目不可行时，业主最好按报告的结论决策。如果执意要上此项目，业主应当提出理由和问题，放到工程项目的初步可行性研究中继续进行研究。即使报告认为可行，也不能据以抉择，而要继续进行初步可行性研究。这就是说，机会研究的抉择意义仅在于：帮助业主初步选择工程项目的投资机会，而不能作为抉择的最后依据。

2. 初步可行性研究

初步可行性研究（preliminary feasibility study）又称预可行性研究，一般是对机会研究所肯定的投资机会做深入研究工作，从项目的潜在效益、建设成本、市场竞争力等方面对项目实施的可能性进行基本分析。只有在业主要求的情况下，才对机会研究所否定的投资机会进行复查。在这个阶段要回答两个问题，即还有哪些关键问题需要做辅助研究和是否值得进行下一步可行性研究。在国外，初步可行性研究需要花4~6个月时间，所付费用占项目总投资的0.25%~1.25%。初步可行性研究在定量研究方面的精度有所提高，估算误差为±20%。

初步可行性研究的特点是针对难以抉择的问题进行专题研究。例如，在上马生产项目时，需做的工作是：产品供需情况的研究；产品生产方案与建设规模的研究；原料、燃料动力供应条件的研究；当地自然经济、社会生活和水、电、矿产资源、交通条件的研究；环境保护条件的研究；建设施工要求的技术水平；投资工程项目实施进程、建设周期、投产时间的研究；管理机构、人员来源、工资、培训等问题研究；工程项目的建设费用、生产费用的研究；投资效果的综合评价研究等。初步可行性研究必须基于专题研究对机会研究所做出的结论进行肯定或否定。

初步可行性研究虽然能帮助业主解决抉择中的疑难问题,但它还不够全面,因而也不能作为抉择的最后依据。当然,对一些中、小型项目而言,当初步可行性研究揭示投资的利润很大、风险不大时,便可在初步可行性研究所得结果的基础上增补一些工作,就作出投资决策,不再进行可行性研究。

3. 工程可行性研究

工程可行性研究是科学抉择的最终依据。它是确定一个投资项目是否可行的最终研究阶段。工程可行性研究在初步可行性研究肯定的基础上进行,它决定了工程项目最终采取的方案及实施的最终效果,其特点是:全面、细致、深入,并与规划与设计有交叉。在国外,这项工作所花的时间较长:中小项目半年左右,大项目多到1~2年。工程可行性研究的付费:小项目占总投资的1%~3%,大项目占总投资的0.2%~1.0%。工程可行性研究以定量研究为主,其估算误差为±10%。例如,民用建筑(如房产开发),只有深入到详细规划与初步设计,才能做出投入产出和动态经济分析。又如,工业项目,一方面是一般性论证,包括产品构成、生产方法、生产规模、原料来源、投资额、还本付息年限、生产成本等;另一方面则是深入到详细规划与初步设计,并由此提出以下四个方面的结果。

(1)工程项目产品需求量的确定。通过市场调查与分析取得数据,然后选择趋势法、消费水平法以及使用回归模型等方法做出预测。

(2)工程项目经济规模的确定。根据产品从产生到淘汰的规律,联系投入量方面的不变量与变量来进行考虑,说明在一段时期,项目达到一种什么规模。

(3)工程项目成本与投资估算。

(4)工程项目经济分析与利润预测。

工程可行性研究报告要回答以下问题:拟建工程项目的必要性与经济意义;产品品种规格、不同生产方法、规模的经济指标;投资额;建造地点的经济特征;最佳时间值,包括兴建、投产、进度的经济依据;适宜的主管、主持单位;重要技术经济措施;可能出现的经济问题与建议;现金流量计算与项目的盈利性分析等。所以,工程可行性研究的抉择意义在于帮助业主最终抉择。

8.3 现代工程项目可行性研究的要求及对策

可行性研究及其相关领域的工程咨询,是咨询工程师的核心业务之一。现代市场经济体制将对我国的投资项目可行性研究及其相关的工程咨询业务产生极其深刻的影响。投资体制改革及市场经济体制的完善对可行性研究的新要求主要体现在以下几个方面:

1. 对可行性研究的思路和观念将产生重大冲击

新的投资体制强调"谁投资,谁决策,谁承担风险"。随着审批制度的改革及风险责任追踪约束机制的建立和完善，可行性研究成为专业人员的技术专家行为。

2．突出市场分析的重要性

市场经济体制要求市场能够对资源配置起基础性作用。项目投资是资源配置的基本形式，可行性研究的主要目的就是确保经济资源得到有效配置，这就要求市场分析在可行性研究中占有突出的重要地位。项目目标和功能定位、目标市场的选择、竞争力分析，投资模式及融资方案的制定，各种分析数据及评价指标的确定，都应基于市场分析，注重国际、国内市场的融合和相互影响，加强市场风险分析。

3．强调方案比选和优化在可行性研究中的重要地位

投资项目可行性研究的过程，就是通过不断进行各种局部方案和整体方案的比选，淘汰不可行方案，最终选择确定最优方案的过程。因此，没有多方案的比较和优化，就没有真正的可行性研究。可行性研究报告的各个部分都要对相应的局部方案进行比选和技术经济论证，为投资者决策提供比选和思考的余地。同时强调在局部方案比选的基础上，还要特别重视项目总体方案的比选和方案优化。

4．强调风险分析的重要性

与"可行性"相对应的概念，就是"不可行"，"不可行"就意味着风险较大。可行性研究就是通过不断地识别项目可能存在的各种风险因素，寻找能够规避各种风险的项目方案，确保项目具有可行性的过程。风险分析应贯穿于可行性研究的各个环节和整个过程。通过可行性研究来预测、预报和预警项目存在的潜在风险因素和风险程度及其危害，提出规避各种风险的对策措施，对建立和健全风险决策机制，为项目全过程风险管理奠定基础，都将产生重要作用。

5．重视融资方案分析

为适应融资主体多元化、融资渠道多样化、融资方式复杂化的需要，可行性研究必须重视融资方案的分析论证，对投资项目的资金筹措应进行资金结构分析、融资成本与风险分析，以及融资方案的比选和择优，以便为投资项目寻求融资渠道合理、融资成本较低，融资风险较小的融资方案。对于政府投资的项目，要分析论证政府介入的必要性，介入的途径和方式，是否还有更好的替代方案等。

6．政府投资项目重视公共理财的分析

我国各级政府投资管理部门及其附属机构如何从传统的公共设施、基础产业投资领域退出，政府与企业如何建立双赢的理财模式；如何分析项目投资对政府公共财政的影响，都将成为可行性研究报告的新内容。在投资方案的策划分析中，还应关注政府应该扮演什么角色，什么职能应该交由市场去完成，公益性项目的代建制方案如何制定和实施等一系列在过去的可行性研究报告中从来没有涉及的问题。

7．企业投资项目强调从企业理财的角度进行财务分析

企业投资的目的就是要追求企业价值和股东权益最大化，因此必须从企业理财的角度对自身投资的项目进行科学论证。这就要求必须改变过去将"项目"与"企业"相互分割

的做法，财务分析的重点将转变为从企业理财的角度，如何设计理想的投资模式和融资方案，实现企业理财目标，因此财务分析的内容和方法将发生重大调整。

8．政府投资项目和政府核准的企业投资项目，将重视外部性分析

政府投资管理部门为了履行公共管理职能，在项目投资活动中切实贯彻科学的发展观，必须重视对涉及公共利益、资源环境、经济安全等重大问题的核准。这就要求必须适应现代社会追求多元利益主体社会福利最大化的要求，从全社会的角度分析相关社会成员的经济利益和风险损失；利用费用效果分析或经济费用效益流量分析等方法，对项目投资的外部性进行恰当的经济分析，为政府投资管理部门核准项目提供科学依据，为追求投资项目的公众利益最大化提供保障。

9．重视与可持续发展相关的分析

中国人口众多，资源短缺，生态脆弱，在发展过程中要倍加尊重自然规律，充分考虑资源和生态环境的承载能力，不断加强生态建设和环境保护，合理开发和节约使用各种自然资源，努力建设低投入、少排污、可循环的节约型社会，促进人与自然的和谐，实现可持续发展。这就要求不仅强调项目方案的选择要重视节能、节水等方面的论证，还要尤其重视环境影响评价，不仅要论述环境保护及污染治理，而且特别强调从源头上防止或减轻污染，强调清洁生产。

思 考 题

1. 进行项目可行性研究主要解决的问题是什么？

2. 可行性研究的目的是什么？

3. 可行性研究一般要经过哪些工作流程？

4. 编制可行性研究报告一般依据哪些文件和资料？

5. 规范的可行性研究报告应由四部分组成，分别是_____、_____、_____和_____。

6. 正规工程项目的可行性研究涉及三个步骤：_____、_____、_____。

7. 简述工程项目可行性研究报告内容包括的几个方面。

8. 机会研究阶段、初步可行性研究阶段与工程可行性研究阶段定量计算的估算误差分别是多少？

9. 市场预测是可行性研究的重要环节，简述市场预测的主要内容。

10. 工程项目可行性研究报告内容中的建设规模与产品方案指的是什么？其主要内容是什么？

11. 工程项目可行性研究报告内容中的财务分析包括哪些方面的内容？

12. 什么是机会研究？如果委托编制机会研究，业主需要提交的可行性研究任务书包括哪些方面的内容？

13. 哪个阶段的研究是科学抉择的最终依据？简述其特点。

14. 工程可行性研究报告要回答哪些问题？

15. 简述投资体制改革及市场经济体制的完善对可行性研究的新要求主要体现在哪些方面？

| 第9章 |

工程项目管理

9.1 概述

9.1.1 工程项目管理概述

1. 工程项目的含义与分类

（1）工程项目的含义

工程项目（Project management）是以建筑物或构筑物为目标产出物的，有起止日期的，由一组相互关联的活动所组成的特定过程，该过程要达到的最终目标应符合预定的使用需求，并满足标准（或业主）要求的质量、工期、造价和资源约束条件等。

建筑物指占有建筑面积，能满足人们生产、居住、办公、文体、娱乐等要求的房屋。构筑物指土木产出物，以不具有建筑面积为主要特征，如公路、桥梁、港口码头、水坝电站、水塔、烟囱等。工程项目一般又称建筑工程项目或土木工程项目。

（2）工程项目的分类

为了适应科学管理需要，可从不同角度对工程项目进行分类：

①按建设性质划分，工程项目可分为基本建设项目（如新建、扩建、迁建、恢复项目等）和更新改造项目（如挖潜、节能、安全、环境项目等）。

②按专业性质划分，工程项目可分为建筑工程项目（指房屋建筑工程构建活动构成的过程）土木工程项目（指公路、铁路、桥梁、隧道、水工、矿山、高耸构筑物等兴工构建活动构成的过程）；线路管道安装工程项目（指针对送变电、通信等线路，给排水、污水、化工等管道机械，电气、交通等设备动工安装活动构成的过程）；装饰工程项目（指装饰产品的抹灰、油漆、木作等活动构成的过程）。

③按管理者划分，工程项目可分为建设项目、工程设计项目、工程施工项目、工程监理项目、开发工程项目等。

④按项目规模划分，工程项目可分为大中型项目（工业生产性项目一般投资额达到5000万以上的、非工业生产性项目投资额达到3000万以上的为大中型项目；公路工程项目中新建、扩建长度200千米以上的国防边防公路、跨省区的重要干线、长度1000米以上的独立公路大桥等属于大中型项目）和小型项目。

2. 工程项目管理的含义、分类与任务

（1）工程项目管理的含义

工程项目管理是运用科学的理念、程序和方法，采用先进的管理技术和现代化管理手段，对工程项目投资建设进行策划、组织、协调和控制的系列活动。

（2）工程项目管理的分类

按管理工作范围大小，工程项目管理可分为建设全过程管理和阶段性管理两类。

按项目管理者在建设过程中的地位，工程项目管理分以下三类：

①业主方项目管理。由建设单位进行项目管理，项目管理者处于需求者的地位，其管理范围是建设全过程，即建设项目管理。

②设计/施工方项目管理。设计或施工单位在合同规定的范围内进行项目管理，管理者处于供应者的地位，管理范围是工程建设全过程中的一部分。

③工程总承包方项目管理。项目管理咨询机构或工程承发包公司受建设单位或设计、施工单位的委托进行项目管理，管理者处于客户代理人的地位，应客户要求，其管理范围可以是建设全过程，也可以是其中的一个阶段。

（3）工程项目管理的任务

工程项目管理的任务是通过选择合适的管理方式，构建科学的管理体系，进行规范有序的管理，力求项目决策和实施各阶段、各环节的工作协调、顺畅、高效，以达到工程项目的投资建设目标，实现项目建设投资省、质量优、效果好等目的。具体来说包括以下六个方面。

①组织协调。明确本项目各参加单位在项目周期实施过程中的组织关系和联系渠道，并选择适当的项目组织形式，组建工程项目管理机构，明确责权；制定工程项目管理制度；选聘称职的项目经理。

②费用控制。在保证工期和质量满足要求的情况下，采取相应管理措施，包括组织措施、经济措施、技术措施、合同措施等，把成本控制在计划范围内，并进一步寻求最大程度的成本节约。

③进度控制。编制进度计划表，并连接成时间网络图，安排好各项工作的先后顺序和开工、完工时间，确定关键线路的时间；检查计划进度执行情况，处理执行过程中出现的问题，协调各单体工程的进度，必要时对原计划作适当地调整。

④质量控制。对项目的建设、勘察、设计、施工、监理单位的工程质量行为，以及涉及项目工程实体质量的设计质量、材料质量、设备质量、施工安装质量等进行控制；规定各项工作的质量标准；对各项工作进行质量监督和验收，处理质量问题。质量控制是保证项目成功的关键任务之一。

⑤合同管理。工程总承包合同、勘察设计合同、施工合同、材料设备采购合同、项目管理合同、咨询合同、监理合同等均是建设单位与参与项目实施各主体之间明确义务和责任的协议文件。从某种意义上讲，工程项目实施过程就是合同订立和履行的过程。合同管理主要是指对各类合同订立过程和履行过程的管理，包括合同文本选择，合同条件协商、谈判，合同书签署；合同履行检查，变更和违约、纠纷处理；总结评价等。

⑥信息管理。明确参与项目的各单位之间以及各单位内部的信息流，相互间信息传递的形式、时间和内容，确定信息收集和处理的方法、手段，及时、准确地向各层级领导、各参建单位及各类人员提供所需的综合程度不同的信息，以便在工程项目进展全过程中，动态地进行项目规划，迅速、正确地进行各种决策，并及时检查决策执行结果。

除以上任务外，安全生产管理也是工程项目管理的一项重要任务。

9.1.2 工程项目管理的主体

1. 工程项目管理的主体

工程项目管理是一种多主体的管理。工程项目业主作为工程项目的责任者，对工程项目进行管理；政府作为公共管理机构和政府投资项目的投资者，必须对工程项目进行管理；咨询单位、施工、材料、设备供应单位作为工程项目的参与者，应参与工程项目的管理。

具体来说，工程项目主体主要有政府、业主方、承包商、监理公司、金融机构等，具体内容如下：

（1）政府主要负责监督参与项目建设的各方，督促其严格按照中央政府、地方政府制定的法律、法规以及质量标准、安全规范进行工程建设。

（2）业主作为工程项目的发起人，负责提出项目设想，作出投资决策；筹措项目所需的全部资金；选定监理公司；按合同规定的条件向承包商支付工程费用等。

（3）承包商指承担工程施工及采购工作的团体、公司、个人或者其联合体。大型工程承包公司在工程项目建设过程中可作为总承包商与业主签订施工总承包合同，承担整个工程项目的施工任务。总承包商既可以自行完成全部的工程施工，也可以把其中的某些部分分包给其他分包商。

（4）监理公司是具有独立法人地位的经营实体，其基本业务是向客户提供有偿的专业咨询服务。监理公司与设备制造商、材料供应商和施工承包商之间除了执行合同时的约束之外，没有任何隶属关系。

（5）金融机构指以银行为代表的，为工程项目提供贷款的所有金融机构，其对工程项目的管理主要涉及资金的投入与回收，通过对项目资金的投入控制实现对项目的管理。

2. 内部管理与外部管理

工程项目管理按行为主体可分为项目内部管理和外部管理。两者的管理角度和内容各有侧重，相辅相成，互为依托。

（1）工程项目内部管理

工程项目内部管理是指项目业主、工程承包单位和项目管理服务单位对工程项目投资建设活动实施的管理。

工程项目内部管理按管理阶段分为：项目前期阶段的策划和决策管理；建设准备阶段的勘察、设计、采购、融资管理；建设实施阶段的施工、监理、竣工验收管理；投产运营阶段的总结评价管理。

按管理层面分为：项目决策层管理和项目执行层管理。

按管理要素分为：资源、人力、资金、技术、进度、质量、风险、职业健康、安全、环保等管理。

工程项目内部管理主要是通过建立和运行科学的管理体系来实现。

（2）工程项目外部管理

工程项目外部管理主要是指各级政府部门按职能分工，对工程项目进行的行政管理。外部管理方式和内容因投资主体不同而不同，主要是从工程项目的外部性影响和约束方面进行管理。

外部性管理侧重于工程项目建设方案和建设实施是否满足宏观规划、产业政策、技术政策、市场准入、土地利用、征地拆迁、移民安置、资源利用、节能减排、环境保护、项目开工等管理要求。

政府部门主要通过法律、法规、规章、规定和行政许可对工程项目实施管理，具有强制约束作用。

业主方的项目管理是工程项目管理的核心。业主是工程项目管理的总策划者、总组织者和总集成者。随着业主方项目管理观念和水平的逐步提高，将对项目建设的参与者提出更高的要求，这些要求也必将促进工程项目管理思想、技术和工具的变化和发展，成为推动工程项目管理创新的动力。

9.1.3 工程项目管理的客体与环境

1．工程项目管理的客体

工程项目投资建设周期内的各项任务和内容是工程项目管理的客体。各参与方所涉及的项目管理客体也不尽相同。

业主方项目管理的客体是项目从提出设想到竣工、交付使用全过程所涉及的全部工作。

承包商项目管理的客体是所承包的工程项目，其范围与业主要求有关，取决于业主选择的发包方式，并在承包合同中加以明确。

设计方项目管理的客体是工程设计项目的范围，旨在实现合同约定目标和国家强制性规范目标，大多数情况下只涉及工程项目的设计阶段，但也可以根据需要对项目范围进行前后延伸。

2．工程项目管理的环境

工程项目管理的环境分为内部环境和外部环境。

内部环境包括组织文化、结构和流程、人力资源状况（如员工的结构、技能、素养与知识）、人事管理制度（如员工招聘、考绩与培训、激励与奖惩等制度）、内部沟通渠道、组织信息化程度等。

外部环境范围较广，工程项目管理处于多种因素构成的复杂环境中，工程项目管理团队需要正确地了解和熟悉这个扩展的范畴。特别是在国际工程项目中，参与各方常常来自不同的国家或地区，其技术标准、规范和规程相当庞杂；国际工程的合同主体是多国的，因此国际工程项目必须按照严格的合同条件和国际惯例进行管理；国际工程项目也常常产生矛盾和纠纷，当争端出现时，处理起来比较复杂和困难；此外，由于国际工程是跨国的经济活动，工程项目受到所在国社会、经济、文化、政治、法律等因素的影响明显增多，风险相对增大。所以，国际工程项目管理者不仅要关心工程项目本身的问题，而且也要非常关注工程项目所处的国际环境变化可能给工程项目带来的影响。

9.2 工程项目管理的模式

工程项目管理模式的选择是项目策划阶段的重要工作之一，它规定了工程项目投资建设的基本组织模式，以及在完成项目过程中各参与方所扮演的角色与合同关系，在某些情况下，还要规定项目完成后的运营方式。工程项目的管理模式确定了工程项目管理的总体框架、项目参与各方的职责、义务和风险分担，因而在很大程度上决定了项目的合同管理方式、建设速度、工程质量和造价。

本节考虑工程项目管理的内涵，大致将工程项目的管理模式分为业主方管理模式和承发包管理模式。

9.2.1 工程项目业主方管理模式

业主是工程项目的总策划者、总组织者和总集成者，因此其管理模式很大程度上决定了项目管理的总体框架。根据业主方项目管理的能力水平以及工程项目的复杂程度，业主方管理模式可分为业主自行管理模式、项目管理服务模式和"代建制"模式。

1．业主自行管理模式

业主自行管理模式即业主方主要依靠自身力量进行工程项目管理，在项目策划及实施过程中，也经常聘用投资咨询公司、监理公司等协助进行部分管理，但主要工作由业主方自行完成。

自行管理模式可以充分保障业主方对工程项目的控制，可以随时采取措施以保障业主利益的最大化，但也有组织机构庞大、建设管理费用高等缺点，同时，对于缺少连续性项目的业主而言，不利于管理经验的积累。

2．项目管理服务模式

由于社会工程项目技术含量的不断增加，工程项目管理对高质量专业化管理的要求也越来越迫切，委托专业机构进行项目管理成为一种趋势。

（1）项目管理服务的含义

项目管理服务是指从事工程项目管理的企业受业主委托，按照合同约定，代表业主对工程项目的组织实施进行全过程或若干阶段的管理和服务。

项目管理企业按照合同约定，在工程项目决策阶段，为业主编制可行性研究报告，进行可行性分析和项目策划；在工程项目的准备和实施阶段，为业主提供招标代理、设计管理、采购管理、施工管理和试运行（竣工验收）等服务，代表业主对工程项目进行质量、安全、进度、费用、合同、信息等管理和控制。项目管理企业不直接与该工程项目的总承包企业或勘察、设计、供货、施工等企业签订合同。项目管理企业一般应按照合同约定承担相应的管理责任。

（2）项目管理服务的优点

项目管理服务模式由项目管理企业代替业主进行管理与协调，往往从项目建设一开始就对项目全过程进行管理，可以充分发挥项目经理的经验和优势，且管理思路前后统一；当业主同时开发多个项目时，可以避免本单位项目管理人员经验不足的问题，有效避免失误和损失；业主也可以比较方便地提出必要的设计和施工方面的变更。

（3）项目管理服务的缺点

项目管理服务模式会增加业主的额外费用；同时，因为业主与设计单位之间通过项目管理单位进行沟通，一定程度上会降低沟通的质量，提高沟通的成本；而且项目管理单位的职责不易明确。因而，该模式主要用于大型项目或复杂项目的管理，特别适用于业主管理能力不强的项目。

3．"代建制"模式

"代建制"是指投资方经过规定的程序，委托或聘用具有相应资质的工程管理公司或具备相应工程管理能力的其他企业，代理投资人或建设单位来组织和管理项目建设的模式。"代建制"是一种特殊的项目管理方式。"代建制"除项目管理的内容外，还包括项目策划、报批，办理规划、土地、环评、消防、市政、人防、绿化、开工等手续，采购施工承包商和监理服务单位等内容。

对政府投资项目通过采用招标或直接委托等方式，将一些基础设施和社会公益性的政府投资项目委托给一些有实力的专业公司，由这些公司代替业主对项目实施管理，并在改革中不断对这种方法加以完善，逐步发展成为现在的项目代建制度。对非经营性政府投资项目加快推行"代建制"，即通过招标等方式，选择专业化的项目管理单位负责建设实施，严格控制项目投资、质量和工期，竣工验收后移交给使用单位。

9.2.2 工程项目承发包管理模式

工程项目承发包管理模式是指业主单位向项目实施单位购买产品的方式。根据设计与施工工作的一体化程度，可以对工程项目的承发包方式进行分类。

1．DBB模式

（1）DBB模式的含义

DBB（Design-Bid-Build，设计-招标-建造）模式是一种传统的发包模式，该模式中，业主将设计、施工分别委托给不同单位来承担，如图9-1所示。该模式的核心组织为"业主—咨询工程师—承包商"。我国自1984年学习鲁布革水电站引水系统工程项目管理经验以来，先后实施的"招标投标制""建设监理制""合同管理制"等均是参照这种传统模式。目前我国大部分工程项目采用这种模式。

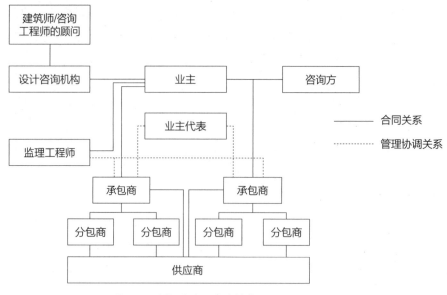

图9-1 设计-招标-建设模式

这种模式由业主委托咨询工程师进行前期的可行性研究等工作,待项目立项后再进行设计,设计基本完成后通过招标选择承包商。业主和承包商签订工程施工合同和设备供应合同,由承包商与分包商、供应商单独订立分包及材料的供应合同并组织实施。业主单位一般指派业主代表(可由本单位选派或从其他公司聘用)与咨询方和承包商联系,负责有关的项目管理工作。施工阶段的质量控制和安全控制等工作一般授权监理工程师进行。

(2)DBB模式的优点

从业主方的视角而言,传统的发包模式有以下优点:

①由于这种模式长期、广泛地在世界各地得到采用,因而其管理方法比较成熟,项目各方对有关程序也比较熟悉。

②业主可自由选择设计人员,便于控制设计要求,施工阶段也比较容易掌控设计变更。

③可自由选择监理人员监理工程。

④可采用各方均熟悉的标准合同文本(如FIDIC"施工合同条件"),有利于合同管理和风险管理。

(3)DBB模式的缺点

①项目设计-招投标-建造的周期较长,监理工程师难以控制项目的工期。

②管理和协调工作较复杂,业主管理费较高,前期投入较高。

③工程总投资不易控制,特别在设计过程中对"可施工性"考虑不够时,容易产生变更,从而引起较多的索赔。

④出现质量事故时,设计和施工双方容易互相推诿责任。

2. DB模式

DB（Design-Build，设计-建造）模式是指工程总承包企业按照合同约定，承担工程项目设计和施工，以及大多数材料和工程设备的采购，但业主可能保留对部分重要工程设备和特殊材料的采购权，如图9-2所示。

该模式通常采用总价合同，但允许价格调整，也允许某些部分采用单价合同。业主聘用咨询单位进行项目管理，管理的内容包括设计管理和施工监理等。该模式由于采用总价合同，承包商承担了大部分责任和风险，常用于房屋建筑和大中型土木、电力、水利、机械等工程项目。

由于设计工作由承包商负责，减少了由于设计与工程实际产生误差所引起的索赔；同时，施工经验能够融入设计过程中，有利于提高工程项目的可建造性；对投资和完工日期有实质的保障。但是业主无法参与对设计单位的选择，对最终设计和细节的控制能力降低，总价包干可能影响项目的设计和施工质量。

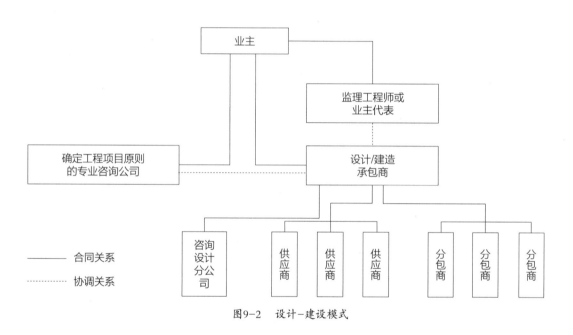

图9-2　设计-建设模式

3. DM模式

DM（Design-Management，设计-管理）模式通常是指由同一单位向业主提供设计和施工管理服务的项目管理方式，如图9-3所示。

设计-管理模式可以通过两种形式实施：①业主与设计-管理公司、施工总承包商分别签订合同；②由设计-管理公司负责设计并对项目实施进行管理。

该模式通常以设计单位为主，可对总承包商或分包商采用阶段发包方式，从而加快工程进度。设计-管理公司的设计能力相对较强，能充分发挥其在设计方面的长项；但其施工管理能力较差，通常无法有效管理施工承包商。

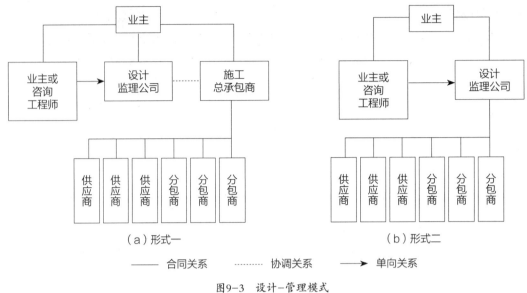

图9-3 设计-管理模式

4. CM模式

(1) CM模式的含义

CM（Construction-management，建设-管理）模式又称阶段发包方式（Phased construction method）或快速轨道方式（Fast track method），如图9-4所示。

与设计图纸全部完成之后才进行招标的传统的连续建设模式（Sequential construction approach）不同，CM模式的特点是：由业主委托的CM模式项目负责人（Construction manager，以下简称CM经理）与设计单位、咨询工程师组成一个联合小组，共同负责组织和管理工程的规划、设计和施工。在进行项目的总体规划、布局和设计时，要对项目的总投资进行有效控制；在主体设计方案确定后，每完成一部分工程的设计，即对这一部分工

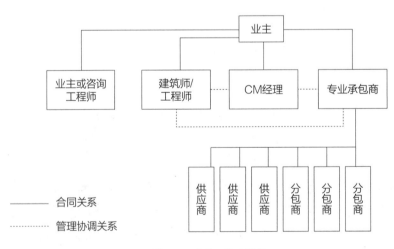

图9-4 建设-管理模式

程进行招标，发包给一家承包商进行施工，由业主直接与承包商签订施工承包合同。

(2) CM模式的优点

①与施工总承包模式相比，采用CM模式时的合同价更具合理性。采用CM模式时，施工任务要进行多次分包，施工合同总价不是一次确定，而且每次分包都通过招标展开竞争，每个分包合同价格都通过谈判进行详细讨论，从而使各个合同价格汇总后形成的合同总价更具合理性。

②CM模式可以缩短工程项目从规划、设计到竣工的周期，整个工程可以提前投产，节约投资，降低投资风险，较早地取得收益。

③CM单位或CM经理早期即介入设计管理，可以将CM经理的建议及时传达给设计人员，在设计中预先考虑施工因素，以改进设计的可施工性，减少设计过程的变更，还可运用价值工程改进设计，以节省投资。

④CM单位不赚取总包与分包之间的差价。与总分包模式相比，CM单位与分包单位或供货单位之间的合同价是公开的，建设单位可以参与所有分包工程或设备材料采购招标及分包合同或供货合同的谈判。CM单位不赚取总包与分包之间的差价，其在进行分包谈判时，会努力降低分包合同价。经谈判而降低合同价的节约部分全部归建设单位所有，CM单位可获得部分奖励，这样有利于降低工程费用。

但分项招标可能导致承包费用较高，因而要做好分析比较，根据项目分项的具体情况，充分发挥专业分包商的优势。

5. EPC/T模式

EPC/T (Engineer-Procurement-Construction/Turnkey，设计-采购-施工/交钥匙) 模式指工程总承包企业按照合同约定，承担工程项目的设计、采购、施工、试运行服务等工作，并对承包工程的质量、安全、工期、造价全面负责，使业主获得一个现成的工程，由业主"转动钥匙"就可以运行，如图9-5所示。

1999年国际咨询工程师联合会 (FIDIC) 在对原有的合同文本进行全面修订的基础上，出版了《设计采购施工 (EPC)/交钥匙工程合同条件》(*Conditions of Contract EPC/Turnkey Projects*，简称银皮书)。

EPC工程管理模式代表了现代西方工程项目管理的主流。EPC模式的重要特点是充分发挥市场机制的作用，促使承包商、设计师、建筑师共同寻求最经济、最有效的工程项目实施方法。当然在项目竣工验收时，仍然要按合同的要求对工程项目及其中的设备进行相应的严格检查与验收。

EPC模式为我国现有的工程项目建设管理模式改革提供了新的参考模式。通过EPC工程项目公司

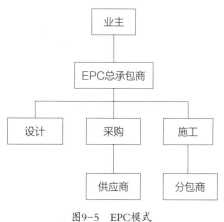

图9-5 EPC模式

的总承包，可以比较容易地解决工程项目中设计、采购、施工、试运转等不同环节存在的突出矛盾，使工程项目的实施获得优质、高效、低成本的成果。EPC模式主要适用于化工、冶金、电站、铁路等大型基础设施工程项目，以及含有机电设备采购与安装的工程项目等。

9.3 工程项目管理组织

9.3.1 工程项目管理组织体系

工程项目管理组织体系包括项目的直接管理和服务支持两个子系统，每个子系统又包含了承担相应的各项管理内容的组织单元。

1．直接管理子系统

项目直接管理子系统主要是指在项目管理体系中直接负责项目实施与完成的有关项目业务模块，其主要内容包括以下几方面。

（1）项目综合管理：对项目的总体安排与实施进行协调、沟通与控制。

（2）项目范围管理：保证项目按照合同约定的范围进行。

（3）项目质量管理：按工作质量标准与合同约定进行质量控制。

（4）项目进度管理：对任务完成的进度进行监控。

（5）项目费用管理：按委托方要求支付工程建设项目费用，保证委托方投资目标的实现。

（6）项目采购管理：大型工程项目有时需要来自外部的技术支持，采购管理主要负责对外相关技术支持的招标工作等。

（7）试运行和正式运营管理：对建成投产前的试运行进行管理，对于交钥匙工程、BOT（Build-Operate-Transfer）、BTO（Build-Transfer-Operate）等运作方式的项目，在项目建成后，项目必须运行一段时间后，才能交给委托方。运营管理包括运营的准备与运营期间的管理。

（8）营销管理：营销管理存在于一些项目当中。例如，根据委托方的要求，工程项目在进行到一定阶段后予以转让；房地产项目中要求进行楼宇的销售工作等。

对于某一具体项目，其内容可能有所不同，可能将一些模块内容进行合并与调整，各模块间的分工也不是绝对不变的。

2．服务支持子系统

项目服务支持子系统是指项目管理体系中为保证项目的完成，在项目组织、人力资源配备、行政与后勤等方面提供服务与支持的部门单元。主要包括以下几方面。

（1）人力资源管理：主要负责项目的人力资源计划、人员获取、人员培训等工作。

（2）项目财务管理：主要负责工程项目工作中费用预算、各项费用的开支、成本控制等工作。

（3）行政与后勤管理：主要是为工程项目的顺利完成提供各项行政管理后勤服务工作。例如交通工具的准备、各种办公用品的准备等。

（4）项目信息管理：主要任务是为更好完成项目，搜集、整理相关资料信息、建立信息交流平台和机制等。

工程项目直接管理子系统与服务支持子系统是紧密联系、相互依存、不可分割的。后者为前者提供服务，包括人力、物力、财力以及信息等方面的支持，离开后者，前者将无法开展工作；前者为后者提出工作需求与方向，后者离开前者就无工作目标与存在价值。前者是整个项目团队存在的价值中心，直接实现项目合同的目标与价值；后者则是前者的必要保障，后者的价值通过前者的工作得以体现。

在实际工作中，直接管理子系统与服务支持子系统有时不能界定得十分清楚，部分模块可能是合而为一的，例如将项目费用管理与财务管理放在一个部门中、沟通管理与综合管理合而为一等。

9.3.2 工程项目管理组织确定步骤

项目管理组织的确定一般包括以下步骤：

1．确定合理的项目目标

一个项目的目标可以包括很多方面，比如规模、时间、质量、内容等，这些内容互相影响。对于项目的完成者来说，同委托方进行讨论，明确主要矛盾，确定一个合理、科学的项目目标至关重要，这是项目工作开展的基础，同样也是确定组织结构形式与机构的重要基础。

2．确定项目工作内容

为了使项目工作更具有针对性，在确定合理的项目目标的同时，项目工作内容也要得到相应的确认。确定项目的具体工作内容，一般围绕项目的工作目标与任务分解来进行，从而使项目工作内容系统化。一般将工作内容按类分成几个模块，模块之间可根据项目进度及人员情况进行调整。

3．确定组织目标和组织工作内容

这一阶段首先要明确的是，在项目工作内容中，哪些是项目组织的目标和工作内容。因为不是所有的项目目标都是项目组织所必须达到的，也不是所有的工作内容都是项目组织所必须完成的。有些工作内容可能是公司或组织以外的部门负责进行的，而本组织只需掌握或了解；一些工作可能是公司的行政部门或财务部门的工作，项目组织与这些部门之间是上、下游工序的关系。

4．组织结构设计

完成上述工作以后，下一步就是进行组织结构设计。根据项目的特点和项目内外环境因素选择一种适合项目工作开展的管理组织结构形式，并完成组织结构的设计。具体工作包括：组织结构形式、组织层次、各层次的组织单元（部门）、相互关系框架等。

5．工作岗位与工作职责确定

工作岗位的确定原则是以事定位，要求岗位的确定能满足项目组织目标的要求。岗位的划分要有相对的独立性，同时还要考虑合理性与完成的可能性等。确定了岗位后，就要相应地确定各岗位的工作职责，工作职责要能满足项目工作内容的需要，并做到权责一致。

6．人员配置

以事设岗、以岗定人是项目组织机构设置中的一项重要原则。在项目人员配备时，要做到人员精干、以事选人，根据不同层次的事物安排不同层次的人员。

7．工作流程与信息流程

组织结构形式确定后，大的工作流程基本明确。但具体的工作流程与相互之间的信息流程要在工作岗位与工作职责明确后才能确定下来。工作流程与信息流程的确定不能只停留在口头形式上，而要落实到书面文件，取得团队内部的共识，才能得以实施。这里要特别注意各具体职能分工之间、各组织单元之间的接口问题。

8．制订考核标准

为保证项目目标的最终实现和工作内容的全部完成，必须对组织内各岗位制订考核标准，包括考核内容、考核时间、考核形式等。

在实际工作中，上述步骤之间衔接性较强，经常是互为前提，如人员的配备是以人员的需求为前提的，而人员的需求可能受人员获取和人员考核结果的影响。管理组织确定的工作流程对这些动态关系进行了形象的描绘。

9.3.3 工程项目管理组织结构形式

工程项目管理组织结构的形式有很多种，从不同的角度去分类会有不同的结果。按目前国际上通行的分类方式，工程项目管理组织结构的基本形式可以分成职能式、项目式、矩阵式和复合式。

1．职能式组织结构

职能式组织机构（Functional organizational structure）是在各管理层次之间设置职能部门，各职能部门分别从职能角度对下级执行者进行业务管理。在职能式组织机构中，各级领导不直接指挥下级，而是指挥职能部门。职能式组织结构形式是最基本的，也是目前使用比较广泛的项目管理组织结构形式。

（1）职能式组织结构的表现形式

职能式组织结构有两种表现形式：

①将一个大的项目按照公司行政、人力资源、财务、各专业技术、营销等职能部门的特点与职责，分成若干个子项目，由相应的职能单位完成各方面的工作，如图9-6（a）所示。

例如，某咨询公司负责一个大型通信企业规划项目，公司主管副总牵头，工作内容按公司相关部门职能分工如下：有关技术方面的分析工作由通信项目部负责，财务分析部分由技术经济部负责，企业管理组织方面由公司研究所负责完成。具体地说，在公司高级管理者的领导下，由各职能部门负责人构成项目协调层，由各职能部门负责人具体安排落实本部门内人员，完成项目的相关任务。职能部门分配到项目团队中的成员可能暂时是专职，也可能是兼职，但总体上看，没有专职人员从事项目工作。项目可能只工作一段时间，也可能持续下去，团队中的成员可能由各种职务的人组成，项目领导或项目经理可能是由某位副总裁或职能部门负责人担任。

②职能式的另一种形式就是对于一些中小项目，在人力资源、专业等方面要求不高的情况下，根据项目专业特点，直接将项目安排在公司某一职能部门内，在这种情况下，项目团队的成员主要由该职能部门人员组成，这种形式目前在国内各咨询公司中经常见到，如图9-6（b）所示。

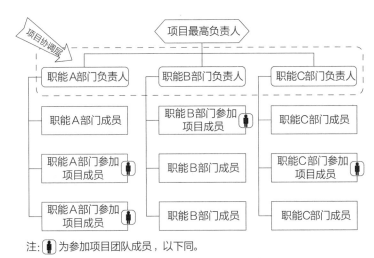

（a）职能式项目组织结构形式之一

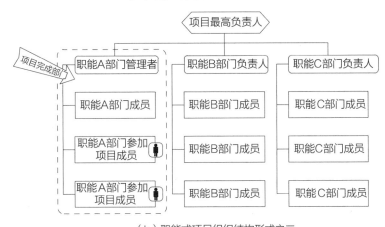

（b）职能式项目组织结构形式之二

图9-6　职能式组织结构

（2）职能式组织结构的优点

①项目团队中各成员无后顾之忧。由于项目成员来自于各职能部门，在项目工作期间所属关系没有发生变化，项目成员不会为将来项目结束后的去向担忧，因而能客观地为项目去考虑、去工作。

②各职能部门可以在本部门工作任务与项目工作任务的平衡中去安排人手。当项目团队中的某一成员因故不能参加时，其所在的职能部门可以重新安排人员予以补充。

③当项目工作全部由某一职能部门负责时，项目的人员管理与使用变得更为简单，使之具有更大的灵活性。

④项目团队的成员有同一部门的专业人员做技术支撑，有利于项目中专业技术问题的解决。

⑤有利于公司项目发展与管理的连续性。由于是以各职能部门作基础，所以项目管理的发展不会因项目团队成员的流失而有过大的影响。

（3）职能式组织结构的缺点

①项目管理没有正式的权威性。由于项目团队成员分散于各职能部门，团队成员受其所在职能部门与项目团队的双重领导，而相对于职能部门来说，项目团队的约束显得更为无力。

②项目团队中的成员不易产生事业感与成就感。团队中的成员普遍会将项目的工作视为额外工作，对项目的工作不容易激发更多的热情，这对项目的质量与进度都会产生较大的影响。

③对于参与多个项目的职能部门，以及其中的团队成员来说，不容易安排好在各项目之间投入时间与精力的比例。

④不利于不同职能部门成员之间的交流。

⑤项目的发展空间容易受到限制。

2．项目式组织结构

（1）项目式组织结构的表现形式

项目式组织结构（Project organization structure）形式就是将项目的组织独立于公司职能部门之外，由项目组织独立负责项目中主要工作的一种组织管理模式。项目的具体工作主要由项目团队负责。项目的行政事务、财务、人事等在公司规定的权限内进行管理，如图9-7所示。

（2）项目式组织结构的优点

①项目经理是真正意义上的项目负责人。项目经理对项目及公司负责，团队成员对项目经理负责。项目经理可以调动团队内外各种有利因素，因而是真正意义上的项目负责人。

②团队成员工作目标比较单一。独立于原职能部门之外，团队成员不受原工作的干扰，可以全身心地投入项目工作中去，也有利于团队精神的形成和发挥。

③项目管理层次相对简单，加快项目管理的决策速度和响应速度。

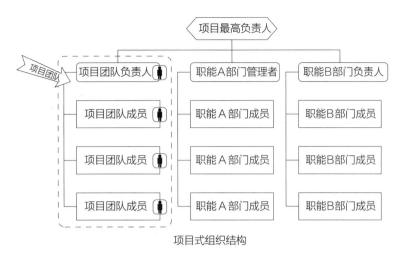

图9-7 项目式组织结构

④项目管理指令一致。命令主要来自于项目经理,避免了多头领导、团队成员无所适从的情况。

⑤项目管理相对简单,使项目成本、质量及进度控制等更容易进行。

⑥项目团队内部容易沟通。

(3)项目式组织结构的缺点

①容易出现配置重复、资源浪费等问题。如果一个公司中的多个项目都按项目式进行管理组织,很可能出现项目内部资源利用率不高,项目之间配置重复与资源浪费等问题。

②项目组织成为一个相对封闭的组织,公司的管理与决策在项目管理组织中的贯彻可能遇到阻碍。

③项目团队与公司之间的沟通基本上依靠项目经理,容易出现沟通不足、交流不充分等问题。

④项目团队成员在项目后期没有归属感。团队成员不得不为项目结束后的工作考虑投入相当的精力,影响项目的后期工作。

⑤由于项目管理组织的独立性,使项目组织中的成员产生小团体观念,在人力资源与物资资源上出现"囤积"的思想,造成资源的浪费;同时,各职能部门具有独立性,会对所能提供的资源有所保留,影响项目的完成质量。

3. 矩阵式组织结构

为解决职能式组织结构与项目式组织结构的不足,并发挥它们的长处,设计出了介于职能式与项目式之间的一种项目管理组织结构形式,即矩阵式组织结构(Matrix organization structure)。

矩阵式组织机构是将按职能划分的部门与按工程项目设立的管理机构,依照矩阵方式有机地结合起来的一种组织机构形式。这种组织机构以工程项目为对象设置,各项目管理机构内的管理人员从各职能部门临时抽调，归项目经理统一管理，待工程完工交付后又回到原职能部门或到另外的工程项目组织机构中工作。

矩阵式项目组织结构中，参加项目的人员由各职能部门负责人安排，而这些人员在项目工作期间，工作内容上服从项目团队的安排，人员不独立于职能部门之外，是一种暂时的、半松散的组织结构形式，项目团队成员之间的沟通不需通过其职能部门领导，项目经理往往直接向公司领导汇报工作。

(1) 矩阵式组织结构的表现形式

根据项目经理对项目的约束程度，矩阵式项目组织结构又可分成弱矩阵式结构、强矩阵式结构和平衡矩阵式结构三种形式。

①弱矩阵式项目组织结构

弱矩阵式项目组织结构一般是指在项目团队中没有一个明确的项目经理，只有一个协调员负责协调工作。团队各成员之间按照各自职能部门所对应的任务，相互协调来进行工作。在这种模式下，大部分项目经理职能由职能部门负责人分担，如图9-8（a）所示。

②强矩阵式项目组织结构

强矩阵式项目组织结构的主要特点是由一个专职的项目经理负责项目的管理与运行工作，项目经理通常来自于公司的专门项目管理部门。项目经理与上级沟通往往通过其所在的项目管理部门负责人进行，如图9-8（b）所示。

③平衡矩阵式项目组织结构

平衡矩阵式项目组织结构是介于强矩阵式与弱矩阵式之间的一种组织结构形式，也称为中矩阵式组织结构。其主要特点是项目经理由职能部门中的某一团队成员担任，其工作除项目的管理外，还可能负责本部门承担的相应项目任务。此时的项目经理在与上级沟通时，需要在其职能部门负责人与公司领导之间做出平衡与调整，如图9-8（c）所示。

(2) 矩阵式组织结构的优点

①团队的工作目标与任务比较明确，项目工作有专人负责。

②团队成员无后顾之忧。项目工作结束时，不必为将来的工作分心。

③各职能部门可根据自己部门的资源与任务情况来调整、安排工作，提高资源利用率。

④相对于职能式组织结构，减少了工作层次与决策环节，提高了工作效率与反应速度。

⑤相对于项目式组织结构，可在一定程度上避免资源的囤积与浪费。

⑥在强矩阵式模式中，由于项目经理来自于公司的项目管理部门，可使项目运行符合公司的有关规定，不易出现矛盾。

(3) 矩阵式组织结构的缺点

①难以平衡项目管理中的权力。矩阵式组织结构中项目管理的权力需要在项目经理与职能部门之间平衡，这种平衡在实际工作中是不易实现的。

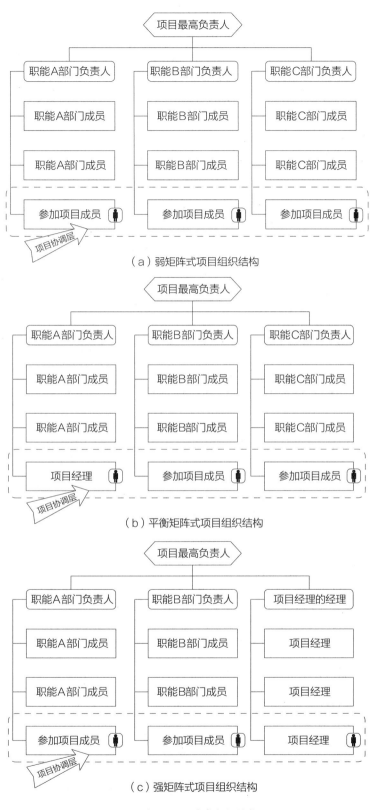

图9-8 矩阵式组织结构

②信息回路比较复杂。在这种模式下，信息回路比较多，信息传递既要在项目团队中进行，也要在相应的部门中进行，必要时还需在部门之间进行。所以，容易出现交流不足、沟通不畅的问题。

③项目成员处于多头领导状态。正常情况下，项目成员至少要接受两个方向的领导，即项目经理和所在部门的负责人，容易造成指令矛盾、行动无所适从的问题。

4．复合式组织结构

所谓复合式组织结构（Composite organization structure）有两种含义：一是指在公司层面上，组织结构形式中有职能式、项目式或矩阵式中两种以上的组织结构形式；二是指在一个项目的层面上，组织结构形式中包含上述两种结构以上的模式，例如职能式项目组织结构的子项目采取项目式组织结构等，如图9-9所示。

复合式组织结构的最大特点是方式灵活。公司可根据具体项目与公司情况确定项目管

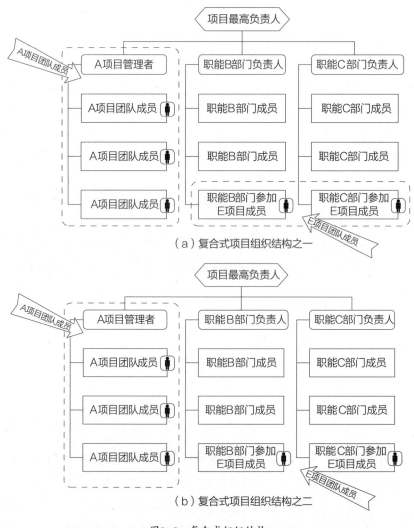

图9-9 复合式组织结构

理的组织结构形式,而不受现有模式的限制。因而,在发挥项目优势与人力资源优势等方面具有方便灵活的特点。

与此同时,复合式组织结构也因此产生不足,即在公司的项目管理方面容易造成管理混乱,项目的信息流、项目的沟通容易产生障碍,公司的项目管理制度不易较好地贯彻执行。

9.4 参与方对工程项目的管理

9.4.1 业主对工程项目的管理

1. 业主对工程项目管理的含义

广义上的项目业主（Project proprietor）是指项目的出资人（包括以资金、技术及其他资产入股等）。狭义上的项目业主是指项目在法律意义上的所有人,可以是单一的投资主体（即投资者）,可以是自然人、法人或政府,也可以是各投资主体依照一定法律关系组成的法人形式。

业主对工程项目的管理,是指项目业主为实现投资目标,运用所有者的权力组织或委托有关单位,对建设项目进行筹划和实施的有关计划、组织、指挥、协调等过程。

2. 业主对工程项目管理的目的

①实现投资主体的投资目标和期望。投资主体将资金投入工程项目中,期望通过项目管理,保证工程项目能按预定计划建成和投入使用,实现投资的经济效益与社会效益。

②将工程项目投资控制在预定或可接受的范围之内。工程项目建设通常需要较长的时间和较大的投入,建设过程中不确定因素很多,如果控制不好,很容易突破投资的预算。为了保证投资者的预期收益,必须对工程项目投资进行有效的控制。

③保证工程项目建成后在项目功能和质量上达到设计标准。不同的工程建设项目都有其各自的功能和质量要求,这是保证工程项目在运营期内有效、安全和高质量运行,实现项目建设目标与业主投资目标的基本前提,因此也是业主对工程项目进行管理的重要目的。

3. 业主管理的主要任务内容

在工程项目的不同阶段内,业主对工程项目管理的主要任务各有不同。

（1）项目决策阶段的主要任务

业主在工程项目决策阶段的主要工作任务是围绕项目策划、项目建议书、项目可行性研究、项目核准、项目备案、资金申请及相关报批工作开展项目的管理工作。主要有:

①对投资方向和内容作初步构想,择优聘请有资质、信誉好的专业咨询机构对企业或行业、地区等进行深入分析,开展专题研究及投资机会研究工作,并编制企业发展战略或规划。

②选择好咨询机构。在上述工作的基础上,正式选择合格的咨询机构开展项目前期工作,包括对项目的建设规模、产品方案、工程技术方案等进行研究、比选,根据需要进行项目财务评价、社会评价、国民经济评价和风险评价,编制项目建议书和可行性研究报

告，为投资决策提供科学依据。

③组织对项目建议书和可行性研究报告进行评审，与有关投资者和贷款方进行沟通，并落实项目资金、建设用地、技术设备、配套设施等建设相关条件。

④根据项目建设内容、建设规模、建设地点和国家有关规定对项目进行决策，报请有关部门审批、核准或备案。

（2）实施准备阶段的主要任务

①备齐项目选址、资源利用、环境保护等方面的批准文件，协商并取得原料、燃料、水、电供应以及运输等方面的协议文件。

②明确勘察设计的范围与设计深度，选择有信誉和合格资质的勘察、设计单位进行勘察、设计，签订合同，并进行合同管理。

③及时办理有关设计文件的审批工作。

④组织落实项目建设用地，办理土地征用、拆迁补偿及施工场地的平整等工作。

⑤组织开展设备采购与工程施工招标及评标等工作，择优选定合格的承包商，并签订合同。

⑥按有关规定，为设计人员在施工现场工作提供必要的生活与物质保障。

⑦选派合格的现场代表，并选定适宜的工程监理机构。

（3）项目实施阶段的主要任务

在项目实施阶段，业主的主要工作是按合同规定，为项目实施提供必要的条件，在实施过程中督促检查并协调有关各方的工作，定期对项目进展情况进行研究分析。主要有：

①需由业主出面办理的各项批准手续，如施工许可证。施工过程中可能损坏道路、管线、电力、通信等方面的设施设备，需取得法律、法规规定的申请批准手续等。

②协商解决施工所需的水、电、通信线路等必备条件。

③妥善安排施工现场与城乡公共道路的通道，以及专用条款约定的应由业主解决的施工场地内主要交通干道，满足施工运输的需要。

④向承包方提供施工现场及毗邻区域的工程地质资料和地下管线、相邻建筑物和构筑物、地下工程、气象和水文观测等资料，保证数据的真实详尽。

⑤聘请咨询、监理机构，督促咨询、监理工程师及时到位，履行职责。

⑥协调设计与施工、监理与施工等方面的关系，组织承包方和咨询设计单位进行图纸会审和设计交底。

⑦确定水准点和坐标控制点，以书面形式交给承包方，并进行现场交验。

⑧组织或委托咨询监理工程师对施工组织设计进行审查。

⑨协调处理施工现场周围地下管线和邻近建筑物、构筑物及有关文物、古树等的保护工作，并承担相应的费用。

⑩督促设备制造商按合同要求及时提供质量合格的设备，并组织运到现场。

⑪督促检查合同执行情况，按合同规定及时支付各项款项，并协调好报告中出现的

新问题和矛盾冲突。

（4）竣工验收阶段的主要任务

①组织进行工程项目试运行。

②组织有关方面，对施工单位拟交付的工程进行竣工验收和工程决算。

③办理工程移交手续。

④做好项目有关资料的收集、接收与管理工作。

⑤安排有关管理与技术人员的培训，并及时接管。

⑥进一步明确项目运营后与施工方、咨询工程师等各方面的关系。

9.4.2 承包商对工程项目的管理

1．承包商对项目管理的含义

承包商（Contractor）分为两类：一类是指根据工程项目建设的有关规定，由项目业主委托，经双方协商和履行一定的程序后，承接项目中建筑和安装工程建设（有的包括设备安装工程）的公司或其他法人组织，通常称之为工程承包商；另一类是按委托合同承接设备生产制造（有的包括设备安装工程）的生产厂家，通常称之为设备承包商。本文中的承包商是泛指以上两类承包商。

承包商对工程项目的管理是指承包商为完成项目业主对项目建设或设备供货的委托，以自己的施工或供货能力，在建设阶段对自己所承担项目中投入的各种资源进行计划、指挥、组织、协调的过程。

随着工程项目管理模式的创新，国际国内出现了一种EPC工程总承包模式。在EPC合同模式下，工程总承包企业按照合同约定，承揽工程项目的设计、采购、施工、试运行服务等工作，并对承包工程的质量、工期、造价全面负责，俗称"交钥匙"工程。这时，承包商对工程项目的管理目的和特点将随合同要求而变化。

2．承包商对项目管理的目的

承包商是为项目提供工程劳务的组织者或设备制造者。其管理的目的主要是在项目建设与设备制造过程中，从人力、物力资源的有效投入到产品的输出来实现其相应的收益。具体包括：

（1）保证承包的工程项目或设备制造在进度与质量上达到委托合同规定的要求。承包商按委托合同在规定的时间内完成工程施工或设备制造工作，并使其符合各项质量指标的要求，这是合同中规定的承包商的主要义务。

（2）追求自身收益的最大化。在完成委托合同规定的工作，并达到合同规定的要求后，承包商有权取得相应的报酬。业主支付费用的具体方式与合同的形式有很大关系。不同的合同形式使承包商利益与项目成本的联系程度有所不同。对于总价合同、单价合同以及成本酬金合同，承包商会采取完全不同的态度来对待项目的成本费用。但其根本目的都是为了保证其整体收益最大。

3. 承包商对工程项目管理的主要任务

（1）工程承包商的主要任务

①制订施工组织设计和质量保证计划，经监理工程师审定后组织实施。

②按施工计划组织施工，认真组织好人力、材料、机械等资源的投入。并向监理工程师提供年、季、月工程进度计划及相应进度统计报表。

③按施工合同要求在工程进度、成本、质量方面进行过程控制，发现不合格项及时纠正。

④遵守有关部门对施工场地在交通、施工噪声、环境保护以及安全生产等方面的管理规定，办理相关手续。

⑤按专用条款约定，做好施工现场对地下管线和邻近建筑物、构筑物及有关文物、古树等的保护工作。

⑥保证施工现场清洁，使之符合环境卫生管理的有关规定。

⑦在施工过程中按规定程序及时、主动、自觉接受监理工程师的监督检查；提供业主和监理工程师需要的各项统计数据报表。

⑧及时向委托方提交竣工验收申请报告，对验收中发现的问题及时进行整改。

⑨负责已完成的工程在移交前的保护工作。

⑩向委托方完整、及时地移交有关工程资料档案。

（2）设备承包商的主要任务

①按照合同约定，以规定的价格，在规定的时间内提供相应数量与质量要求下的设备，并做好现场服务，及时解决有关设备的技术、质量、缺损件等问题。

②按照合同约定，完成设备的有关运输、保险、包装、调试、安装、技术援助、培训等相关工作。

③保证提交的设备与技术规范、委托文件的要求一致。

④保证业主在使用其所提供的设备或其他任何一部分时，不侵犯第三方的专利权、商标权和工业设计权。

⑤完成合同规定的其他工作。

9.4.3 政府对工程项目的管理

1. 政府对工程项目管理的目的

政府对社会经济活动进行宏观指导和调控的目的是保证社会经济健康有序和持续发展。政府对工程项目进行管理的主要作用体现在以下几方面。

（1）保证投资方向符合国家产业政策的要求。为保证投资项目符合国家经济社会持续发展的需要，国家会通过政府有关部门发布某一时期的中长期发展规划、各项专业规划以及产业政策，明确国家鼓励、限制和禁止类别的项目，同时在审批、核准项目时也依据相应政策进行控制。

（2）保证工程项目符合国家经济社会发展规划和环境、生态等的要求。除国民经济发展规划外，还有一些其他方面的规划，如国土规划、主体功能区规划、区域规划、城乡发展规划等，政府通过项目的管理程序保证这些规划能够得到切实执行。

（3）引导投资规模达到合理经济规模。为保证国家经济社会的健康发展，在对投资项目进行审查时，对某些类型项目的建设规模、标准进行一定的控制与引导。

（4）保证国家整体投资规模与外债规模在合理的可控制的范围内进行。除了上述内容外，国家对使用外债的项目也有一定的审批程序，以保证国家总外债规模控制在一个合理的范围内。

（5）保证国家经济安全与公共利益，防止垄断。为维护国家经济社会安全，合理利用国家资源，对于关键领域的投资或相关重大投资，在投资规模、项目布点、建设时间、节约资源、市场准入等方面采取一定的引导或限制措施。与此同时，国家还要保护公共利益不受侵害，防止少数人为了利益的取得，损害公共利益；通过调整相关政策，创造公平的竞争环境与投资环境，制止不正当竞争，防止垄断。

2．政府对工程项目管理的内容

（1）制定宏观经济政策与相关发展规划，引导和调控投资项目

政府通过制定各种宏观经济政策来引导和调控工程项目的投资方向和规模，用宏观统率微观。宏观经济政策主要有：货币政策、财政政策、投资政策、产业政策、税收政策、价格管理政策、人口与就业政策、国际收支与管理政策等。

政府制定国民经济与社会发展中长期规划、主体功能区规划，以及教育、科技、卫生、交通、能源、农业、林业、水利、生态环境、战略资源开发等重要领域的专项规划，明确发展的指导思想、战略目标和总体布局，并适时调整国家固定资产投资指导目录、外商投资产业指导目录，明确国家鼓励、限制和禁止投资项目。

此外，政府还建立科学的行业准入制度，规范重点行业的环保标准、安全标准、能耗水耗标准和产品技术、质量标准，防止低水平重复建设。实行核准制的项目申请报告发展规划、产业政策和行业准入分析内容，主要包括：

①发展规划分析。拟建项目是否符合有关的国民经济和社会发展总体规划、专项规划、区域规划等要求，项目目标与规划内容是否衔接和协调。

②产业政策分析。拟建项目是否符合有关产业政策的要求。

③行业准入分析。项目建设单位和拟建项目是否符合相关行业准入标准的规定。

（2）制定相关规定，界定投资管理权限

政府投资的项目，实行审批制管理程序；企业投资建设的重大和限制类项目，实行核准制管理程序；核准目录之外的企业投资建设项目，除国家法律、法规和国务院专门规定禁止投资的项目外，实行备案制管理程序。

（3）维护经济安全

所谓经济安全是指国家经济在整体上基础稳固，做到健康运行与成长，保证持续发展，

使其在国际经济生活中具有一定的自主性、自卫力和竞争力，不致因某些问题的出现和演化使整个经济受到过大的打击或使国民经济利益受到过多的损失，从而能够避免或化解可能发生的局部或全局性的经济危机。为了维护国家的经济安全，对于关系到国计民生的重大项目投资，特别是关系到如能源战略等的国家关键性战略，国家在进行投资建设规划与项目审核时应予以必要的控制。实行核准制的项目申请报告要有经济影响分析的内容。

（4）优化布局

对于关系国家经济、社会安全的重大项目，从国家全局的角度进行布局优化，以保证社会资源的合理利用，实现更好的社会与经济效益。这类项目主要包括重大农林水利工程、能源、交通、邮电、通信、大型矿藏开发等。

对于因征地拆迁等可能产生重要社会影响的项目，以及扶贫、区域综合开发、文化教育、公共卫生等具有明显社会发展目标的项目，应从维护公共利益、构建和谐社会、落实以人为本的科学发展观等角度，进行社会影响分析评价。

政府应重视工程项目建设与当地社会的相互适应性，维护社会稳定。工程项目管理过程中，必须重视项目建设与当地社会之间的利益关系，考虑项目建设将面临的社会条件约束。工程项目的社会条件约束，表现为项目所在地受项目影响的相关利益群体对项目的反应和影响程度。项目建设导致征地、拆迁、环境污染引发的社会矛盾和冲突，是影响项目建设的主要社会因素。工程项目的建设务必注意与当地社会不同利益群体之间的利益平衡问题，关注妇女、儿童、少数民族、贫困人口等弱势群体的利益。特别是水利工程、铁路交通工程、矿区开发工程等移民拆迁安置量大的项目以及容易污染环境的工业项目，更应妥善处理这些社会关系。

（5）环境保护

为了保护人类生存环境，保证国家可持续发展战略的实施，防止建设项目对环境造成不良影响，促进经济、社会和环境协调发展。国家对工程项目审批实行环境保护"一票否决制"。无论是生产性还是非生产性的工程项目，在项目前期阶段均应按规定完成环境影响评价，由有规定资质的环境影响评价机构出具项目环境影响评价文件，获得环境保护行政主管部门批复后方可建设。

（6）工程安全管理

工程项目的安全是指项目在建设期间与生产过程中的财产和人身安全。国家在工程项目的安全施工、安全生产、防火、消防等方面制定了相应的建设和运营安全防护标准，工程项目在进行设计与施工时必须严格贯彻执行这些标准。项目建成后，还必须经有关部门检查，取得许可后方可投入使用。

9.4.4 银行对工程项目的管理

1. 银行对工程项目管理的含义

银行对工程项目管理是指为项目提供资金贷款的各金融机构，从其所提供资金的安全性、流动性、收益性等方面考虑，对项目进行了解、评估、分析及控制等，是一种不完全意义上的项目管理。这类管理的重点是对资金投入进行评审，对资金使用进行控制和监督，以及进行风险控制等。

2．银行对工程项目管理的目的

银行是工程项目贷款的提供方，是项目部分融入资金的所有者。在银行决定为项目提供资金后，银行就把资金收益的期望寄托于项目，同时资金损失的风险也相应产生。因此，银行对贷款项目管理的目的主要包括以下三个方面。

（1）保证资金的安全性。商业银行的注册资本一般只占全部资金来源的8%，90%以上的经营资金是存款和其他负债。因此，商业银行必须保证放款的及时收回，否则将影响银行的清偿能力，动摇银行的信用。银行通过其对资金投放的控制，对资金风险进行预警、回避，为资金选定合适的投入对象，确定适宜的投入规模，在风险发生的情况下采取措施进行资金保全，保证资金的安全性。

（2）保证资金的流动性。由于商业银行是负债经营，如果没有一定量的资金及时回流，就无法保证客户存款的及时足额提取，引发严重后果。因此，除了保证资金的安全性外，银行还要合理安排贷款的种类和期限，并采取措施，及时收回贷款。

（3）效益性是商业性银行贷款的最终目的。银行的收益主要是利息收入，而利息收入主要决定于利率和期限，贷款期限越长、利率越高，收益越大。

3．银行对工程项目管理的内容

银行对贷款项目的管理可大致分为贷前管理和贷后管理两个阶段。

（1）贷前管理

①受理借款人的借款申请。

②进行贷款基本调查。包括对借款人历史背景的调查，对借款人行业状况和行业地位的调查，对借款的合法性、安全性和盈利性的调查；对借款人信用等级的评估调查，以及对贷款的保障性进行调查。

③进行信用评价分析。在对借款人的品德、能力、资本、贷款担保、经营环境等方面调查了解的基础上，根据贷款调查的信息确定客户的信用等级，计算客户的风险限额，判断对客户进一步授信的风险大小。

④对借款人进行财务评价。评价的目的是分析借款人的财务状况、盈利能力、资金使用效率、偿债能力，并对借款人的发展变化趋势进行预测。

⑤对贷款项目进行评估。银行对贷款项目的评估与一般意义上的评估有一定的区别，它是以银行利益为评估的出发点，以提高银行的信贷资产质量和经营效益为目的，为银行贷款提供决策依据。

⑥制订贷款的法律文件。根据前期工作的结果，当银行准备为借款人提供贷款时，需要依据有关规定，准备必要的法律文件。主要有借款合同、保证合同、抵押合同和质押合同等。

⑦贷款审批。银行信贷部门将贷款调查等有关评价报告汇总整理后，形成贷款报审材

料，报给银行审贷机构审查。银行对贷款的审查重点有以下几个方面：贷款的直接用途是否符合国家与银行的有关规定；借款人是否符合借款资格条件；借款人的信用承受能力如何，如信用等级、统一授信情况、已占用的风险限额情况，以及潜在亏损等方面是否存在问题；借款人的发展前景、主要产品结构、新产品开发能力、主要领导人的工作能力与组织能力；借款人偿还贷款的资金来源及偿债能力；贷款保证人的情况；贷款抵押、质押物的情况。根据贷款方式、借款人信用等级、借款人的风险限额等确定是否可以贷款，并明确贷款结构和附加条件。

⑧贷款发放。在银行与借款人签订借贷合同后，如果没有任何正当理由或借款人没有违约的情况下，银行必须按借款合同的约定发放贷款。银行在发放贷款中要注意检查有关合同条款，检查用款申请材料是否符合有关规定和合同要求。在贷款的发放过程中，还要注意严格执行贷款的发放程序，并在出现以下情况时及时停止贷款的发放：借款人不按借款合同规定的用途使用贷款；不按借款合同的规定偿还本息；国家或银行规定的其他有关禁止行为。

（2）贷后管理

贷后管理是指提供贷款后，围绕资金的偿还对企业或项目开展的有关工作。主要包括：

①贷后检查。贷后检查是指在贷款发放之后，定期或不定期地对贷款的运行情况进行检查分析。主要有：以检查借款人是否按规定使用贷款和按规定偿还本息为主要内容的贷款检查；以检查借款人全面情况为内容，以保证贷款顺利偿还为目的的借款人检查；以把握担保的有效性及应用价值为目的的担保检查等。

②贷款风险预警。通过对项目的绩效追踪、对贷款密切相关情况的收集和先行指标的测算，及时预测和发现贷款可能存在的风险，以便采取相应措施。这些不利情况和指标的测算主要表现在：财务方面：工期拖延、建设费用超支、市场变化，以及企业经营管理中的营业收入、存货、应收账款、流动比率和速动比率发生不利变化等；非财务方面：企业管理人员行为异常或发生不利变动，企业内部管理混乱，企业涉及重大诉讼、出现重大投资失误等；其他方面：借款人账户存款持续减少至不正常水平，票据发生拒付、多头借款或套取贷款、回避与银行接触等。

③贷款偿还管理。在项目建成后，银行还要进行贷款偿还管理，主要包括本息的催收、有限延长还款期限的贷款展期，以及在借款人归还贷款的全部本息后，对结清贷款进行评价和总结等。

此外，当借款人不能按期向银行偿还贷款时，银行还要根据不同情况采取相应的贷款清收与保全措施，包括办理展期等方式重新确定还款期，采取企业兼并、企业破产、债权转股权、股份制改造、资产证券化、以物抵债等措施来保证银行贷款的收回，对于逃避债务的借款方，可将其诉诸法律。

思 考 题

1. 什么是工程项目管理？其主要任务包括哪些？

2. 什么是工程项目承发包管理模式？常见的工程项目的承发包方式有哪些？

3. 工程项目管理组织体系包括哪些子系统？各子系统的含义又是什么？

4. 项目管理组织的确定有哪些步骤？

5. 职能式项目管理组织结构有哪些优缺点？

6. 简述项目式管理组织结构形式的含义。

7. 简述业主方在项目决策阶段的主要任务。

8. 政府对项目的管理主要表现在哪几个方面？

9. 工程项目的社会条件约束指的是什么？

10. 银行对贷款项目管理的目的主要是什么？

中英词汇对照表

Administration expenses	管理费用
After-tax profit	税后利润
Analytic hierarchy process	层次分析法
Annual cost	费用年值
Annuity	年金
Asset securitization	资产证券化
Average cost	平均成本
Average fixed cost	平均固定成本
Average revenue	平均收益
Average total cost	平均总成本
Average variable cost	平均变动成本
Benchmark yield	基准收益率
Bond financing	债券融资
Bond interest	债券利息
Bond	债券
Break-even analysis	盈亏平衡分析
Break-even-point	盈亏平衡点
Build-Operate-Transfer	建设-运营-移交
Buyer's credit	买方信贷
Capital budget	资本预算
Capital equivalent	资金等值
Capital premium	资本溢价
Capital requirements prediction	资金需求量预测
Capital reserve	资本公积金
Capital	资本金
Cash flow diagram	现金流量图
Cash outflow	现金流出
Causal prediction analysis method	因果预测分析法
Circulation capital/Working capital	流动资金
Civil engineering	土木工程
Common stock	普通股
Compatibility analysis	互适性分析
Component method	分项法
Composite organization structure	复合式项目结构
Compound interest	复利
Construction cost	建筑工程费

Construction interest	建设期利息
Construction investment	建设投资
Construction manager	负责人
Consumer surplus	消费者剩余
Contractor	承包商
Corporate bond	企业债券
Corporate financing	企业融资
Cost insurance freight	到岸价格
Cost of capital	资金成本
Cost	成本
Creditor	债权人
Current assets	流动资产
Current liability	流动负债
Current ratio	流动比率
Debt capital	债务资金
Debt financing	负债融资
Debt service coverage ratio	偿债备付率
Debtor	债务人
Deed tax	契税
Deferred payment	延期付款
Demand curve	需求曲线
Demand	需求
Design and Quality	设计与质量
Design–Bid–Build	设计-招标-建造
Design–Build	设计-建造
Design–Management	设计-管理
Direct financing	直接融资
Direct labour	直接人工
Direct material	直接材料
Dynamic evaluation index	动态评价指标
Dynamic investment pay–back period	动态投资回收期
Earnings before interest and tax	息税前利润
Economic cost–benefit analysis	经济费用效益分析
Education surtax	教育费附加
Effective interest rate	实际利率
Elasticity of demand	需求弹性
Elasticity of supply	供给弹性
Elasticity	弹性

Engineering economy	工程经济学
Engineer-Procurement-Construction/ Turnkey	设计-采购-施工/交钥匙
Equilibrium	均衡
Equity capital investment	权益资金投资
Equity capital	权益资金
Equity financing	权益融资
Expected price	期望价格
Export credit	出口信贷
External financing	外部融资
Fast track method	快速轨道方式
Feasibility research	可行性研究
Feasibility	可行性
Financial analysis	财务分析
Financial benefit and cost	财务效益和费用
Financial benefit	项目财务效益
Financial expenses/cost	财务费用
Financial lease	融资租赁
Financial viability analysis	财务生存能力分析
Financing breakthrough point	融资突破点
Financing channel	融资渠道
Financing	融资
Fixed assets	固定资产
Fixed assets-cost	固定资产原值
Fixed cost	固定成本
Fixed funds	固定资金
Forecast of capital growth trend	资金增长趋势预测
Free on board	离岸价格
Functional organizational structure	职能式组织机构
Future worth	终值
Government policies	政府政策
Gross method	总额法
Hard loan	硬贷款
Hierarchical structure model	递阶层次结构模型
House property tax	房产税
Import tariff	进口关税
Income level	收入水平
Income tax	所得税

Indirect financing	间接融资
Intangible assets	无形资产
Interest coverage ratio	利息备付率
Interest	利息
Internal financing	内部融资
Internal funds raised	内部筹资额
Internal rate of return	内部收益率
International Monetary Fund	国际货币基金组织
Inventory	存货
Investment	投资
Land appreciation tax	土地增值税
Lease financing	租赁融资
Legal person shares	法人股
Loan of asset ratio	资产负债率
Loans from International Financial Organizations	国际金融组织贷款
Long-term capital requirement	长期资金需求量
Long-term financing	长期融资
Long-term loan interest	长期借款利息
Manufacturing cost	产品制造成本
Manufacturing overhead	制造费用
Marginal analysis	边际分析
Marginal cost of capital	边际资金成本
Marginal cost	边际成本
Marginal revenue	边际收益
Matrix organization structure	矩阵式组织结构
Monopolistic competition	垄断竞争
Monte Carlo Simulation method	蒙特卡罗模拟法
Named share	记名股
Natural amount of capital raised	自然性筹资额
Natural resources	自然资源
Net annual value	净年值
Net cash flow	净现金流量
Net present value index	净现值指数
Net present value	净现值
Nominal interest rate	名义利率
Non-recourse	无追索
Number of consumers	消费者数量

Oligopoly	寡头垄断
Operating cost	经营成本
Operating expenses	营业费用
Operating lease	经营租赁
Opportunity cost	机会成本
Opportunity research	机会研究
Ordinary shares	个人股
Outlet of distribution	推销渠道与方式
Overall cost of capital	综合资金成本
Own funds/equity capital	自有资金
Par value stock	面值股票
Percentage forecast of sales method	销售百分比预测法
Perfect competition	完全竞争
Perfect monopoly	完全垄断
Perfectly elastic	无穷大弹性
Perfectly inelastic	完全无弹性
Period charge	期间费用
Phased construction method	阶段发包方式
Post-financing analysis	融资后分析
Preferred stock	优先股
Pre-financing analysis	融资前分析
Preliminary feasibility study	初步可行性研究
Present cost	费用现值
Present worth	现值
Price elasticity of demand	需求价格弹性
Price elasticity of supply	供给价格弹性
Price	价格
Principle of demand	需求法则
Principle of supply	供给法则
Probabilistic analysis	概率分析
Producer equilibrium	生产者均衡
Producer surplus	生产者剩余
Production cost	生产成本
Profit and Loss	损益值
Profit	利润
Profitability analysis	盈利能力分析
Profitability	盈利能力

Project evaluation	工程项目评价
Project financing	项目融资
Project organization structure	项目式组织结构
Project proprietor	项目业主
Qualitative prediction method	定性预测法
Quantitative prediction method	定量预测法
Quantity demanded	需求量
Quantity supplied	供给量
Quick ratio	速动比率
Recourse	追索
Registered capital	注册资金
Regression analysis method	回归分析法
Reserve funds	预备费
Retained earnings	留存盈余
Return on equity	资本金净利润率
Return on investment	总投资收益率
Revenue	营业收入
Risk assessment	风险估计
Risk avoidance	风险回避
Risk control	风险控制
Risk evaluation	风险评价
Risk identification	风险识别
Risk transfer	风险转移
Risk	风险
Risk-resistance ability analysis	抗风险能力分析
Sales revenue	销售收入
Seller's credit	卖方信贷
Selling profit	销售利润
Sensibility analysis	敏感性分析
Sequential construction approach	连续建设模式
Shadow exchange rate	影子汇率
Shadow price	影子价格
Shadow wage	影子工资
Short-term capital requirement	短期资金需要量
Short-term financing	短期融资
Single-payment	整付/一次支付
Sino-foreign cooperative joint venture	中外合作经营企业

Sino-foreign equity joint venture	中外合资经营企业
Social discount rate	社会折现率
Social evaluation	社会评价
Social resources	社会资源
Soft loan	软贷款
Solvency analysis	偿债能力分析
State shares	国家股
Static evaluation index	静态评价指标
Static investment payback period index	静态投资回收期指标
Static investment payback period	静态投资回收期
Stock	股票
Sunk cost	沉没成本
Supply curve	供给曲线
Supply	供给
Switch value	临界点
Taxes	税金
Technology	技术状况
Time value of money	资金的时间价值
Total cost	总成本
Total fixed cost	固定总成本
Total liabilities	负债总额
Total revenue	总收益
Total variable cost	变动总成本
Transfer payment	转移支付
Trend prediction analysis method	趋势预测分析法
Turnover	周转次数
Uniform-series payment	等额支付
Unitary elastic	单位弹性
United Nations Industrial Development Organization	联合国工业发展组织
Urban and township land use tax	城镇土地使用税
Urban maintenance and construction tax	城市维护建设税
Value-added tax	增值税
Variable cost	可变成本
Weather	天气
Willingness to accept	受偿意愿
Willingness to pay	支付意愿
World Bank Credit	世界银行贷款

附录 复利系数表

附表1

	1%复利因子					
	一次支付		等额多次支付			
N	F/P	P/F	F/A	P/A	A/F	A/P
1	1.0100	0.9901	1.0000	0.9901	1.0000	1.0100
2	1.0201	0.9803	2.0100	1.9704	0.4975	0.5075
3	1.0303	0.9706	3.0301	2.9410	0.3300	0.3400
4	1.0406	0.9610	4.0604	3.9020	0.2463	0.2563
5	1.0510	0.9515	5.1010	4.8534	0.1960	0.2060
6	1.0615	0.9420	6.1520	5.7955	0.1625	0.1725
7	1.0721	0.9327	7.2135	6.7282	0.1386	0.1486
8	1.0829	0.9235	8.2857	7.6517	0.1207	0.1307
9	1.0937	0.9143	9.3685	8.5660	0.1067	0.1167
10	1.1046	0.9053	10.4622	9.4713	0.0956	0.1056
11	1.1157	0.8963	11.5668	10.3676	0.0865	0.0965
12	1.1268	0.8874	12.6825	11.2551	0.0788	0.0888
13	1.1381	0.8787	13.8093	12.1337	0.0724	0.0824
14	1.1495	0.8700	14.9474	13.0037	0.0669	0.0769
15	1.1610	0.8613	16.0969	13.8651	0.0621	0.0721
16	1.1726	0.8528	17.2579	14.7179	0.0579	0.0679
17	1.1843	0.8444	18.4304	15.5623	0.0543	0.0643
18	1.1961	0.8360	19.6147	16.3983	0.0510	0.0610
19	1.2081	0.8277	20.8109	17.2260	0.0481	0.0581
20	1.2202	0.8195	22.0190	18.0456	0.0454	0.0554
21	1.2324	0.8114	23.2392	18.8570	0.0430	0.0530
22	1.2447	0.8034	24.4716	19.6604	0.0409	0.0509
23	1.2572	0.7954	25.7163	20.4558	0.0389	0.0489
24	1.2697	0.7876	26.9735	21.2434	0.0371	0.0471
25	1.2824	0.7798	28.2432	22.0232	0.0354	0.0454
26	1.2953	0.7720	29.5256	22.7952	0.0339	0.0439
27	1.3082	0.7644	30.8209	23.5596	0.0324	0.0424
28	1.3213	0.7568	32.1291	24.3164	0.0311	0.0411
29	1.3345	0.7493	33.4504	25.0658	0.0299	0.0399

(续表)

1%复利因子

N	一次支付		等额多次支付			
	F/P	P/F	F/A	P/A	A/F	A/P
30	1.3478	0.7419	34.7849	25.8077	0.0287	0.0387
31	1.3613	0.7346	36.1327	26.5423	0.0277	0.0377
32	1.3749	0.7273	37.4941	27.2696	0.0267	0.0367
33	1.3887	0.7201	38.8690	27.9897	0.0257	0.0357
34	1.4026	0.7130	40.2577	28.7027	0.0248	0.0348
35	1.4166	0.7059	41.6603	29.4086	0.0240	0.0340
∞				100.0000		0.0100

附表2

2%复利因子

N	一次支付		等额多次支付			
	F/P	P/F	F/A	P/A	A/F	A/P
1	1.0200	0.9804	1.0000	0.9804	1.0000	1.0200
2	1.0404	0.9612	2.0200	1.9416	0.4950	0.5150
3	1.0612	0.9423	3.0604	2.8839	0.3268	0.3468
4	1.0824	0.9238	4.1216	3.8077	0.2426	0.2626
5	1.1041	0.9057	5.2040	4.7135	0.1922	0.2122
6	1.1262	0.8880	6.3081	5.6014	0.1585	0.1785
7	1.1487	0.8706	7.4343	6.4720	0.1345	0.1545
8	1.1717	0.8535	8.5830	7.3255	0.1165	0.1365
9	1.1951	0.8368	9.7546	8.1622	0.1025	0.1225
10	1.2190	0.8203	10.9497	8.9826	0.0913	0.1113
11	1.2434	0.8043	12.1687	9.7868	0.0822	0.1022
12	1.2682	0.7885	13.4121	10.5753	0.0746	0.0946
13	1.2936	0.7730	14.6803	11.3484	0.0681	0.0881
14	1.3195	0.7579	15.9739	12.1062	0.0626	0.0826
15	1.3459	0.7430	17.2934	12.8493	0.0578	0.0778
16	1.3728	0.7284	18.6393	13.5777	0.0537	0.0737
17	1.4002	0.7142	20.0121	14.2919	0.0500	0.0700
18	1.4282	0.7002	21.4123	14.9920	0.0467	0.0667
19	1.4568	0.6864	22.8406	15.6785	0.0438	0.0638
20	1.4859	0.6730	24.2974	16.3514	0.0412	0.0612

(续表)

	2%复利因子					
	一次支付		等额多次支付			
N	F/P	P/F	F/A	P/A	A/F	A/P
21	1.5157	0.6598	25.7833	17.0112	0.0388	0.0588
22	1.5460	0.6468	27.2990	17.6580	0.0366	0.0566
23	1.5769	0.6342	28.8450	18.2922	0.0347	0.0547
24	1.6084	0.6217	30.4219	18.9139	0.0329	0.0529
25	1.6406	0.6095	32.0303	19.5235	0.0312	0.0512
26	1.6734	0.5976	33.6709	20.1210	0.0297	0.0497
27	1.7069	0.5859	35.3443	20.7069	0.0283	0.0483
28	1.7410	0.5744	37.0512	21.2813	0.0270	0.0470
29	1.7758	0.5631	38.7922	21.8444	0.0258	0.0458
30	1.8114	0.5521	40.5681	22.3965	0.0246	0.0446
31	1.8476	0.5412	42.3794	22.9377	0.0236	0.0436
32	1.8845	0.5306	44.2270	23.4683	0.0226	0.0426
33	1.9222	0.5202	46.1116	23.9886	0.0217	0.0417
34	1.9607	0.5100	48.0338	24.4986	0.0208	0.0408
35	1.9999	0.5000	49.9945	24.9986	0.0200	0.0400
∞				50.0000		0.0200

附表3

	3%复利因子					
	一次支付		等额多次支付			
N	F/P	P/F	F/A	P/A	A/F	A/P
1	1.0300	0.9709	1.0000	0.9709	1.0000	1.0300
2	1.0609	0.9426	2.0300	1.9135	0.4926	0.5226
3	1.0927	0.9151	3.0909	2.8286	0.3235	0.3535
4	1.1255	0.8885	4.1836	3.7171	0.2390	0.2690
5	1.1593	0.8626	5.3091	4.5797	0.1884	0.2184
6	1.1941	0.8375	6.4684	5.4172	0.1546	0.1846
7	1.2299	0.8131	7.6625	6.2303	0.1305	0.1605
8	1.2668	0.7894	8.8923	7.0197	0.1125	0.1425
9	1.3048	0.7664	10.1591	7.7861	0.0984	0.1284
10	1.3439	0.7441	11.4639	8.5302	0.0872	0.1172
11	1.3842	0.7224	12.8078	9.2526	0.0781	0.1081
12	1.4258	0.7014	14.1920	9.9540	0.0705	0.1005

(续表)

3%复利因子

N	一次支付		等额多次支付			
	F/P	P/F	F/A	P/A	A/F	A/P
13	1.4685	0.6810	15.6178	10.6350	0.0640	0.0940
14	1.5126	0.6611	17.0863	11.2961	0.0585	0.0885
15	1.5580	0.6419	18.5989	11.9379	0.0538	0.0838
16	1.6047	0.6232	20.1569	12.5611	0.0496	0.0796
17	1.6528	0.6050	21.7616	13.1661	0.0460	0.0760
18	1.7024	0.5874	23.4144	13.7535	0.0427	0.0727
19	1.7535	0.5703	25.1169	14.3238	0.0398	0.0698
20	1.8061	0.5537	26.8704	14.8775	0.0372	0.0672
21	1.8603	0.5375	28.6765	15.4150	0.0349	0.0649
22	1.9161	0.5219	30.5368	15.9369	0.0327	0.0627
23	1.9736	0.5067	32.4529	16.4436	0.0308	0.0608
24	2.0328	0.4919	34.4265	16.9355	0.0290	0.0590
25	2.0938	0.4776	36.4593	17.4131	0.0274	0.0574
26	2.1566	0.4637	38.5530	17.8768	0.0259	0.0559
27	2.2213	0.4502	40.7096	18.3270	0.0246	0.0546
28	2.2879	0.4371	42.9309	18.7641	0.0233	0.0533
29	2.3566	0.4243	45.2189	19.1885	0.0221	0.0521
30	2.4273	0.4120	47.5754	19.6004	0.0210	0.0510
31	2.5001	0.4000	50.0027	20.0004	0.0200	0.0500
32	2.5751	0.3883	52.5028	20.3888	0.0190	0.0490
33	2.6523	0.3770	55.0778	20.7658	0.0182	0.0482
34	2.7319	0.3660	57.7302	21.1318	0.0173	0.0473
35	2.8139	0.3554	60.4621	21.4872	0.0165	0.0465
∞				33.3333		0.0300

附表4

4%复利因子

N	一次支付		等额多次支付			
	F/P	P/F	F/A	P/A	A/F	A/P
1	1.0400	0.9615	1.0000	0.9615	1.0000	1.0400
2	1.0816	0.9246	2.0400	1.8861	0.4902	0.5302
3	1.1249	0.8890	3.1216	2.7751	0.3203	0.3603
4	1.1699	0.8548	4.2465	3.6299	0.2355	0.2755

（续表）

	4%复利因子					
	一次支付		等额多次支付			
N	F/P	P/F	F/A	P/A	A/F	A/P
5	1.2167	0.8219	5.4163	4.4518	0.1846	0.2246
6	1.2653	0.7903	6.6330	5.2421	0.1508	0.1908
7	1.3159	0.7599	7.8983	6.0021	0.1266	0.1666
8	1.3686	0.7307	9.2142	6.7327	0.1085	0.1485
9	1.4233	0.7026	10.5828	7.4353	0.0945	0.1345
10	1.4802	0.6756	12.0061	8.1109	0.0833	0.1233
11	1.5395	0.6496	13.4864	8.7605	0.0741	0.1141
12	1.6010	0.6246	15.0258	9.3851	0.0666	0.1066
13	1.6651	0.6006	16.6268	9.9856	0.0601	0.1001
14	1.7317	0.5775	18.2919	10.5631	0.0547	0.0947
15	1.8009	0.5553	20.0236	11.1184	0.0499	0.0899
16	1.8730	0.5339	21.8245	11.6523	0.0458	0.0858
17	1.9479	0.5134	23.6975	12.1657	0.0422	0.0822
18	2.0258	0.4936	25.6454	12.6593	0.0390	0.0790
19	2.1068	0.4746	27.6712	13.1339	0.0361	0.0761
20	2.1911	0.4564	29.7781	13.5903	0.0336	0.0736
21	2.2788	0.4388	31.9692	14.0292	0.0313	0.0713
22	2.3699	0.4220	34.2480	14.4511	0.0292	0.0692
23	2.4647	0.4057	36.6179	14.8568	0.0273	0.0673
24	2.5633	0.3901	39.0826	15.2470	0.0256	0.0656
25	2.6658	0.3751	41.6459	15.6221	0.0240	0.0640
26	2.7725	0.3607	44.3117	15.9828	0.0226	0.0626
27	2.8834	0.3468	47.0842	16.3296	0.0212	0.0612
28	2.9987	0.3335	49.9676	16.6631	0.0200	0.0600
29	3.1187	0.3207	52.9663	16.9837	0.0189	0.0589
30	3.2434	0.3083	56.0849	17.2920	0.0178	0.0578
31	3.3731	0.2965	59.3283	17.5885	0.0169	0.0569
32	3.5081	0.2851	62.7015	17.8736	0.0159	0.0559
33	3.6484	0.2741	66.2095	18.1476	0.0151	0.0551
34	3.7943	0.2636	69.8579	18.4112	0.0143	0.0543
35	3.9461	0.2534	73.6522	18.6646	0.0136	0.0536
∞				25.0000		0.0400

附表5

5%复利因子

N	一次支付		等额多次支付			
	F/P	P/F	F/A	P/A	A/F	A/P
1	1.0500	0.9524	1.0000	0.9524	1.0000	1.0500
2	1.1025	0.9070	2.0500	1.8594	0.4878	0.5378
3	1.1576	0.8638	3.1525	2.7232	0.3172	0.3672
4	1.2155	0.8227	4.3101	3.5460	0.2320	0.2820
5	1.2763	0.7835	5.5256	4.3295	0.1810	0.2310
6	1.3401	0.7462	6.8019	5.0757	0.1470	0.1970
7	1.4071	0.7107	8.1420	5.7864	0.1228	0.1728
8	1.4775	0.6768	9.5491	6.4632	0.1047	0.1547
9	1.5513	0.6446	11.0266	7.1078	0.0907	0.1407
10	1.6289	0.6139	12.5779	7.7217	0.0795	0.1295
11	1.7103	0.5847	14.2068	8.3064	0.0704	0.1204
12	1.7959	0.5568	15.9171	8.8633	0.0628	0.1128
13	1.8856	0.5303	17.7130	9.3936	0.0565	0.1065
14	1.9799	0.5051	19.5986	9.8986	0.0510	0.1010
15	2.0789	0.4810	21.5786	10.3797	0.0463	0.0963
16	2.1829	0.4581	23.6575	10.8378	0.0423	0.0923
17	2.2920	0.4363	25.8404	11.2741	0.0387	0.0887
18	2.4066	0.4155	28.1324	11.6896	0.0355	0.0855
19	2.5270	0.3957	30.5390	12.0853	0.0327	0.0827
20	2.6533	0.3769	33.0660	12.4622	0.0302	0.0802
21	2.7860	0.3589	35.7193	12.8212	0.0280	0.0780
22	2.9253	0.3418	38.5052	13.1630	0.0260	0.0760
23	3.0715	0.3256	41.4305	13.4886	0.0241	0.0741
24	3.2251	0.3101	44.5020	13.7986	0.0225	0.0725
25	3.3864	0.2953	47.7271	14.0939	0.0210	0.0710
26	3.5557	0.2812	51.1135	14.3752	0.0196	0.0696
27	3.7335	0.2678	54.6691	14.6430	0.0183	0.0683
28	3.9201	0.2551	58.4026	14.8981	0.0171	0.0671
29	4.1161	0.2429	62.3227	15.1411	0.0160	0.0660
30	4.3219	0.2314	66.4388	15.3725	0.0151	0.0651
31	4.5380	0.2204	70.7608	15.5928	0.0141	0.0641
32	4.7649	0.2099	75.2988	15.8027	0.0133	0.0633

5%复利因子					
	一次支付		等额多次支付			
N	F/P	P/F	F/A	P/A	A/F	A/P
33	5.0032	0.1999	80.0638	16.0025	0.0125	0.0625
34	5.2533	0.1904	85.0670	16.1929	0.0118	0.0618
35	5.5160	0.1813	90.3203	16.3742	0.0111	0.0611
∞				20.0000		0.05

附表6

6%复利因子					
	一次支付		等额多次支付			
N	F/P	P/F	F/A	P/A	A/F	A/P
1	1.0600	0.9434	1.0000	0.9434	1.0000	1.0600
2	1.1236	0.8900	2.0600	1.8334	0.4854	0.5454
3	1.1910	0.8396	3.1836	2.6730	0.3141	0.3741
4	1.2625	0.7921	4.3746	3.4651	0.2286	0.2886
5	1.3382	0.7473	5.6371	4.2124	0.1774	0.2374
6	1.4185	0.7050	6.9753	4.9173	0.1434	0.2034
7	1.5036	0.6651	8.3938	5.5824	0.1191	0.1791
8	1.5938	0.6274	9.8975	6.2098	0.1010	0.1610
9	1.6895	0.5919	11.4913	6.8017	0.0870	0.1470
10	1.7908	0.5584	13.1808	7.3601	0.0759	0.1359
11	1.8983	0.5268	14.9716	7.8869	0.0668	0.1268
12	2.0122	0.4970	16.8699	8.3838	0.0593	0.1193
13	2.1329	0.4688	18.8821	8.8527	0.0530	0.1130
14	2.2609	0.4423	21.0151	9.2950	0.0476	0.1076
15	2.3966	0.4173	23.2760	9.7122	0.0430	0.1030
16	2.5404	0.3936	25.6725	10.1059	0.0390	0.0990
17	2.6928	0.3714	28.2129	10.4773	0.0354	0.0954
18	2.8543	0.3503	30.9057	10.8276	0.0324	0.0924
19	3.0256	0.3305	33.7600	11.1581	0.0296	0.0896
20	3.2071	0.3118	36.7856	11.4699	0.0272	0.0872
21	3.3996	0.2942	39.9927	11.7641	0.0250	0.0850
22	3.6035	0.2775	43.3923	12.0416	0.0230	0.0830
23	3.8197	0.2618	46.9958	12.3034	0.0213	0.0813

6%复利因子

N	一次支付		等额多次支付			
	F/P	P/F	F/A	P/A	A/F	A/P
24	4.0489	0.2470	50.8156	12.5504	0.0197	0.0797
25	4.2919	0.2330	54.8645	12.7834	0.0182	0.0782
26	4.5494	0.2198	59.1564	13.0032	0.0169	0.0769
27	4.8223	0.2074	63.7058	13.2105	0.0157	0.0757
28	5.1117	0.1956	68.5281	13.4062	0.0146	0.0746
29	5.4184	0.1846	73.6398	13.5907	0.0136	0.0736
30	5.7435	0.1741	79.0582	13.7648	0.0126	0.0726
31	6.0881	0.1643	84.8017	13.9291	0.0118	0.0718
32	6.4534	0.1550	90.8898	14.0840	0.0110	0.0710
33	6.8406	0.1462	97.3432	14.2302	0.0103	0.0703
34	7.2510	0.1379	104.1838	14.3681	0.0096	0.0696
35	7.6861	0.1301	111.4348	14.4982	0.0090	0.0690
∞				18.1820		0.0600

附表7

7%复利因子

N	一次支付		等额多次支付			
	F/P	P/F	F/A	P/A	A/F	A/P
1	1.0700	0.9346	1.0000	0.9346	1.0000	1.0700
2	1.1449	0.8734	2.0700	1.8080	0.4831	0.5531
3	1.2250	0.8163	3.2149	2.6243	0.3111	0.3811
4	1.3108	0.7629	4.4399	3.3872	0.2252	0.2952
5	1.4026	0.7130	5.7507	4.1002	0.1739	0.2439
6	1.5007	0.6663	7.1533	4.7665	0.1398	0.2098
7	1.6058	0.6227	8.6540	5.3893	0.1156	0.1856
8	1.7182	0.5820	10.2598	5.9713	0.0975	0.1675
9	1.8385	0.5439	11.9780	6.5152	0.0835	0.1535
10	1.9672	0.5083	13.8164	7.0236	0.0724	0.1424
11	2.1049	0.4751	15.7836	7.4987	0.0634	0.1334
12	2.2522	0.4440	17.8885	7.9427	0.0559	0.1259
13	2.4098	0.4150	20.1406	8.3577	0.0497	0.1197
14	2.5785	0.3878	22.5505	8.7455	0.0443	0.1143

（续表）

			7%复利因子			
	一次支付		等额多次支付			
N	F/P	P/F	F/A	P/A	A/F	A/P
15	2.7590	0.3624	25.1290	9.1079	0.0398	0.1098
16	2.9522	0.3387	27.8881	9.4466	0.0359	0.1059
17	3.1588	0.3166	30.8402	9.7632	0.0324	0.1024
18	3.3799	0.2959	33.9990	10.0591	0.0294	0.0994
19	3.6165	0.2765	37.3790	10.3356	0.0268	0.0968
20	3.8697	0.2584	40.9955	10.5940	0.0244	0.0944
21	4.1406	0.2415	44.8652	10.8355	0.0223	0.0923
22	4.4304	0.2257	49.0057	11.0612	0.0204	0.0904
23	4.7405	0.2109	53.4361	11.2722	0.0187	0.0887
24	5.0724	0.1971	58.1767	11.4693	0.0172	0.0872
25	5.4274	0.1842	63.2490	11.6536	0.0158	0.0858
26	5.8074	0.1722	68.6765	11.8258	0.0146	0.0846
27	6.2139	0.1609	74.4838	11.9867	0.0134	0.0834
28	6.6488	0.1504	80.6977	12.1371	0.0124	0.0824
29	7.1143	0.1406	87.3465	12.2777	0.0114	0.0814
30	7.6123	0.1314	94.4608	12.4090	0.0106	0.0806
31	8.1451	0.1228	102.0730	12.5318	0.0098	0.0798
32	8.7153	0.1147	110.2182	12.6466	0.0091	0.0791
33	9.3253	0.1072	118.9334	12.7538	0.0084	0.0784
34	9.9781	0.1002	128.2588	12.8540	0.0078	0.0778
35	10.6766	0.0937	138.2369	12.9477	0.0072	0.0772
∞				14.2857		0.0700

附表8

			8%复利因子			
	一次支付		等额多次支付			
N	F/P	P/F	F/A	P/A	A/F	A/P
1	1.0800	0.9259	1.0000	0.9259	1.0000	1.0800
2	1.1664	0.8573	2.0800	1.7833	0.4808	0.5608
3	1.2597	0.7938	3.2464	2.5771	0.3080	0.3880
4	1.3605	0.7350	4.5061	3.3121	0.2219	0.3019
5	1.4693	0.6806	5.8666	3.9927	0.1705	0.2505

(续表)

		8%复利因子				
	一次支付		等额多次支付			
N	F/P	P/F	F/A	P/A	A/F	A/P
6	1.5869	0.6302	7.3359	4.6229	0.1363	0.2163
7	1.7138	0.5835	8.9228	5.2064	0.1121	0.1921
8	1.8509	0.5403	10.6366	5.7466	0.0940	0.1740
9	1.9990	0.5002	12.4876	6.2469	0.0801	0.1601
10	2.1589	0.4632	14.4866	6.7101	0.0690	0.1490
11	2.3316	0.4289	16.6455	7.1390	0.0601	0.1401
12	2.5182	0.3971	18.9771	7.5361	0.0527	0.1327
13	2.7196	0.3677	21.4953	7.9038	0.0465	0.1265
14	2.9372	0.3405	24.2149	8.2442	0.0413	0.1213
15	3.1722	0.3152	27.1521	8.5595	0.0368	0.1168
16	3.4259	0.2919	30.3243	8.8514	0.0330	0.1130
17	3.7000	0.2703	33.7502	9.1216	0.0296	0.1096
18	3.9960	0.2502	37.4502	9.3719	0.0267	0.1067
19	4.3157	0.2317	41.4463	9.6036	0.0241	0.1041
20	4.6610	0.2145	45.7620	9.8181	0.0219	0.1019
21	5.0338	0.1987	50.4229	10.0168	0.0198	0.0998
22	5.4365	0.1839	55.4568	10.2007	0.0180	0.0980
23	5.8715	0.1703	60.8933	10.3711	0.0164	0.0964
24	6.3412	0.1577	66.7648	10.5288	0.0150	0.0950
25	6.8485	0.1460	73.1059	10.6748	0.0137	0.0937
26	7.3964	0.1352	79.9544	10.8100	0.0125	0.0925
27	7.9881	0.1252	87.3508	10.9352	0.0114	0.0914
28	8.6271	0.1159	95.3388	11.0511	0.0105	0.0905
29	9.3173	0.1073	103.9659	11.1584	0.0096	0.0896
30	10.0627	0.0994	113.2832	11.2578	0.0088	0.0888
31	10.8677	0.0920	123.3459	11.3498	0.0081	0.0881
32	11.7371	0.0852	134.2135	11.4350	0.0075	0.0875
33	12.6760	0.0789	145.9506	11.5139	0.0069	0.0869
34	13.6901	0.0730	158.6267	11.5869	0.0063	0.0863
35	14.7853	0.0676	172.3168	11.6546	0.0058	0.0858
∞				12.5000		0.0800

	9%复利因子					
	一次支付		等额多次支付			
N	F/P	P/F	F/A	P/A	A/F	A/P
1	1.0900	0.9174	1.0000	0.9174	1.0000	1.0900
2	1.1881	0.8417	2.0900	1.7591	0.4785	0.5685
3	1.2950	0.7722	3.2781	2.5313	0.3051	0.3951
4	1.4116	0.7084	4.5731	3.2397	0.2187	0.3087
5	1.5386	0.6499	5.9847	3.8897	0.1671	0.2571
6	1.6771	0.5963	7.5233	4.4859	0.1329	0.2229
7	1.8280	0.5470	9.2004	5.0330	0.1087	0.1987
8	1.9926	0.5019	11.0285	5.5348	0.0907	0.1807
9	2.1719	0.4604	13.0210	5.9952	0.0768	0.1668
10	2.3674	0.4224	15.1929	6.4177	0.0658	0.1558
11	2.5804	0.3875	17.5603	6.8052	0.0569	0.1469
12	2.8127	0.3555	20.1407	7.1607	0.0497	0.1397
13	3.0658	0.3262	22.9534	7.4869	0.0436	0.1336
14	3.3417	0.2992	26.0192	7.7862	0.0384	0.1284
15	3.6425	0.2745	29.3609	8.0607	0.0341	0.1241
16	3.9703	0.2519	33.0034	8.3126	0.0303	0.1203
17	4.3276	0.2311	36.9737	8.5436	0.0270	0.1170
18	4.7171	0.2120	41.3013	8.7556	0.0242	0.1142
19	5.1417	0.1945	46.0185	8.9501	0.0217	0.1117
20	5.6044	0.1784	51.1601	9.1285	0.0195	0.1095
21	6.1088	0.1637	56.7645	9.2922	0.0176	0.1076
22	6.6586	0.1502	62.8733	9.4424	0.0159	0.1059
23	7.2579	0.1378	69.5319	9.5802	0.0144	0.1044
24	7.9111	0.1264	76.7898	9.7066	0.0130	0.1030
25	8.6231	0.1160	84.7009	9.8226	0.0118	0.1018
26	9.3992	0.1064	93.3240	9.9290	0.0107	0.1007
27	10.2451	0.0976	102.7231	10.0266	0.0097	0.0997
28	11.1671	0.0895	112.9682	10.1161	0.0089	0.0989
29	12.1722	0.0822	124.1354	10.1983	0.0081	0.0981
30	13.2677	0.0754	136.3075	10.2737	0.0073	0.0973
31	14.4618	0.0691	149.5752	10.3428	0.0067	0.0967
32	15.7633	0.0634	164.0370	10.4062	0.0061	0.0961

(续表)

	9%复利因子					
	一次支付		等额多次支付			
N	F/P	P/F	F/A	P/A	A/F	A/P
33	17.1820	0.0582	179.8003	10.4644	0.0056	0.0956
34	18.7284	0.0534	196.9823	10.5178	0.0051	0.0951
35	20.4140	0.0490	215.7108	10.5668	0.0046	0.0946
∞				11.1111		0.0900

附表10

	10%复利因子					
	一次支付		等额多次支付			
N	F/P	P/F	F/A	P/A	A/F	A/P
1	1.1000	0.9091	1.0000	0.9091	1.0000	1.1000
2	1.2100	0.8264	2.1000	1.7355	0.4762	0.5762
3	1.3310	0.7513	3.3100	2.4869	0.3021	0.4021
4	1.4641	0.6830	4.6410	3.1699	0.2155	0.3155
5	1.6105	0.6209	6.1051	3.7908	0.1638	0.2638
6	1.7716	0.5645	7.7156	4.3553	0.1296	0.2296
7	1.9487	0.5132	9.4872	4.8684	0.1054	0.2054
8	2.1436	0.4665	11.4359	5.3349	0.0874	0.1874
9	2.3579	0.4241	13.5795	5.7590	0.0736	0.1736
10	2.5937	0.3855	15.9374	6.1446	0.0627	0.1627
11	2.8531	0.3505	18.5312	6.4951	0.0540	0.1540
12	3.1384	0.3186	21.3843	6.8137	0.0468	0.1468
13	3.4523	0.2897	24.5227	7.1034	0.0408	0.1408
14	3.7975	0.2633	27.9750	7.3667	0.0357	0.1357
15	4.1772	0.2394	31.7725	7.6061	0.0315	0.1315
16	4.5950	0.2176	35.9497	7.8237	0.0278	0.1278
17	5.0545	0.1978	40.5447	8.0216	0.0247	0.1247
18	5.5599	0.1799	45.5992	8.2014	0.0219	0.1219
19	6.1159	0.1635	51.1591	8.3649	0.0195	0.1195
20	6.7275	0.1486	57.2750	8.5136	0.0175	0.1175
21	7.4002	0.1351	64.0025	8.6487	0.0156	0.1156
22	8.1403	0.1228	71.4027	8.7715	0.0140	0.1140
23	8.9543	0.1117	79.5430	8.8832	0.0126	0.1126

(续表)

	10%复利因子					
	一次支付		等额多次支付			
N	F/P	P/F	F/A	P/A	A/F	A/P
24	9.8497	0.1015	88.4973	8.9847	0.0113	0.1113
25	10.8347	0.0923	98.3471	9.0770	0.0102	0.1102
26	11.9182	0.0839	109.1818	9.1609	0.0092	0.1092
27	13.1100	0.0763	121.0999	9.2372	0.0083	0.1083
28	14.4210	0.0693	134.2099	9.3066	0.0075	0.1075
29	15.8631	0.0630	148.6309	9.3696	0.0067	0.1067
30	17.4494	0.0573	164.4940	9.4269	0.0061	0.1061
31	19.1943	0.0521	181.9434	9.4790	0.0055	0.1055
32	21.1138	0.0474	201.1378	9.5264	0.0050	0.1050
33	23.2252	0.0431	222.2515	9.5694	0.0045	0.1045
34	25.5477	0.0391	245.4767	9.6086	0.0041	0.1041
35	28.1024	0.0356	271.0244	9.6442	0.0037	0.1037
∞				10.0000		0.1000

附表11

	12%复利因子					
	一次支付		等额多次支付			
N	F/P	P/F	F/A	P/A	A/F	A/P
1	1.1200	0.8929	1.0000	0.8929	1.0000	1.1200
2	1.2544	0.7972	2.1200	1.6901	0.4717	0.5917
3	1.4049	0.7118	3.3744	2.4018	0.2963	0.4163
4	1.5735	0.6355	4.7793	3.0373	0.2092	0.3292
5	1.7623	0.5674	6.3528	3.6048	0.1574	0.2774
6	1.9738	0.5066	8.1152	4.1114	0.1232	0.2432
7	2.2107	0.4523	10.0890	4.5638	0.0991	0.2191
8	2.4760	0.4039	12.2997	4.9676	0.0813	0.2013
9	2.7731	0.3606	14.7757	5.3282	0.0677	0.1877
10	3.1058	0.3220	17.5487	5.6502	0.0570	0.1770
11	3.4785	0.2875	20.6546	5.9377	0.0484	0.1684
12	3.8960	0.2567	24.1331	6.1944	0.0414	0.1614
13	4.3635	0.2292	28.0291	6.4235	0.0357	0.1557
14	4.8871	0.2046	32.3926	6.6282	0.0309	0.1509

（续表）

	12%复利因子					
	一次支付		等额多次支付			
N	F/P	P/F	F/A	P/A	A/F	A/P
15	5.4736	0.1827	37.2797	6.8109	0.0268	0.1468
16	6.1304	0.1631	42.7533	6.9740	0.0234	0.1434
17	6.8660	0.1456	48.8837	7.1196	0.0205	0.1405
18	7.6900	0.1300	55.7497	7.2497	0.0179	0.1379
19	8.6128	0.1161	63.4397	7.3658	0.0158	0.1358
20	9.6463	0.1037	72.0524	7.4694	0.0139	0.1339
21	10.8038	0.0926	81.6987	7.5620	0.0122	0.1322
22	12.1003	0.0826	92.5026	7.6446	0.0108	0.1308
23	13.5523	0.0738	104.6029	7.7184	0.0096	0.1296
24	15.1786	0.0659	118.1552	7.7843	0.0085	0.1285
25	17.0001	0.0588	133.3339	7.8431	0.0075	0.1275
26	19.0401	0.0525	150.3339	7.8957	0.0067	0.1267
27	21.3249	0.0469	169.3740	7.9426	0.0059	0.1259
28	23.8839	0.0419	190.6989	7.9844	0.0052	0.1252
29	26.7499	0.0374	214.5828	8.0218	0.0047	0.1247
30	29.9599	0.0334	241.3327	8.0552	0.0041	0.1241
31	33.5551	0.0298	271.2926	8.0850	0.0037	0.1237
32	37.5817	0.0266	304.8477	8.1116	0.0033	0.1233
33	42.0915	0.0238	342.4294	8.1354	0.0029	0.1229
34	47.1425	0.0212	384.5210	8.1566	0.0026	0.1226
35	52.7996	0.0189	431.6635	8.1755	0.0023	0.1223
∞				8.3333		0.1200

附表12

	15%复利因子					
	一次支付		等额多次支付			
N	F/P	P/F	F/A	P/A	A/F	A/P
1	1.1500	0.8696	1.0000	0.8696	1.0000	1.1500
2	1.3225	0.7561	2.1500	1.6257	0.4651	0.6151
3	1.5209	0.6575	3.4725	2.2832	0.2880	0.4380
4	1.7490	0.5718	4.9934	2.8550	0.2003	0.3503
5	2.0114	0.4972	6.7424	3.3522	0.1483	0.2983

(续表)

	15%复利因子					
	一次支付		等额多次支付			
N	F/P	P/F	F/A	P/A	A/F	A/P
6	2.3131	0.4323	8.7537	3.7845	0.1142	0.2642
7	2.6600	0.3759	11.0668	4.1604	0.0904	0.2404
8	3.0590	0.3269	13.7268	4.4873	0.0729	0.2229
9	3.5179	0.2843	16.7858	4.7716	0.0596	0.2096
10	4.0456	0.2472	20.3037	5.0188	0.0493	0.1993
11	4.6524	0.2149	24.3493	5.2337	0.0411	0.1911
12	5.3503	0.1869	29.0017	5.4206	0.0345	0.1845
13	6.1528	0.1625	34.3519	5.5831	0.0291	0.1791
14	7.0757	0.1413	40.5047	5.7245	0.0247	0.1747
15	8.1371	0.1229	47.5804	5.8474	0.0210	0.1710
16	9.3576	0.1069	55.7175	5.9542	0.0179	0.1679
17	10.7613	0.0929	65.0751	6.0472	0.0154	0.1654
18	12.3755	0.0808	75.8364	6.1280	0.0132	0.1632
19	14.2318	0.0703	88.2118	6.1982	0.0113	0.1613
20	16.3665	0.0611	102.4436	6.2593	0.0098	0.1598
21	18.8215	0.0531	118.8101	6.3125	0.0084	0.1584
22	21.6447	0.0462	137.6316	6.3587	0.0073	0.1573
23	24.8915	0.0402	159.2764	6.3988	0.0063	0.1563
24	28.6252	0.0349	184.1678	6.4338	0.0054	0.1554
25	32.9190	0.0304	212.7930	6.4641	0.0047	0.1547
26	37.8568	0.0264	245.7120	6.4906	0.0041	0.1541
27	43.5353	0.0230	283.5688	6.5135	0.0035	0.1535
28	50.0656	0.0200	327.1041	6.5335	0.0031	0.1531
29	57.5755	0.0174	377.1697	6.5509	0.0027	0.1527
30	66.2118	0.0151	434.7451	6.5660	0.0023	0.1523
31	76.1435	0.0131	500.9569	6.5791	0.0020	0.1520
32	87.5651	0.0114	577.1005	6.5905	0.0017	0.1517
33	100.6998	0.0099	664.6655	6.6005	0.0015	0.1515
34	115.8048	0.0086	765.3654	6.6091	0.0013	0.1513
35	133.1755	0.0075	881.1702	6.6166	0.0011	0.1511
∞				8.3333		0.1500

附表13

	20%复利因子					
	一次支付		等额多次支付			
N	F/P	P/F	F/A	P/A	A/F	A/P
1	1.2000	0.8333	1.0000	0.8333	1.0000	1.2000
2	1.4400	0.6944	2.2000	1.5278	0.4545	0.6545
3	1.7280	0.5787	3.6400	2.1065	0.2747	0.4747
4	2.0736	0.4823	5.3680	2.5887	0.1863	0.3863
5	2.4883	0.4019	7.4416	2.9906	0.1344	0.3344
6	2.9860	0.3349	9.9299	3.3255	0.1007	0.3007
7	3.5832	0.2791	12.9159	3.6046	0.0774	0.2774
8	4.2998	0.2326	16.4991	3.8372	0.0606	0.2606
9	5.1598	0.1938	20.7989	4.0310	0.0481	0.2481
10	6.1917	0.1615	25.9587	4.1925	0.0385	0.2385
11	7.4301	0.1346	32.1504	4.3271	0.0311	0.2311
12	8.9161	0.1122	39.5805	4.4392	0.0253	0.2253
13	10.6993	0.0935	48.4966	4.5327	0.0206	0.2206
14	12.8392	0.0779	59.1959	4.6106	0.0169	0.2169
15	15.4070	0.0649	72.0351	4.6755	0.0139	0.2139
16	18.4884	0.0541	87.4421	4.7296	0.0114	0.2114
17	22.1861	0.0451	105.9306	4.7746	0.0094	0.2094
18	26.6233	0.0376	128.1167	4.8122	0.0078	0.2078
19	31.9480	0.0313	154.7400	4.8435	0.0065	0.2065
20	38.3376	0.0261	186.6880	4.8696	0.0054	0.2054
21	46.0051	0.0217	225.0256	4.8913	0.0044	0.2044
22	55.2061	0.0181	271.0307	4.9094	0.0037	0.2037
23	66.2474	0.0151	326.2369	4.9245	0.0031	0.2031
24	79.4968	0.0126	392.4842	4.9371	0.0025	0.2025
25	95.3962	0.0105	471.9811	4.9476	0.0021	0.2021
26	114.4755	0.0087	567.3773	4.9563	0.0018	0.2018
27	137.3706	0.0073	681.8528	4.9636	0.0015	0.2015
28	164.8447	0.0061	819.2233	4.9697	0.0012	0.2012
29	197.8136	0.0051	984.0680	4.9747	0.0010	0.2010
30	237.3763	0.0042	1181.8816	4.9789	0.0008	0.2008
31	284.8516	0.0035	1419.2579	4.9824	0.0007	0.2007
32	341.8219	0.0029	1704.1095	4.9854	0.0006	0.2006

（续表）

	20%复利因子					
	一次支付		等额多次支付			
N	F/P	P/F	F/A	P/A	A/F	A/P
33	410.1863	0.0024	2045.9314	4.9878	0.0005	0.2005
34	492.2235	0.0020	2456.1176	4.9898	0.0004	0.2004
35	590.6682	0.0017	2948.3411	4.9915	0.0003	0.2003
∞				5.0000		0.2000

附表14

	25%复利因子					
	一次支付		等额多次支付			
N	F/P	P/F	F/A	P/A	A/F	A/P
1	1.2500	0.8000	1.0000	0.8000	1.0000	1.2500
2	1.5625	0.6400	2.2500	1.4400	0.4444	0.6944
3	1.9531	0.5120	3.8125	1.9520	0.2623	0.5123
4	2.4414	0.4096	5.7656	2.3616	0.1734	0.4234
5	3.0518	0.3277	8.2070	2.6893	0.1218	0.3718
6	3.8147	0.2621	11.2588	2.9514	0.0888	0.3388
7	4.7684	0.2097	15.0735	3.1611	0.0663	0.3163
8	5.9605	0.1678	19.8419	3.3289	0.0504	0.3004
9	7.4506	0.1342	25.8023	3.4631	0.0388	0.2888
10	9.3132	0.1074	33.2529	3.5705	0.0301	0.2801
11	11.6415	0.0859	42.5661	3.6564	0.0235	0.2735
12	14.5519	0.0687	54.2077	3.7251	0.0184	0.2684
13	18.1899	0.0550	68.7596	3.7801	0.0145	0.2645
14	22.7374	0.0440	86.9495	3.8241	0.0115	0.2615
15	28.4217	0.0352	109.6868	3.8593	0.0091	0.2591
16	35.5271	0.0281	138.1085	3.8874	0.0072	0.2572
17	44.4089	0.0225	173.6357	3.9099	0.0058	0.2558
18	55.5112	0.0180	218.0446	3.9279	0.0046	0.2546
19	69.3889	0.0144	273.5558	3.9424	0.0037	0.2537
20	86.7362	0.0115	342.9447	3.9539	0.0029	0.2529
21	108.4202	0.0092	429.6809	3.9631	0.0023	0.2523
22	135.5253	0.0074	538.1011	3.9705	0.0019	0.2519
23	169.4066	0.0059	673.6264	3.9764	0.0015	0.2515

（续表）

25%复利因子

N	一次支付		等额多次支付			
	F/P	P/F	F/A	P/A	A/F	A/P
24	211.7582	0.0047	843.0329	3.9811	0.0012	0.2512
25	264.6978	0.0038	1054.7912	3.9849	0.0009	0.2509
26	330.8722	0.0030	1319.4890	3.9879	0.0008	0.2508
27	413.5903	0.0024	1650.3612	3.9903	0.0006	0.2506
28	516.9879	0.0019	2063.9515	3.9923	0.0005	0.2505
29	646.2349	0.0015	2580.9394	3.9938	0.0004	0.2504
30	807.7936	0.0012	3227.1743	3.9950	0.0003	0.2503
31	1009.7420	0.0010	4034.9678	3.9960	0.0002	0.2502
32	1262.1774	0.0008	5044.7098	3.9968	0.0002	0.2502
33	1577.7218	0.0006	6306.8872	3.9975	0.0002	0.2502
34	1972.1523	0.0005	7884.6091	3.9980	0.0001	0.2501
35	2465.1903	0.0004	9856.7613	3.9984	0.0001	0.2501
∞				4.0000		0.2500

附表15

30%复利因子

N	一次支付		等额多次支付			
	F/P	P/F	F/A	P/A	A/F	A/P
1	1.3000	0.7692	1.0000	0.7692	1.0000	1.3000
2	1.6900	0.5917	2.3000	1.3609	0.4348	0.7348
3	2.1970	0.4552	3.9900	1.8161	0.2506	0.5506
4	2.8561	0.3501	6.1870	2.1662	0.1616	0.4616
5	3.7129	0.2693	9.0431	2.4356	0.1106	0.4106
6	4.8268	0.2072	12.7560	2.6427	0.0784	0.3784
7	6.2749	0.1594	17.5828	2.8021	0.0569	0.3569
8	8.1573	0.1226	23.8577	2.9247	0.0419	0.3419
9	10.6045	0.0943	32.0150	3.0190	0.0312	0.3312
10	13.7858	0.0725	42.6195	3.0915	0.0235	0.3235
11	17.9216	0.0558	56.4053	3.1473	0.0177	0.3177
12	23.2981	0.0429	74.3270	3.1903	0.0135	0.3135
13	30.2875	0.0330	97.6250	3.2233	0.0102	0.3102
14	39.3738	0.0254	127.9125	3.2487	0.0078	0.3078

(续表)

	30%复利因子					
	一次支付		等额多次支付			
N	F/P	P/F	F/A	P/A	A/F	A/P
15	51.1859	0.0195	167.2863	3.2682	0.0060	0.3060
16	66.5417	0.0150	218.4722	3.2832	0.0046	0.3046
17	86.5042	0.0116	285.0139	3.2948	0.0035	0.3035
18	112.4554	0.0089	371.5180	3.3037	0.0027	0.3027
19	146.1920	0.0068	483.9734	3.3105	0.0021	0.3021
20	190.0496	0.0053	630.1655	3.3158	0.0016	0.3016
21	247.0645	0.0040	820.2151	3.3198	0.0012	0.3012
22	321.1839	0.0031	1067.2796	3.3230	0.0009	0.3009
23	417.5391	0.0024	1388.4635	3.3254	0.0007	0.3007
24	542.8008	0.0018	1806.0026	3.3272	0.0006	0.3006
25	705.6410	0.0014	2348.8033	3.3286	0.0004	0.3004
26	917.3333	0.0011	3054.4443	3.3297	0.0003	0.3003
27	1192.5333	0.0008	3971.7776	3.3305	0.0003	0.3003
28	1550.2933	0.0006	5164.3109	3.3312	0.0002	0.3002
29	2015.3813	0.0005	6714.6042	3.3317	0.0001	0.3001
30	2619.9956	0.0004	8729.9855	3.3321	0.0001	0.3001
31	3405.9943	0.0003	11349.9811	3.3324	0.0001	0.3001
32	4427.7926	0.0002	14755.9755	3.3326	0.0001	0.3001
33	5756.1304	0.0002	19183.7681	3.3328	0.0001	0.3001
34	7482.9696	0.0001	24939.8985	3.3329	0.0000	0.3000
35	9727.8604	0.0001	32422.8681	3.3330	0.0000	0.3000
∞				3.3333		0.3000

参考文献

[1] N·格里高利·曼昆. 经济学原理[M]. 7版. 梁小民译. 北京：北京大学出版社，2015.

[2] 刘笑诵，等. 经济学原理[M]. 2版. 北京：中国人民大学出版社，2017.

[3] 张定中，等. 经济学原理试题[M]. 厦门：厦门大学，2006.

[4] 田艳芳，等. 经济学原理[M]. 北京：北京大学出版社，2017.

[5] 丁士昭，等. 建设工程项目管理（2020年版）[M]. 北京：中国建筑工业出版社，2020.

[6] 全国造价工程师执业资格考试用书编写组. 一级造价工程师2020教材配套真题精解与命题密卷：建设工程计价[M]. 哈尔滨：哈尔滨工程大学出版社，2020.

[7] 全国一级建造师执业资格考试用书编写委员会. 建设工程项目管理[M]. 北京：中国建筑工业出版社，2020.

[8] 中国注册会计师协会. 注册会计师全国统一考试财务成本管理历年真题精粹与精编模拟试卷[M]. 北京：中国财政经济出版社，2021.

[9] 国家发展改革委，等. 建设项目经济评价方法与参数[M]. 3版. 北京：中国计划出版社，2006.